學校課程的決定

1994 年美國視導與課程發展（ASCD）年鑑

歐用生　◎總策畫

陳佩正　◎審　訂

林文生、張文斌、吳明鴻、董三期、
楊金芳、褚盈盈、郭雪貞、吳芳蕙、
程士真、黃振揚、戴雲卿、鄧美湘
　　　◎合　譯

The
GOVERNANCE
—— *of* ——
CURRICULUM

1994 Yearbook of the Association for
Supervision and Curriculum Development

RICHARD F. ELMORE AND SUSAN H. FUHRMAN

EDITORS

作者簡介

Richard F. Elmore, the co-editor of the 1994 ASCD Yearbook, is Professor of Education at the Graduate School of Education at Harvard University, 409 Gutman Library, Appian Way, Cambridge, MA 02138.

Susan H. Fuhrman, the co-editor of the 1994 ASCD Yearbook, is Director of the Consortium for Policy Research in Education (CPRE), Eagleton Institute of Politics, at Rutgers University, 86 Clifton Avenue, New Brunswick, NJ 08901.

Michael G. Fullan is Dean of the Faculty of Education at the University of Toronto, 371 Bloor Street West, Toronto, Ontario, Canada M5S-2R7.

Susan Follett Lusi is a Predoctoral Fellow at the Malcolm Wiener Center for Social Policy, John F. Kennedy School of Government, Harvard University, 79 JFK Street, Cambridge, MA 02138.

Diane Massell, a Research Associate at the Consortium for Policy Research in Education, is a doctoral candidate in the School of Education at Stanford University, Stanford, CA 94305.

Richard P. Mills is Commissioner of Education in the Vermont Department of Education, 120 State Street, Montpelier, VT 05602.

Ken Nelson is an Education Consultant and is Senior Fellow in the College of Education at the University of Minnesota, 4201 Garfield Avenue, South, Minneapolis, MN 55409.

Jennifer O'Day is Assistant Director of the Pew Forum on Education Reform at the School of Education at Stanford University, Stanford, CA 94305.

Eric Osthoff is Project Assistant at the Wisconsin Center for Educational Research, University of Wisconsin-Madison, 1025 West Johnson Street, Madison, WI 53706.

Thomas W. Payzant, former Superintendent of the San Diego, California, City Schools, is Assistant Secretary for Elementary and Secondary Education at the U.S. Department of Education, 400 Maryland Avenue, S.W., Washington, DC 20202.

Andrew C. Porter is Director of the Wisconsin Center for Education Research, and Professor of Educational Psychology at the University of Wisconsin-Madison, 1025 West Johnson Street, Madison, WI 53706.

Marshall S. Smith, the former Dean of the School of Education at Stanford University, Stanford, California, is Undersecretary of the U.S. Department of Education, 400 Maryland Avenue, S.W., Washington, DC 20202.

John Smithson is Project Assistant at the Wisconsin Center for Education Research, University of Wisconsin-Madison, 1025 West Johnson Street, Madison, WI.

James P. Spillane is a Research Associate in the College of Education at Michigan State University, Erickson Hall, East Lansing, MI 48824-1034.

審訂者簡介

🌀 陳佩正

學歷

◎美國麻州大學環境教育博士
◎美國麻州大學食品工程碩士

經歷

◎國立台北師範學院環境教育中心主任

現任

◎國立台北師範學院自然科學教育學系副教授

譯者簡介

張文斌（負責第一章）

國立台北師院課程領導研究所準碩士

台北縣瑞柑國小教師兼主任

吳明鴻（負責第二章）

台灣大學法律系學士

花蓮師範學院多元文化研究所準碩士

董三期（負責第三章）

國立台北師院國民教育研究所碩士

台北縣義方國小教師兼主任

楊金芳（負責第四章）

國立台北師院課程領導研究所準碩士

台北縣義方國小教師兼主任

褚盈盈（負責第五、十三章）

加拿大多倫多數學與化學系碩士

台北市博嘉國小教師

郭雪貞（負責第六章）

國立台灣師範大學翻譯研究所準碩士

台灣國際珍古德學會執行秘書

吳芳蕙（負責第七、八章）
英國歐斯特大學英語教學碩士
台北縣瑞芳國中教師

程士真（負責第九章）
國立中興大學英語系學士
台北縣瑞芳國小教師

黃振揚（負責第十章）
輔仁大學法律系學士
台北縣瑞濱國小教師兼主任

戴雲卿（負責第十一章）
國立台北師院兒童英語教育研究所準碩士
台北縣瑞柑國小教師兼主任

鄧美湘（負責第十二章）
國立台北師院兒童英語教育研究所碩士
台北縣瑞芳國小教師

審訂者序言

第一類接觸

其實當初接受林文生校長的委託，擔任這本書的審訂工作，是有點不自量力。一群國民中、小學的英文老師分別翻譯了每一個章節，我能夠超越這群老師的英文能力嗎？而且這本書的原文版，在我的研究室裡面已經「躺」了好幾年了，我居然沒有主動去翻閱這本書的內容。所以當文生校長邀約的時候，我大致上快速地看了一下，真的嚇壞我了；內容居然不是我擅長的環境教育，或是國民小學的科學教育，而是對我而言，「硬梆梆」的「課程學理專書」。在這個隔行如隔山的時代，要去「搶」別人的專業，真的還需要先秤秤自己的斤兩。但是林校長永遠微笑的待人方式，讓我疏忽了這項工作的艱鉅和可能面臨的挑戰。所以等到我開始發現苗頭不對的時候，縱使想要脫身而逃，也無法全身而退，只好硬著頭皮接下這個艱鉅的工作。所以我也可以這麼說，文生校長在課程領域方面，提供我一個博士班階段需要挑戰的學習項目，也讓我在完成這本書的翻譯和審訂工作之後，確認課程領域的學習對於科學教育（和環境教育）專業的我來說，是另外一個值得學習的領域了。

故事的開始，是先由林校長在台北縣瑞芳地區發動「策略聯盟」的方式，採用資源共享的策略，讓瑞芳地區的國民中、小學

教師可以一起閱讀我們已經翻譯、審訂過的一本書，已經由遠流出版社出版（《與統整課程共舞》，林文生、陳佩正等人翻譯，陳佩正審訂，2002 年）。同一時間，我們也鼓勵參與策略聯盟的老師共同發展統整的教案。當初我們的構想是希望能夠透過讀書會的方式，讓參與的老師有機會看到國外優秀的教學範例。等我有點清醒的時候，我們又進入另外一個翻譯的工作。這一次邀請的都是專業的英文老師，每一位老師在英文方面的素養都超越我這個「國中階段全班英文最爛的學生」的英文程度。但林校長還是不嫌棄地欽點我為這個嶄新計畫的指導教授。唉！真是為難我了，更為難這群英文老師了。

　　很快地，我們沒有多少時間可以處理這種情緒問題，林校長不斷邀請我到瑞柑國小和這群老師在星期三下午，幾乎是以一對一的方式了解每一位老師翻譯的進度。這時候我才發現，我對於這項翻譯工作的最重要貢獻，不是我的英文能力，而是我對於美國境內教育現況的了解相當深入。沒有想到十幾年前，因為不擅長讀書，念研究所的時候，差一點就讓我的家人以為我想要在美國定居了。長期在美國念書，沒有足夠的經費可以持續提供我念下去，只好到附近的國民小學擔任小學生的中文翻譯，以及擔任美國國中和高中實習老師的輔導工作，再加上在大學兼任一門選修課程，勉強養家餬口。就是這樣的經驗，一個不堪回首的經驗，讓我在這群英文專業的老師面前，有機會提供適當的服務給他們。

情勢逐漸明朗

　　原來，翻譯的工作除了要能夠熟練原文以外，相當重要的就

是對於文章內容情境（context）的深入了解了。通常我以暗喻的方式說明時，我會用「收音機的頻道需要調到適合的電台，才能夠接收相關的訊息」來說明這樣的觀點。許多英文老師對於美國教育現場的情境沒有我熟悉，所以我主要負責的工作，就是協助他們了解美國的教學情境。一旦了解了美國的教學情境之後，他們在翻譯的功力上就會突飛猛進。另一方面，我們除了共同討論之外，有一天林校長親自開車到學校「押我去瑞柑國小」，當面和參與的老師，從星期五下午一點多討論到晚上十點多，才讓我們睡覺。第二天一大早又開始討論到下午兩點，那種感受一定要親身經歷才能夠說得上來。但是，也讓我體會到國民中、小學老師在面對九年一貫課程時的壓力有多大了。

不過，雖然我們曾經非常認真地討論、修正每一篇文章的歷程；但是到了最後，由我負責審訂的時刻，才發現還有許多需要大幅修改的地方。原來每位老師參與翻譯的時間和翻譯的文字長短，都有很大的差異；有些老師負責比較短的文章，在限定的時間內還可以處理；另一些老師負責的文章長度相當複雜，無法在短期內完成，所以就會出現「大包商轉給小包商」的情況。我在審訂的時候，就常常會很錯愕地發現，怎麼一段文字要接下一段文字時，會出現很不協調的文字連結。我的頭就在電腦和書本兩邊晃來晃去地思考要如何修訂這些文章。這樣的結果讓我的肩膀開始酸痛起來，唉！簡單的翻譯審訂居然讓我的身體狀況變壞了。

想想自己在國中階段，因為同時需要學習國語和英文（原本在國小階段，我們只使用閩南語夾雜著簡單的國語當作溝通的主要語言），所以我每次上英文課就像是難民一樣，到處躲藏老師

的教學。恨只恨自己的英文底子不夠好，卻沒有人會同情我的破英文；老師因為要同時教導將近五十位學生，也沒有機會讓我有個別化學習的機會。我的英文就這樣在國中給弄垮了（我們班上當時有兩種極端的英文學習氣氛，英文好的三位同學稱為「三劍客」，我和另兩位同學則稱為「三賤客」）。到了高中，開始自我要求學習英文，每一天閱讀兩倍的英文課文，加上英文文法的記憶；所以到了高中畢業的時候，我的英文勉強可以獲得不錯的成績。但是到了國外，才發現我根本就不會講英文。真是天大的荒謬！我們的英文教學竟然不是讓學生可以和外國人直接交談為主要目的，而是會考國內專屬的英文為主要目的。這讓我反思我們的教育是否出了問題而不自知。

其實在審訂時，我也發現少數章節的翻譯者不是英文老師。為了要修正他們翻譯的文章，我耗掉了好幾個星期，只為了要將一章的翻譯處理得比較容易閱讀。剛開始，我相當生氣，為何他們這麼不爭氣，讓我費神耗體力呢？後來想想，他們的勇氣真的是九年一貫課程當中最急切需要的，也就是說，我們最需要的就是那種勇敢宣示「我雖然不是很擅長英文的翻譯，甚至會相當恐慌，但是我願意嘗試」的老師。這不也是每一種行業都急切渴望的老師嗎？這樣的心態轉變，就讓我感覺教育改革確實還是有相當的希望可以達成。

艱鉅的開始

開始審訂書籍的時候，也有同事告訴我，翻譯書籍是沒有credits 的（很奇怪，教授彼此聊天就是會偶爾放進一些洋文，才算

是有學問的專家）。我也了解到審訂翻譯的書籍沒有多少錢可以領（相對於我對這本書的付出，相信我可以運用同樣的時間和體力，獲得將近一百倍於審訂書籍的經費），但是名利真的是我們這一代教授群所重視的嗎？有時候，我會想到清朝末年幾位德高望重的官員，雖然當年享有絕對的權力，卻也將清朝帶向一個頹廢的晚年。然後就是民國初年的軍閥割據，想想當年這些軍閥在他們的勢力範圍內，也享有「元帥」、「大統領」之類的稱呼，也受到他們統領範圍內民眾的擁戴。但是歷史卻告訴我們一件非常關鍵的事情，就是當歷史還原的時候，我們就稱他們為「軍閥」。我們這一輩的學者是否能夠突破過去幾年媒體指責我們只是一群「學閥」呢？看來，名利有時候真的很難讓我們跳脫過去的限制。

其實我當初會走進翻譯的領域，就是看到國內一些翻譯的書籍，「幾乎」都是由某位教授要求研究生進行翻譯，然後由指導教授掛名擔任審訂的工作。這樣的作法其實還相當客氣（審訂的過程中，就有過去的學生轉來一些英文的文章，希望我能夠幫助他們超渡一下。因為他們學校的同事正在進修，教授要求他們翻譯，所以就由行政主管轉到我以往的學生身上，再轉到我的身上。雖然我知道，我沒有必要協助學生處理這些問題，但是能力範圍內，還是常常協助他們作這些文字的處理。顯然，我們大專院校的教授，應該可以好好檢討自己的工作是在建立威望和名聲，或是剽竊他人的智慧財產，或是在培育每一位學子發展他們的潛能。我還發現，某些教授會要求學生將翻譯的文章，以書面報告和電腦磁碟片的方式繳交給教授，然後再修正裡面的某些內涵，最後

更改前後相對位置或者增加繪圖，就直接以教授的名稱掛為「作者」。許多錯誤的觀念和作法就是由這裡開始發展出來的。

以上這些作法都相當不符合智慧財產權的概念，所以，近來欣聞國科會已經將譯作當作相當重要的credits，也公開徵求高手進行「經典之作」的翻譯工作。不過我還是相當堅信，好的翻譯書籍應該類似《哈利波特》一樣，是由讀者的購買來肯定它的品質，而不是由國家出錢出力來決定它的品質。

審訂工作的開始

這本書的審訂工作對我而言真的是一種挑戰。首先是讓我看到國內目前正在運作的各級學校課程，其實相當程度反應了美國的課程，特別是在前蘇聯發射了無人太空船飛上太空之後，大幅更改了原先的課程，讓各級學校的課程以符合大學入學需求為基本訴求。所以我們可以說，大學課程在認知方面如果再深入一點探索，就成了研究所的課程，簡化一點就成了高中課程，再簡化一點就成了國中和國小的課程。依據這樣的觀點，我們不難發現，大專院校之前的所有課程都是為了學生進入大專院校作準備，沒有其他的替代方案可以依循。我們也可以說，如果學生到高中輟學，他們還是沒有謀生的能力，也難怪我們的學生家長都會強迫子女去接受不合理的教育模式，主要就是希望能夠讓孩子進入大學求學。

另外我也發現，這本書提到各級學校的整體課程，對於學生而言根本就沒有任何挑戰，才會出現我們所熟悉的學習現象：學生相當不情願地反覆學習（通常以測驗卷的模式呈現）。當我將

這樣的挑戰和目前年輕學子相當喜愛的電動玩具、網路遊戲相互比對之後，才「赫然」發現，原來網路遊戲很早就已經充分了解「挑戰性的課程對於學習者的重要性」。所以年輕人見面的招呼，除了我們常使用的「你好。」「吃飽沒？」等問候語之外，相當常見的招呼就是「你現在幾級？」「你如何剷除那個XX的妖怪？」「你使用哪種武器？」等等。這些都是他們想要挑戰下個關口的證明。我必須聲明的一點是，這裡所指的挑戰是要去挑戰學生的能力，而不是強迫他們背誦知識或是數學方程式之類的能力。我們從教育學的原理也了解到，當我們期望學生學習的課程內容沒有多少挑戰性，他們就會逐漸朝向我們所期望的現象去發展。

因為我們在現實生活當中，沒有讓孩童有機會可以獲得挑戰後的學習成果，所以他們不得不在虛擬的舞台尋求認同感。那麼，我們這些從前在學校生活曾經獲得認同的專家學者、老師，可曾獲得真實的挑戰嗎？或者，我們以往在學校的學習，也是虛擬舞台的另一種呈現模式呢？會不會因為我們就是熟悉那套虛擬的課程，也習慣於虛擬的人生，而忽略了真實學習的重要性呢？

這本書給我相當大的啟示！也是我協助這本書審訂過程當中相當大的成就感。不可否認的是，因為我在這方面的學養確實「還有很大的成長空間」，所以審訂後的結果還有可以加強的地方。不過，這本書讓我充分認識到「隔行如隔山」的真理。翻譯這本書的難度有多高呢？如果我們將一般的書籍可讀性區分為國小、國中、高中、大學，乃至於碩士班、博士班的閱讀範圍，那麼，這本書的可讀性就屬於博士班的階段了。可是，這麼重要的文獻如果只有少數博士班的學生可以閱讀，就相當可惜。所以我在審

訂的過程中，不自量力地加以口語化，希望這本書可以當作大學
學生（也就是一般國中、小教師的學歷）都可以接受的書籍之一。
這樣的工作更添加了肩頭上原本就已經快要麻痺的肌肉。但是想
到我和某些學校合作的時候，許多老師告訴我，他們雖然不怎麼
喜歡教科書的內容，但是他們卻不知要刪除哪一部分，或是增添
以學校為本位的哪些活動單元。換句話說，老師認為只有專業的
課程編輯人員才有資格發展課程，他們只是課程的執行者，連學
生的學習評量都要專家發展出來的測驗卷，才符合公平、公正、
公開的原則。

　　我們要怪老師不上進嗎？我看到另外一本管理學大師戴明所
寫的一段話，讓我相當感動。他說，「我們通常在錯誤的制度底
下正確的執行」，所以經常功敗垂成。我們過去的師資培訓，在
基本假設上是認為，師專畢業生就具備了一輩子可以在教書這個
行業所應該擁有的各項能力了。那是非常類似工業生產線的一種
假設，也符合過去那種大量生產的消費行為。等到這些老師進入
教育職場之後，我們卻又見不到真實有效的在職進修管道，勉強
而為的就是所謂研究所的進修。可是，念完研究所之後的進修管
道呢？我國顯然都還沒有考慮到這一點，這或許是過去的錯誤制
度影響現在的教學現場吧！當我看到我們國內的進修，就是主辦
單位在各個角度拍攝進修時的相片，再將演講稿當作附件，原先
申請的計畫書放在前面，就可以結案了。至於研習的成效頂多是
採用研習結束時，立即發放問卷來決定研習的成效，卻鮮少進行
長期的追蹤服務（還好，這本書提到美國也有類似的現象）。顯
然，我們也看到教育行政人員對於國小教師的專業成長有錯誤的

詮釋。這就是戴明所說的「我們常在錯誤的制度下，正確的執行」。所以，繳交計畫和結案報告的時間是否準時，以及是否有「重要依據」，遠比內涵重要許多倍，才會讓教師的研習活動失去光彩。

　　我也想到，不是每個人都需要去醫院就診，但是醫學院的訓練長達七年，外加住院實習等時間，恐怕沒有十年是無法到外面開診所的。也不是每個人都需要去法庭，但是法學院的訓練，外加司法官考試，以及錄取之後的嚴格訓練和考試，才能夠挑選出一些法官。不過，依據憲法規定，每位國民都需要進入國民小學，可惜老師的訓練並沒有以上這兩個行業的專業和嚴謹程度，難怪我們會看到教師在面臨九年一貫課程時的抗爭。原來這些都是錯誤的制度在正確的執行底下正常的反應。

　　另一方面，教師到大專院校的在職訓練，正好遇到資訊時代的來臨，我們卻仍然秉持著這種過去培訓師資的觀點，額外增加了一點英文和資訊科技的培訓，就認為學生畢業之後，都可以從容應付教學現場的每一件事情。可是，資訊時代更重要的不是增加學習科目的訓練，而是要讓學生有更多的機會反芻他們學過的內涵。經過反芻或者反思的過程，批判各種可能行動的優劣性，這樣等到下一次再遇到類似的情境時，就可以更有效率地解決問題了。所以，通常我們見到師資培訓單位所採取的策略，幾乎是違反資訊時代的學習模式，學生畢業之前幾乎沒有消化吸收，進行內省的機會，當然就無法了解所謂「學習如何學習的策略」。這又是一項「錯誤制度下正確執行」的範例。這樣的制度更讓我們發現，師資培訓單位經常「使用昨日的培訓模式，培育今日的

老師，去面對明日的學生」，幾乎註定就是要跟不上時代的腳步。

　　審訂和翻譯的過程當中，也讓我發現美國和我們有類似的現象，也就是對於教育改革的方向，從國會到民間都有他們的主觀觀點。而國會議員為了爭取選票，經常推出一些看似合理，卻沒有考慮到現實教育現場所需要的措施。一個推廣教育接著另外一個更新穎的推廣教育，而且每一項推廣教育都藉著「往下扎根」的觀點，要求國民小學一定要配合。雖然每一項推廣教育都相當簡單，但是當我們考慮到這些推廣教育的每一個項目加總起來，就是一個龐大的壓力了。舉例來說，最近相當熱門的奈米技術，許多推廣教育也都想要藉著「往下扎根」的理念，將奈米新科技介紹給小朋友。不過，我們卻經常忽略了奈米基本上就是十的負九次方米，這樣的概念要到國中，乃至於高中才學習的，強行進入國小，對於學童的學習是否有所幫助，真的需要重新考量，否則數學的整體架構就會崩盤。

　　我們還不說老師經常困惑於該使用哪一項主流的教學方法，也難怪老師常常抱怨「朝令夕改」的政策讓他們無所適從了。這一點在我們國內的國會也出現類似的現象，稍早之前，是立法委員要求國立編譯館要開放教科書的市場，但是才開放兩年不到的時間，也是立法委員要求國立編譯館恢復教科書編輯的功能。這種現象只能夠說，原先提案的委員對於教科書開放的各種可能後果沒有深入探討，就開始要求開放教科書的市場了。

　　這本書的功能還提醒我們，課程除了教育專業人士的參與之外，通常都是教育界以外的人士先發難，發現有些不足之處，透過各種管道來強制要求教育界要執行某些項目。但是因為沒有通

盤考慮，所以就會造成「上有政策，下有對策」的敷衍了事的作法。美國也不例外，當他們要求高中畢業生需要選修比較多的科學課程時，學生就一窩蜂地選修了一些不知道是什麼課程的課程。結果是選修的課程數量增加了，老師上課的鐘點增加了，當然薪水可能也增加了，但是卻因為「超限使用」，結果是那些課程根本就沒有實質上的意義，學生也只是挑選某些營養學分來混過去就是了。

相對地，如果我們要求提高入學許可，美國的範例是，老師也會針對考試的科目反覆強化學生對於那些考試內容的練習，而不是強化學生的真實學習。我也發現，早先和瑞芳地區的策略聯盟所翻譯的《與統整課程共舞》會在美國東北角的佛蒙特州進行，主要是因為該州是以農業為主，所以在學科專家比較沒有干預的情況下，順利地推動了許多膾炙人口的統整教案。這一點真讓我開始懷疑，教育專業人士的功能到底是協助學生學習，還是規範學生學習的內涵呢？這也和我常說的「孔子如果需要使用教科書，相信我們就沒有教科書的問題了」，是一樣的觀點。

當然，以我國目前正在推動的九年一貫課程，是提出一套能力指標，非常類似這本書所提到的美國的國家課程標準。另一方面，九年一貫課程主要是採用學校本位課程的發展模式推動的，這又是草根性的教育改革（bottom-up），兩者之間的衝突原本就非常明顯。所以，即使這本書是一九九四年出版的，對於國內卻有當頭棒喝的效果。以往的教育改革不管是小班教學精神、鄉土教學、開放教育等等，都是全國性的推動，卻也是少數學校推動而已的樣板教育改革，可以說是一種由上而下的教育改革策略。

根據這本書的說法，這兩種策略都有其優缺點，也有其致命傷，所以，單純推動這兩者的任何一項，都無法完成教育改革的訴求。要如何結合這兩者的優勢，讓教育改革可以避免我們曾經走過的錯誤呢？書上有這樣的分析和探討，值得有興趣的朋友深入探索。

當然，我們還看到美國的學區和每個學校的老師之間的互動也相當微妙。學區想要突顯他們的教育使命，但是如果沒有考慮到老師的工作需求，就會讓學區的教育使命成為炮灰。國內也有類似的現象，常常讓老師寧可選擇「追求平凡」的旅程。有一位國中老師因為教學方面獲得社會各界的好評，理論上如果不是增加薪水，也應該是讓這位老師有機會可以減輕教學的工作量，才能夠讓這位優秀的老師可以協助其他老師的教學工作。可是我們看到的是，教育局看到社會各界對於這位老師的好評之後，要求這位老師要多多舉辦教學觀摩，讓更多老師可以學習他的教學策略。因為教學觀摩勞師動眾，所以這位老師在學校裡面原本的人際關係，就因為這樣的突出表現而毀了。這是非常奇怪的現象，但是在教育界卻是非常正常的現象。我們如何避免這樣的問題一再地發生呢？這本書的第十章有精闢的分析和討論。

當然，本書也討論了教師專業和所謂課程管理的問題。我們過去熟悉的教師專業在這裡受到非常多的質疑。老師到底是熟悉自己教學領域的課程，或是能夠讓學生的考試成績飆高，才算得上是好老師呢？這本書的最後一章，讓我們正式地檢視老師的專業和敬業。

最後，但絕對不是最不重要的一件事情，就是我在這裡要感謝瑞柑國小的張文斌主任，在整個過程當中，協助我將整本書掃

描，存爲電子檔案。這樣的協助，讓我的審訂工作簡化不少。當
然，我也要感謝心理出版社願意出版這本非常重要的書籍，更邀
請了課程方面的專家歐用生教授來推薦這本書，這樣可以讓本書
有更高一層的價值。

陳佩正

寫於國立台北師範學院自然科學教育學系

前　言

　　傳統上，美國公立學校教育的範疇內，那些和課程的相關事宜幾乎可以說是各個學區的特權。州政府和地方政府在決定課程內容方面，頂多扮演一個邊緣化的配角角色。但有愈來愈多的證據告訴我們，這樣的情境已經不再壟斷教育界的現況了。當我們反覆看到我國的學生在學習實作的表現方面持續失去光彩，而媒體也持續報導我國的學生在全世界所有已開發國家同時舉辦的全球性同步測驗中，所得到的成績表現相當令人垂頭喪氣，就會發現有愈來愈多的支持者希望聯邦政府能夠為我們的學校課程，提供一個可以凝聚大家力量，以及設定一個學校經營績效的標準。在《學校課程的決定》這本書中，Richard F. Elmore 和 Susan H. Fuhrman 等人提議，聯邦政府必須以相當謹慎的態度，為全國的課程政策和學生整體的表現規劃出一套標準。

　　我們同時也發現來自各州波濤洶湧的強烈訴求，希望能夠進行教育改革，我們了解到我國的民眾想要看到，聯邦政府為我們的學生在未來的工作場合能夠蓄勢待發這一方面，有愈來愈強烈的感受，顯然我們的社會大眾和企業界想要看到，我們的學生在學習的實作表現方面能夠超越其他國家的學生。這樣的渴望可以說是建立在全國一致的利益和經濟方面的需求，也因為如此，所以實作表現為主的課程計畫才能夠獲得全國民眾的廣泛支持。

　　這本年度專刊（yearbook）蒐集了來自於許多不同領域的專

家想法和他們的專業素養。每一位專家對於教育改革和全國標準暨課程管理，都具有他們獨到的見解。他們討論的核心關鍵問題應該就是：「誰將會決定學生在學校學習的內容呢？」

　　我們認為以目前的觀點來分析，全國的教育界伙伴都會將國家標準視為一個課程管理方面的重大變革。不過，誠如本書幾位作者所提議的，在我們這個國家，全國參與早就已經是教育的一部分了，完全的地方掌控從來都不是一個真實發生過的事情。他們也建議，學校在某幾個領域範圍早就已經面對強勢的全國性影響了，例如，教科書的選用方面就是全國參與的一個具體表現。整體而言，作者也認為從一個寬廣的觀點來看，如果想要將課程以一個獨立的個體來分析，是不可能的事情。

　　這本書是針對教育專業伙伴所撰寫的，我們希望這些伙伴對於這本書所強調的主要議題感到興趣。這些議題包含了：國家的影響和地方的控制、課程決策的政治特性、跨越機關／機構界線的工作需求，以及個人和機關／機構協助塑造課程政策制訂能力的重要性等等。事實上，這本書可以當作公立學校教育的課程管理政策與制訂歷程的專業手冊。

　　這本書的作者強調國家課程標準的幾個重要問題，分別是：

　　這樣的標準對於愈來愈著重的地方學區／學校的自主，將會有什麼樣的影響力呢？

　　在評量學生真實的學習表現方面，各州和區域將會有什麼樣的差異呢？

　　在提供「具有挑戰性的課程內容」給每一位學生方面，各州的民意代表、州長及教育廳可以扮演什麼樣的角色呢？

　　當我們整個國家都在邁向標準課程的要求，和強調學生學習成果的實作表現時，教育界的伙伴應該了解政策決定的各個層面，也才能夠在塑造這些政策時，扮演積極主動的重要角色。這些在教育界工作的伙伴對於課程的相關事宜應該有基本的認識，也更應該了解即將發生的變革，才能夠在變革的時代，運用我們的智慧和洞察力，發揮我們的影響力。而這本書就提供我們可以依循的一個方向。

Barbara Talbert Jackson

ASCD[1] 理事長，1993-94

---

1 審訂者註：ASCD 是 Association for the Supervision and Curriculum Development 的縮寫，是一個全美相當重要的教育相關團體，通常強調課程和教學方面的專業。

目 錄

第一章

課程的政治管理：政策、
政治與實務工作的變革模式

Richard F. Elmore and Susan H. Fuhrman

譯者：台北縣瑞柑國小教師兼主任　張文斌

　　全美國的教育伙伴、政策制訂者與社區成員正面臨某些基本的抉擇。這些基本的抉擇就是：「誰有權力可以決定我們在學校教導學生的課程內容呢？」這些抉擇對於專業的教育人士可能影響深遠，而這些人對於學校課程的發展和監督原本就擔負起重責大任。因為這些選擇對於教育專業人士、學生和社會大眾的影響都非常重要，所以我們認為，大家對於這些抉擇的全貌都應該有基本的認識。就這樣，我們找了許多作者，請他們重新檢視整體的課程政策制訂與推動架構。因為政治面和行政體系環繞著學區、學校與教室內的課程政策，直接影響學校的課程內容，所以我們就先檢視這兩者。我們也嘗試將一些在課程政策／管理決策的本質方面所進行的最新研究結果，與現場實務工作的觀察結果相互連結。這裡所提到的現場觀察，就是我們觀察那些政策制訂和推動者的現場所獲得的結果。

　　很明顯地，這個國家正趨向一個全國一致、以實作表現為主流的課程政策觀。換句話說，課程逐漸成為全國爭辯的一個主題政策。這樣的辯論也逐漸以改善學生的實作表現為課程政策的一種機制，我們也將這樣的課程機制、國家的教育目標，和國際間的學習成就表現相互比對。不過我們要建議您，不要將國家的目標和聯邦的政策混在一起。當我們說，我國的課程近年來逐漸成為全國爭辯的一個政策主題，並不意味著聯邦政府即將比較積極主動地參與課程政策的規劃。事實上，我們發現牽動國家課程政策的許多力量，是來自於州和地方政府的階層。州長、州政府內負責學校行政的主管、學區教育局長（superintendent）、老師聯盟，以及許多學科領域的專業團體，都將課程議題提升為全國民

眾的共同訴求。這些團體不僅在州、地方階層透過他們的專業網絡，實際改善教學的品質，更積極使用他們在全國性組織的討論結果，影響州政府與地方政府的決策。在將課程政策議程提升為全國熱門話題上，聯邦政府扮演相當含蓄的角色，頂多是透過國家標準，給州政府和地方政府施加一些壓力吧。我們的認識是推動全國一致的課程標準，主要是州政府與地方政府，這種趨勢將延續到未來的政策制訂上。

　　牽涉範圍比較寬廣的政策辯論，支持美國的教育應該逐漸以學生的實作表現為主，所以我們也愈來愈需要採用學生的實作表現，當作課程政策的基礎工程。不管怎樣，我們的公僕和企業領導者相當關懷學生目前的學習表現，很可能會與他們對於這些學生未來在經濟、政治和社會上的期望出現嚴重的落差。產生這種關懷的時間，就是教育伙伴重新思考傳統工具應該如何修正，才能適當地表達學生的實作表現。教育伙伴愈來愈關心傳統的學校評量方式，將無法提供足夠的資料，讓我們可以一目瞭然地了解學生所學到的知識和技能。因此，社會領導者和專業的教育伙伴都認為，我們應該運用一些新的方式，評量學生的學習效果，希望這樣的評量能夠清楚地說明他們是否學到課程內容，而非空泛地採用標準化測驗評量學生的學習。顯然評量很可能需要以明確的課程為依歸，也就是說，學生的實作表現將以真實學習的內容當作評量的基準，而不再認為學生到達某個年齡就該學到某些內涵。當我們發現實作評量和課程愈來愈緊密相扣時，課程的議題就會慢慢變成公眾辯論的一個政策主題。

　　這本書嘗試將教育改革、教育標準與管理等全國爭辯時所牽

涉到的各項主題，作適當的安排，期望這樣的安排在實質上可以提升教育伙伴的專業素養。這本書的設計對象，是在學校和學區負有重責大任的教育伙伴。我們相信，未來在教育改革的方向，將依據教育伙伴所選擇的角色而改變。就某種意義而言，這本書是課程改革與管理的簡短課程。設計它的目的是想要提供教育伙伴一些必要的手段，讓他們能夠在進行中的政策辯論扮演更突出、更有效的角色。這一章提供一個整體架構，簡要說明在課程管理上，正在國家、州政府及地方等階層發生的主要變革。最後一章，我們則為教育的伙伴從這些分析中，精鍊一些務實的課題，希望這樣的服務能讓他們在課程管理上，扮演更重要、更有整體觀點的角色。

穿插當中的則是另外一些議題，這些議題並不陌生，它們穿越了我們這個國家的課程政治史。不一樣的是，我們目前所能看到的辯論議題上，以稍微不同的方式顯現出來。

國家的影響力與地方的控制

誠如前面所提到的，課程政策的爭辯逐漸變為全國的焦點議題。州階層和地方階層的決策者逐漸發現，他們應該在這項爭辯擔負起比較重要的角色，他們希望以學校的教學當作討論的焦點，進而影響學生學習的課程內容。產生這樣的變化，主要是因為目前各州都在規劃一套課程標準，希望這樣的課程標準能夠提供每一位學生具有挑戰性的課程，再將這樣的課程設定為全國與各州政府的教育改革訴求。課程議題的決策地點也逐漸以各州的州政府為主。由 Diane Massell 和 Susan Lusi 等人所寫的章節，清楚地

告訴我們，各州政府正運用他們的力量，介入課程決策的主要變革項目。不過我們也發現，近年來發生在州政府階層的教育改革方案，與過去的州階層教育改革方案有非常顯著的差異。這種差別就是各州所推動的教育改革，都和全國教育改革企圖改善學校教學的方向密切相關。而且這次的教育改革，在州政府和地方政府階層，也都逐漸採用全國性的組織所提供的指引來引導他們的改革工作。所以我們發現，雖然這一次教育改革的政策制訂主要都來自州階層的政府機構，但是塑造這些政策的構想都發源於全國的網絡。

　　對許多人而言，這種發展將會威脅到地方政府對於各級學校的掌控權。事實上，我們發現國內的教育管理，過去所謂的「地方控制」，其實是一項持久的神話，或運作的原理、原則，偏偏這種神話很可能會持續下去。在我們嘗試了解近年來在課程決策方面的這些變革，對於地方控制可能產生的影響之前，我們應該清楚地了解在目前的情境下，何謂地方的控制吧！實際上，美國的公立教育從一開始就是一個混雜著國家、州政府和地方影響力的複合體。David Tyack 和 Elisabeth Hansot（1982）等人在教育行政的歷史沿革方面非常具有影響力的那本書——《美德的管理者》（*Managers of Virtue*）就指出，在十九世紀和二十世紀早期的公立學校，都受到專業教育人士所組成的全國網絡的強勢影響。透過傳播宗教福音的傳統，他們滲透到公立學校的每個角落。我們非常確定早期的美國公立教育在經費來源及課程管理上，都是由地方階層決定的，但是許多塑造課程和學校組織的構想，則來自於某些領域的全國組織網絡。當州政府在二十世紀中期扮演愈來

愈重要的角色時，這些全國性的專業網絡就需要和其他具有影響力的團體相互競爭。各州的州政府在確保最低標準的教育資源上，就愈來愈有主宰的力量，也更需要確保他們能夠提供教育所需要的最低經費了。

其實我們可以說，美國的教育制度從一開始就沒有完全由地方政府掌握過，教育的實務工作通常都是地方、州政府階層和國家階層的力量相互角力之後的產品。因此，圍繞著各個核心教育議題的全國性專業網絡也逐漸浮現，他們也不是全新的產品，所以全國性專業網絡對於課程的影響力，當然也不是新鮮的事情。我們可以這麼說，地方掌控課程的情況其實是存在已久的現象，只不過是以一種嶄新的方法呈現而已。

同時我們也注意到，誠如 Smith、Fuhrman 和 O'Day 等人的那一章所陳述的，我們更應該合理地質疑國家階層對於課程議題的關注，是否會導引出一套全國統一的課程呢？評論家經常認為，使用「國家課程」（national curriculum）這樣的用語，將會導致一個單一、沒有彈性的課程架構。他們也認為，這樣的課程架構將削弱每一個地方政府決定課程內容的權力，而讓地方喪失他們對於課程的多元化和偏好。實際上，我們不認為國內將產生專制、單一的「國家課程」，同時也不會因為全國民眾對於課程議題的關注，而產生全國統一的課程。誠如 Smith、Fuhrman 和 O'Day，以及由 Fuhrman 和 Elmore 等人所撰寫的那兩章所指出的，州政府階層和國家階層對於課程的決策，是一種高度複雜的情境，也允許地方階層、州階層及國家階層等方面的相互角力。

當然，還有其他原因讓我們可以懷疑，這樣的「國家課程」

將會侵蝕地方政府對於課程的掌握。長久以來，課程的決定早就感受到國家的強勢影響力了。舉例來說，教科書的採用基本上是一項地方的選擇，卻經常是老師群體，以及學校所屬學區的課程專家聚在一起，然後針對學校的特色加以挑選的。如果我們採用這樣的觀點來分析課程的掌控，就屬於地方政府的權力了。但從另一個角度來分析，這些老師和課程專家所面臨的教科書，實際上絕大部分是由教科書出版商在考量全國教科書市場之後所下的判斷。偏偏這種教科書市場經常是由少數幾個關鍵的州，例如加州、德州這兩大州所決定的。在這兩大州裡，教科書的採用都是整個州採用同一版本的教科書為主。所以，如果我們以這個觀點來分析教科書的選用，那麼我們就可以說，地方的學校老師在課程方面早已感受到國家的強勢影響了。因為決定教科書內容的標準條件是全國一致的，所以大部分已經超越任何一個學校或學區的影響範圍。

何況，教科書的選用並不是國家階層影響課程決策的唯一項目，政策是另一項影響深遠的項目。例如，至少從一九六〇年代中期開始，聯邦政府、州政府和地方政府就採用一致的努力，將焦點集中在貧窮家庭、教育不利學生的教育需求，透過各種機制和管道，包含專門針對特殊學生需求的某些計畫都提供資源，希望這樣的安排可以讓他們也擁有均等的學習機會。這樣的努力早就已經穿透美國教育的結構，導致許多教學實務的普及化，我們幾乎在全國各地的學校都可以看到這些教學實務。例如，我們可以在全國各地看到每一所學校都會將學生從原先的教室抽調出來，進行補救教學。而這樣的補救教學通常採用所謂「基本能力」的

教學方式——也就是說，在這種補救教學情境下，教學的重點就
是學生學習發生困難時的那些基本要素。使用這種方式教導教育
不利的學生是相當普遍的現象（審訂者註：除了學習緩慢的學生
之外，美國的學校通常提供移民的子女一些「轉換學習的機制」，
讓他們有機會可以在英語方面有特殊的學習管道，以免在完全聽
不懂英語的狀況下，學習其他科目），雖然他們目前正受到某些
人的嚴詞攻擊。不過，我們在這裡提到這個項目，並不是要討論
這種教學實務的對錯，而是教育界呼應教育不利學生的教育需求，
已經產生強勢的全國性壓力，讓每一個學校都感受到這樣的壓力，
而不得不在他們的教學中安排適當的教學活動，來配合這項全國
性的壓力。當然，我們可以討論這種壓力是否完成原先設定的目
的，不過我們認為，這樣的政策已經產生廣泛的全國共識；也就
是說，全國的教育伙伴對於這個族群的學生已經有一致的教學觀
點了。

　　我們對於國家的影響力和地方控制之間對於課程的影響力，
秉持著一個特定的觀點，採用寬廣的視野來分析、探討課程。我
們認為，從某些基本的想法來看，課程總是同時兼具「國家」、
「州」及「地方」等三大勢力的相互影響力。所以我們認為，這
樣的議程不是要考慮這個國家正在討論的課程與制訂課程政策的
議題，是否會導致一套「國家課程」。相對地，我們認為這個議
程是要了解發燙中的全國性討論，在塑造課程爭辯的幾個關鍵角
色的均衡關係，是否會產生足夠的影響力。其實我們發現，永遠
會有新的人士參與這項辯論。而老一輩的伙伴如果不是逐漸削弱
他們的影響力，就得面對現實，扮演一個不同的角色。在這本書

裡，我們嘗試分析圍繞著課程決策的各個階層之間的相互依賴關係，希望這樣的分析結果可以讓教育伙伴找尋和使用適當的機會，並且善加運用他們的影響力去塑造改革的方向。

政治和專業的判斷

　　貫穿本書的另一項主題就是，課程決策所牽涉到的核心政治特質，這方面涵蓋了國家階層到學校階層的課程決策議題。對許多教育伙伴而言，當我們告訴他們，制訂課程的本質是一個政治的議題時，他們會覺得這是一個令人反胃的感受。這是可以理解的現象。當人們將他們專業的生涯完全投注在學校課程內容的發展上，卻突然發現，他們的專業判斷受到政治力量的強烈干擾，就會難以適應。這本書呈現了一個不同的觀點。當一個人了解了他或她的政治環境之後，就可以比較有效地以一個專業人士的身分去運作和影響課程發展的方向。因為課程需要處理現實政治的基本概念和深層的意義——也就是說，具備哪種專業素養才有資格去教導別人的孩童，所以我們理所當然地認為，課程受到政治方面的強烈影響力。如果這樣的議題還稱不上政治辯論或衝突，我們就不知道還有哪些主題稱得上政治的議題了。我們需要聲明的一點就是，當我們說課程將受到政治的強烈影響，並不是說教育伙伴所關心的特定議題將出現在課程內容，或說課程應該被專業的標準評斷為「優良」的課程。最終的課程品質是由專業人士所關注的課程內容，和課程的政治現實面協調之後得到的成果。

　　課程的政治本質其實深深地編織在美國的教育史中。早期在共和黨的帶領下，我們看到許多群體被排斥在某些類型的學習上，

例如，女人和奴隸都不在學校的教育名單上。而當時的教育領導者也處心積慮地發展了一套說辭，告訴全體民眾哪些人適合學習哪種知識，而哪些人就不應該、也不適合某些知識的學習等等。所以，當我們決定了誰可以接受教育、接受哪種課程內容時，在最深層的意涵當中，已經決定誰可以參與社會的政治歷程。以下有幾項剛發生不久的議題都說明，在二十世紀晚期，美國境內的課程決策所經歷的重大課題：

- 在第一次和第二次世界大戰期間，公立學校是否應該教導德語的爭辯。
- 高中的生物課程是否應該教導人類的生殖和繁殖方式的爭辯。
- 小學課程是否應該教導學童認識某些允許安樂死的文化呢？

我們甚至可以進一步認為，圍繞著課程議題的這些政治性爭辯，不見得只是一般大眾和專業人士爭論課程內容的場合而已。我們常常發現，專業人士也經常會針對課程內容進行內部的爭議。比較具體的範例就是閱讀專家正在爭議不休的課題吧！有些人強力支持採用全語文的方式進行閱讀的訓練，另外一群專業人士則積極擁護生字新詞的教導方式〔審訂者註：全語文（whole language approach）和生字新詞（phonics）的支持者目前也仍在爭議彼此的優缺點。前者強調語文的教導在整體的認識上優於個別的訓練，後者強調扎實的基礎訓練才能夠獲得整體的認識。目前有些支持者在這兩學派當中找尋折衷的方式，既能夠符合全語文的教學策略，也不會忽略生字新詞的教學。不過，全語文的支持者認為，全語文的精髓在於它的哲學觀點，強調整體的認識以外，

更強調教師的自主權和責任〕。

　　如果我們沒有辦法將政治完全排除在課程之外，或許我們應該學習基本的政治歷程，才有機會改善我們的學校課程。所以我們提供一個寬廣的圖像，嘗試說明推動課程和教育改革所牽涉到的各種政治機構或機關，以及它們的運作模式，希望提供一些基本的素材，讓專業伙伴討論他們將使用何種方式來馴服政治的課題，以便改善我們的課程。讓我們舉個具體的範例說明，或許就可以讓讀者更清楚我們的觀點。當我們認識民意代表機構在教育改革方面的運作模式，誠如 Susan Fuhrman 所介紹的，我們就了解如何鼓勵民意代表的參與，讓這樣的參與創造出有效的討論結果，進一步影響學校課程內容和受教的對象等等。或者誠如Fuhrman 和 Elmore 所說的，當我們了解在一九八〇年代和一九九〇年代期間，州長在教育改革的地位逐漸提升，也知道他們是透過全國州長協會的力量，逐漸將全國的焦點集中在標準和課程的議題上，我們就可以採用一些方式處理課程的議題，以便吸引州長的關注，進一步得到更有效的討論結果。當然也可以像 Diane Massell 所寫的，了解各州如何組織他們的成員來因應大規模的課程改革時，我們就可以發展更有條理的方式來影響那些結構。換句話說，如果我們想要馴服政治的力量，來改善課程的內容，那麼我們就需要了解基本的政治機構和機關是如何運作的，也要了解這些政治力量有哪些機會讓我們影響課程的制訂歷程。

　　當然，教育伙伴也關心其他的政治議題——有些經過高度動員和聚焦的社區關注重點。例如，有些團體的政治理念偏右或偏左，而排斥某些課程內容和教學實務的進行。我們再一次見到，

政治動員的形勢在美國的教育史並不是嶄新的課題，我們甚至可
以預測，這樣的現象未來仍會毫無疑問地繼續上演著。我們也分
析了這種極端政治團體在影響課程的公共決策時經常成功，主要
是他們了解如何以政治的方式組織、運作，他們也相當了解政治
的機構和機關的運作模式。就因為深度的了解，所以他們總有辦
法讓政策制訂者聽到他們的聲音。我們可以說，某種程度而言，
教育伙伴也相當關心極端政治團體想要在課程上施加哪種壓力，
顯然我們發現，教育伙伴應該義不容辭地肩負起責任，讓政策制
訂者也聽到他們的聲音。我們認為，教育伙伴也應該和他們不能
夠苟同的極端政治團體，對於政治機構和機關的運作方式有類似
的了解，才能夠以子之矛、攻子之盾。

　　這本書各個章節的順序安排，是希望給教育伙伴對政治和課
程間的相互關係有些詳細的認識，也希望他們能夠在這些方面建
構自己的觀點。我們堅信，只有當教育的專業伙伴對於政治運作
有比較深入的了解，才能夠馴服政治的體系，進一步改善我們目
前的課程結構和內容。

跨越機關／機構的制度分野

　　第三個貫穿本書各章節的主題，就是我們需要跨越教育體制
的機關／機構的制度分野，共同推動教育改革，才能完成我們的
使命。對於多數教育伙伴而言，政策方針其實是一種施加在他們
身上的事情，而不是和他們共同發展出來的事情（審訂者註：原
文為 For most education professionals, policy is something that is
"done to" rather than "done with" them。也就是說，多數的政策方針

是高層的長官制訂好，然後頒布新規定，要求教育現場的老師必須遵循）——特別是那些和課程相關的政策方針議題。老師所處的世界通常受限於教室的四面牆壁。在這種情境下，課程意味著老師每天都要進行的教學活動，也就是說，外界都期望他們在一個學年內需要涵蓋這些課程的內容和進度。學區課程專家（審訂者註：美國境內每個學區通常設有各個學科領域方面的 resource persons，也就是這裡所指稱的學區課程專家，他們負責整個學區該學科領域的教材供應和分配的工作；如果需要，可能還要協助老師規劃該學科領域的特殊教學方法和素材）則經常受限於某個特定的學科領域。所以我們認為，學區的課程專家也有一個既定的教材，是學區的民眾希望在他們學區內的每間教室都看到的課程內容，當然，他們也需要和一個特定族群的老師共同規劃教學和課程的議題。校長則通常受限於學校內的某些特殊問題，以及學校和社區、家長和比較高階層的行政主管之間的關係，所以校長也需要花費許多時間協調這些問題和關係，才能夠讓學校有效率地運作。依此類推，我們也可以為其他具有影響力的角色找出他們的活動範圍，而他們對於學校教學內容和教學對象的決策歷程，也都具有相當的權力。這些人包含了學區的教育局長（local superintendents）、教育委員會的成員、州階層的民意代表及州長等人。不管我們討論哪些關鍵的角色，這些人的世界都受到某些重要的事情或地方事務所限制。不過我們也清楚了解，教育體制的各個單位扮演不同角色的人，如果不能有效地和其他機構／機關的伙伴合作，就無法提供學生有效的學習機會和方式。所以當校長和老師以相互衝突的目標來帶領學生學習，學生常常會受到

挫折而感到苦惱。而當學區的行政主管和學校的校長不能夠有一
個有效的合作關係，學校通常就無法有效運作，這樣的推論可以
持續往許多相互關係去推論。當我們針對美國境內影響課程制訂
的機關和機構的運作模式，提出整體的觀點，也提供某些範例說
明他們是如何和其他機關／機構合作時，就可以證明發展橫跨機
關／機構界線的技能是相當重要的了。

　　目前排名在最前面的課程爭辯議題的焦點，更迫切需要教育
伙伴發展這種跨越機關／機構制度的能力。例如，某些學科為主
的全國性專業團體，像是全國數學教師委員會（National Council
of Teachers of Mathematics）在標準的制訂，和對於優良課程和教
學的期望，將扮演著更加突出的角色。當然，他們還需要針對州
政府和地方政府的政策決定者、教師及社會大眾解釋這些標準所
代表的意義，以及如何進行才能夠達到這些目標的要求。期望專
業團體對於優良課程能夠獲得共識，並不代表這樣的共識將會轉
換成有意義的政策或行動。另一方面，我們認為優良課程和教學
方法如果能夠獲得專業團體的肯定，也能夠連結政策制訂者和教
學實務者的關係，就是一個非常有力的影響，可以影響政策和實
務工作。當我們將全國的焦點逐漸集中在品質和實作表現上，那
麼，博學多聞的專業伙伴向許多團體解釋何謂優質的課程，以及
何謂學生真實的學習，就愈來愈重要了。

機關／機構制度和個人的能力

　　第四個貫穿這本書的主題，就是機構／機關制度及個人在塑
造課程政策上的重要性。近來各階層的政府在政策變革上都分享

了一個共同目標，都希望提升學生學習的課程品質，以及改善老師的教學品質，就是希望透過這樣的變革來改善學生在實作表現上的成就。這些改變非常依賴每一個階層的機構／機關，與個人能力的投入與協調。政策制訂者（包含了民意代表、州長、地方教育委員會的成員、州政府和地方政府高階層的行政官員等）都高度依賴專家的指導，才能作出良好的決定。這本書的許多章節說明，許多政策制訂者已經發展和延伸他們的機構／機關在制度方面的能力——他們可能聘雇專家擔任工作人員，或者和其他人共同建立相關的網絡，以及蒐集政策決策影響範圍等相關資料。同樣地，和教育服務的傳遞比較接近的伙伴們（例如課程專家、學區的行政主管、校長和老師等人）在回應新政策所需的嶄新知識和技能方面，也有高度的依賴。這本書有好幾個章節都說明了學校和學區如何處理這些問題，才能夠將嶄新的知識轉換為真實的實務工作。

　　在最佳的情況下，想要解決這些問題就已經非常困難了。偏偏我們又了解到，政治壓力通常比政策制訂者的能力還要快好幾倍，所以他們通常必須在沒有足夠、正確的專業知識前，就作出決定的方向。這樣的現象讓我們可以了解，政策方向通常在回應政治壓力的情況下進行變革的工程，當然就沒有時間考慮這些政策將會給實務工作者帶來哪些困擾了。另一方面，地方的教育伙伴也常常發現，他們必須在沒有足夠的準備或資源條件之下，回應這些從比較高階層所施加的政策指令。顯然，政策方針最主要的構想，在每一個階層都很容易因為實踐這些政策的個人和機構／機關的能力有限，而喪失了原來的方向。

因為目前的改革深深地切入學校運作的核心，所以這些改革比以往的政策更容易因為剛提過的能力問題而瓦解。我們也發現還有一個危險存在，就是當這些改革推動一段時間之後，逐漸浮現各種問題時，很可能就會看到決策者和實務工作者認為，這些改革實在太複雜了，也遠超過任何一所學校所能吸收的範圍，而無法達到這些挑戰的目標。如果我們採用現行機關／機構的制度和個人的能力來進行這項改革的使命，或許這項改革的使命就會因為太複雜而無法完成。不過如果我們將推動這些挑戰性的變革工作當作一個機會，讓我們可以將焦點集中在能力的問題上，並且藉著這個機會進行能力上的重大改善工程，我們或許就可以有比較樂觀的預言了。

解決能力問題的方案高度依賴教育伙伴所儲存的技能。許多推動挑戰性教育改革所面臨的問題，基本上都屬於知識發展和學習方面的問題。教育改革所帶來的嶄新知識需要面對非常多元複雜的對象，他們也扮演不同的角色，況且他們對於教育改革的需求，也因為角色的不同而有所改變。不過我們要強調的，就是整個體制的核心問題，幾乎就是教育伙伴每天的工作情境都會遇到的問題。這樣的問題就是：「我們應該如何運作才能夠將正確的知識放到學生的腦袋和雙手，以及如何讓他們運用想像力，使用這些嶄新的知識和技能。」

這一次非常具有挑戰性的教育改革工程，當然就高度依賴我們是否願意將改革的問題當作一項學習的問題——遠比以往所推動的任何教育改革還要寬廣，我們也具備了整體的基礎來推動這項改革工程。民意代表和州長需要更多的機會，來學習新的政策

方針將會如何影響學校和教室裡的學習。而教育伙伴對於這樣的機會有很大的影響力。我們認為教育伙伴掌握著第一手的資料，可以挑戰這項高度複雜的政策，他們具備的能力正好也是政策決定者所迫切需要的觀點。同樣地，我們也認為老師和校長需要獲得這些新的構想，以及具體的實務工作範例，才能夠協助他們有效地回應這些嶄新的政策。而夾在這兩個階層中間的人數非常的龐大，他們的責任大部分是（或應該是）動員政策制訂者和實務工作者兩方面所需要的知識和資源吧！

　　（審訂者註：許多文獻指出，老師面對新課題時是否抱持學習的態度將會深遠的影響他們的學生在學習課程時的態度。或許九年一貫的課程對於學校的老師和學生，就是這樣的機會和挑戰吧。）

　　這一章是直接由教育政策研究聯盟的政策中心的計畫研究成果而來。（Policy Center of the Consortium for Policy Research in Education (CPRE)）, Grant No. R11G10007, from the Office of Educational Research and Improvement, U.S. Department of Education.

第1篇

國家階層與州階層的政策發展

第二章

國家課程標準：
它們是必要且可行的嗎[1]？

Marshall S. Smith, Susan H. Fuhrman, and Jennifer O'Day

譯者：花蓮師範學院多元文化研究所碩士班　吳明鴻

美國的教育專家正在研擬一套自願性[2]的國家教育標準，也可稱為這個國家對學生應該獲得的知識與能力的具體期望。在美國教育部的經費支持下，各個主要學科領域的相關專業團體已經制訂了教育標準的設定程序。毫無意外地，這些標準是否可行，以及政府在創造這套標準的過程是否應該扮演更正式的角色，都已經引起全國各界的廣泛討論。國會將在近期內立法擴充國家教育目標委員會（National Educational Goals Panel, NEGP），並授權給這個委員會設立國家教育標準與改進委員會，以確保標準的設定與執行。許多有關這次立法的討論都集中在下列的問題：這些標準將以什麼方式呈現，我們又是如何制訂這套標準的？這些標準將會如何影響老師、校長與其他教育伙伴的工作？這些標準將會如何影響學生的學習成就與教育機會呢？在美國這個多元的國家，以及長久以來由地方控制的教育體制下，國家標準是否真的可行？

因為這個教育標準的制訂，代表著我們在教育實踐上一個深

---

1 作者註：本章係改寫自一篇報告，是作者群受國家教育標準與測驗委員會（National Council on Educational Standards and Testing, NCEST）委託，針對制訂國家教育標準的必要性與可行性所寫的文章。本章的焦點為：國家教育標準在學生學習成就、老師和學校品質與教育均等上的潛在影響，現行體制下建立國家標準的適切性，以及建立國家教育標準的可行性。作者群感謝其他推動小組成員與 NCEST 所貢獻的心力。

2 譯註：「自願性」（voluntary）的國家標準意指：「各州可自由選擇是否接受」。本章所指「國家標準是個好主意嗎？」的第二項「基本假定」與其後「學校教育的地方控管」會更詳細說明這個觀點。

遠且空前的改變，所以它會帶來一場前所未見的熱烈爭議是毫無意外的。在美國立國兩百多年來，從未有明確的教育內容與學習成就的目標。就算到最近幾年，各州也還沒有獨立發展出具挑戰性且明確的標準，可以讓我們的學生有目標可追求與超越。沒有期望具挑戰性的教育內容，也無法判斷怎樣才算是精通課程內容的高水準表現，所以我們只能夠倚賴學校、學區、各州間的「相對」比較，才知道學生的學習成果（審訂者註：國內也正面臨這樣的困難點。各校的老師很少能夠具體說明他們的學生在各個領域的表現，通常最常運用的評量方法就是跨學區或者全校性的等第評比，而非具體說明學生的能力，這一點可以參考「評分指標」的運作，讓學生家長和老師都有具體的目標可以超越）。標準化考試通常告訴我們，學生成績比國家或州內各校的平均來得高多少或低多少，而非說明學生的表現是否優於國家標準或某個先驗的（priori）、絕對的標準。

當然，缺乏一套教育標準無法阻止學校自行制訂一套具有企圖心的要求。然而不幸的是，大多數學校對於學生的學習成就所採用的標準，其實是低標準的教育標準而非高標準，可以讓學生不斷超越。對內容標準欠缺普遍、特殊的要求，卻高度期望學生的表現，多數學校與整個國家因此而發展了最低能力的課程。的確，這樣的傾向如此明顯，所以一些觀察家指出，現行的課程標準反映出一套回歸基本技能（de facto）的國家課程。全國民眾對基本能力的關注反映了兩件事：其一為州與地方層級的對應政策；其二為其他力量的間接影響——包括需要綜合各方意見的教科書出版商、測驗評量的研發者、使用標準化測驗來加強基本技能的

教育官員，以及在他們的師資培訓過程當中，既沒有適當訓練，也沒有適當楷模的老師們（Tyson-Bernstein 1988; Smith and O'Day 1991b）。一些證據也顯示，老師們有如下的傾向：為了交差，他們極端重視學生的考試成績，而這些考試通常只著重基本技能（Madaus 1991; Shepard 1991）（審訂者註：國內目前推動的九年一貫課程，在各方面都減少上課時數，特別是在語文科的教學上，因為減少教學時數，所以教科書的課文內容更窄化為基本技能的熟練，而不是完整文章的欣賞，也正反映了這樣的現象）。

　　民眾對學生的期待也低得讓人傷心。作為父母、選民及社區成員，我們發現到我們所制訂的教育標準遠低於其他已開發國家的教育標準（Cohen and Spillane 1993）。多數州所擁有的教育標準，幾乎都是最低標準，而不是學生實際可以追求的目標。然而，如果有一套需要老師付出與學生表現的高標準，那麼在短時間內，甚至是頗長的時間內，多數學校的表現將會低於這個標準，偏偏在政治方面這是絕對無法忍受的狀況（國內剛推動九年一貫課程，卻因為政黨輪替的關係，所以形成在野黨和執政黨之間的摩擦，也反映了這樣的現象）。其次，當我們提出一套高標準，教育伙伴很可能會要求更多的軟硬體資源，所以政策制訂者通常非常謹慎處理這類議題，以免開啟這個惡性循環。不過這個情況在某些州已經開始改變，如肯德基州、佛蒙特州；事實上，在緊縮的經濟狀況下，這場高教育標準的戰役自然很難獲勝。基本上，多數選民對於這個議題沒有多少興趣，更讓政策制訂者必須格外謹慎處理這類法規的制訂。

　　學校推動教育改革的資源也經常反映這種最低的期待。除了

富裕地區的學校以外，許多學校缺乏人力、物力，以傳遞這種挑戰性的課程給學生。在太多的學校裡，沒有自然科學實驗室，也不允許學生拿教科書或其他書籍回家做家庭作業；最值得關心的是，老師所受的專業訓練不夠好，所以無法了解，更遑論要他們教導這套高標準課程所需的教材（Kozol 1991; Taylor and Piche 1990）（審訂者註：美國教育專家都認為，他們國家的教師在師資培訓方面嚴重欠缺某些專業，我們國內的師資培訓不也同樣反映這樣的現象嗎？）。

　　我們的學校運作和低標準的學習品質，如何影響學生的學習成就呢？在過去二十年，學生的學習成就平平，充其量只有非常些微的改進。例外少數族群，特別是非裔美國人，在基本技能上有所改進。一方面這個趨勢暗示，我國在一九七〇到一九八〇年代所重視的回歸基本能力的標準（直接由州與地方政策所策勵與加強），對少數民族的學習成就有顯著而正面的影響（Smith and O'Day 1991a）。另一方面，這也顯示與其他先進國家相比，整體而言，我們學生的學習成就一直是低而平庸的（NEGP 1992）。

　　因應這樣的影響，我們正面臨一個選擇。當中的一個選項是，全然拒絕更具挑戰性的課程標準、學習成就標準與學校品質標準，顯然這種作法最簡單、也是最不具爭議性的。然而，這也是我們認為最不明智的，因為這將無法抹滅一個擴及全國的印象：我們的學生學習成就遠低於其他先進國家，甚至低於他們的潛能。在這種情況下，很難想像我們學生的水準或國際地位能大幅提升。我們相信另外一種選擇將會比較明智，就是為學生制訂具有挑戰性的國家標準。

⑨ 為國家教育標準定義

　　教育標準的提出，是想要以適切的方向與明確的闡述，回應一些基本問題：學校應該教什麼？學生應該學什麼、學得多好？學校應該具備怎樣的軟硬體設備，才能夠確保學生有機會學習我們依據這些標準而制訂的課程內容？「教育標準」這個字眼是通稱（generic）——所以，發展一系列明確的定義去回應一些重要問題，是非常重要的。在為各個學科領域制訂定義的歷程中，國家教育標準與測驗委員會（NCEST 1992）的標準推動小組提供了一些要素，希望引導相關組織對於教育標準的制訂有全盤的了解，才能夠進一步去詮釋這些定義。這些要素分別是：整體的政策說明（overarching statement）、內容標準（content standards）、學生的實作標準（student performance standards）、學校傳遞知識的標準（school delivery standards）與系統傳遞知識的標準（system delivery standards）。

☾ 整體的政策說明

　　我們應該使用一般大眾熟悉的字眼，簡要地針對整體的政策，為每一個學科領域的教育標準勾勒出一個具有願景的教育本質。在理論與教學方法上，應該強調連貫的、動人的方式，呈現最新的科目內容與課程對每一個學生的高度期待，還需要包括世界水準的終極目標。新的「加州數學課程架構」（California Mathematics Framework）當中的「數學的力量」（Mathematical Power）便

是一個例子。這套加州數學的整體政策說明提到：「數學的力量，包含洞察數學關係的能力、邏輯推理的能力，與有效使用數學技巧的能力。這些能力才是數學教育的核心重點，我們也需要在這樣的脈絡底下，培養學生這些重要的數學技巧。」（California State Department of Education 1985）

☾ 內容標準

標準設定學校應該教導的項目，以確保每一個學生都能夠達到高能力水準的學科知識、技能與必要的理解。為了達到這個目的，我們期待學校必須教導的內容，便是我們期待學生在學校學習的知識、技能與理解。以下都是內容標準的例子：全國數學教師協會（NCTM 1989）的「數學教育課程與評量標準」、加州課程架構（California Frameworks）、大學校務委員會的入學分發測驗綱要，與日本的「初中課堂研究」（UNESCO 1983）。內容標準應涵蓋大學教育以前的各級正規教育的階段（幼稚園到十二年級），就如同NCTM的「數學課程與評量標準」與加州課程架構（NCTM 1989; California State Department of Education 1985）一般。表 2-1 說明了 NCTM 的高中代數標準。

表 2-1　NCTM 標準 5：代數

在九到十二年級中，數學課程應包括代數的概念與方法的進階學習，
使學生能夠：

- 利用數學方程式、等式、不等式與矩陣來表示一些涉及未知數的
數學題目。
- 使用圖表說明數學方程式、等式與不等式。
- 在遇到等式與不等式時，運用數學方程式與矩陣來解題。
- 了解並欣賞抽象與表徵的數學力量。
- 另外，也要讓那些想要升大學的學生能夠——
- 在遇到線性系統時，會使用矩陣解題。
- 熟練地、技巧性地展現數的代換，包括那些以等式理論為基礎的
的技巧。

資料來源：全國數學教師協會（1985），學校數學的課程評量標準，Reston,
　　　　Va。作者自版。

☪ 學生的實作標準

　　這個標準應該在挑戰性的學科標準上，再建立學生實作的等
級、品質。一般而言，發展這類標準需要經過專業判斷的學生實
作樣本，讓我們可以用來評量學生實作品質的標竿[3]。舉例而言，

3　譯註：本句部分原文如下"...will require examples of a range of profession-
　　ally judged student performances to..."，譯文中因拗口緣故而未將"a range
　　of"的意義翻譯出來。然"a range of"卻在理解上具一定程度的重要性，
　　即：「在一個學習能力互異的範圍內」。亦即，此標竿的建立，是在
　　一個因為學習能力互異而導致學習成就互異的範圍內取樣，經由專業

大學教育委員會的入學分發（Advanced Placement, AP）測驗，就區分為 1 到 5 等五個等第。基本上，3 表示學生在該科可以通過一般水平的大學考試；4 相當於學生在大學學科評量中所得到的B；如果得到的分數是 5 分，就比大學拿到 A 的表現還要優秀。設計這個 AP 成就水準時，需要清楚了解學生在這種考試將會有哪些表現，才能夠建立對照的標竿（如散文、論文分析、微分問題的計算過程記錄）。所以我們才能夠使用這個「公平」的表現，作為大學生表現的優先考量。

　　無疑地，我們究竟需要一個或多個學習成就標準，將引起一些討論。標準推動小組（Standards Task Force）建議我們至少採用三個學習成就水準，作為評量學生學習的內容標準。這些水準分別是「具備能力」、「表現優異」與「世界級表現」三個水準。要建立「世界級表現」的標準時，我們就需要蒐集其他國家最好的學生所製作的實作資料。

☾ 學校傳遞知識的標準

　　這些在聯邦立法的提案中被稱為「學習機會」的標準，應該設立一些判準，讓地方與各州的教育者、政策制訂者、家長與社會大眾，可以評估各個學校因應內容標準所提供的挑戰性科目中，到底是如何教導學生。這個標準應該提供一個量度標準，以便了解學校是否真實「傳遞」了學習內容的標準給學生。學校老師所

判斷而建立，而不僅僅是在一個高學習能力或低學習能力的學習成就群體中做取樣，目的就是要建立一個一般性的、可適用於各種程度學生的學習成就標準。

受的訓練是否足以教導標準所規定的內容？學校是否有適當且優
質的教材可以反映標準的內容？學校真實提供的課程是否具備足
夠的深度可以反應標準的要求，讓學生有機會可以精熟，並進一
步達到高水準的表現呢？每一所學校是否能提供每一個學生符合
內容標準的學習機會？都是這些考量必須涵蓋的基本問題（Porter
1992; Darling-Hammond 1992; O'Day and Smith 1993）。最後的結
果是，學生在學校的表現，是否顯示學校已經成功地提供每一個
學生這一類型的學習機會？

☾ 系統傳遞知識的標準

　　這個標準應設定一個判準，以判斷（地方的、州立的、國家
的）學校系統在依內容標準所設定的學科上，教育學生的能力與
表現。某種程度上，美國境內的學生的學習成就標準，已經由國
家教育目標委員會（NEGP）和設定二〇〇〇年教育目標的《目標
二〇〇〇年教育法》中的目標 3、4 規劃發展如下：

　　目標 3：「到西元二〇〇〇年，我們的學生在完成四、八與
十二年級的課業時，將在具有挑戰性的英文、數學、自然科學、
歷史與地理等學科上，展現他們的能力；每個學校將保證每一個
學生都能夠善用他們的心靈，準備成為負責任的公民、準備好自
我進修以達到終身學習的目的，以及在現代經濟體制中成為具有
生產力的員工。」

　　目標 4：「到西元二〇〇〇年，我們的學生在自然科學與數
學的成就上，應該躍居世界第一。」

　　每一州與各個地方的學區都可以設定學生需要達成的成就目

標，綜合這樣的結果，我們整個國家的教育水準就可以達成國家的總體目標。

建立國家標準是個好主意嗎？

儘管許多專業團體已經在制訂各個相關領域的教育標準，不過許多專家對於國家標準是否是一個好主意，仍存有許多爭議。各種議論分述如下：

贊成的觀點

支持設定國家標準的一個典型論點認為，我們的國際地位、經濟競爭力、國防安全體系和外交等方面，都需要以整個國家的前途利益為考量的基礎，而非放任給各州獨立去發展，或是當作地方性的議題，因此需要全國民眾具有共同的焦點，才方便國家人力資源的發展。國家教育標準確保我國具有多元文化與不斷流動的民眾，都能夠具備民主運作所需要的知識與價值。另一個論點認為，很多州沒有足夠的人力與財政資源，能夠制訂獨立的標準與評量系統。因此對於州與地方而言，全國的合作成果將會比各自制訂獨立的標準與評量系統更有效率。其他贊成的意見包括：設定具有挑戰性的國家標準，可以鼓勵州與地方政府提升他們在教育上的期許；這個標準可以透過一套清楚、普遍、挑戰的目標與判準，分配不充足的資源，改善學校與老師的專業養成素質；一套適合每一個孩童的國家標準，將是實現全國教育機會均等的一個契機。

反對的觀點

反對制訂國家教育標準的一個論點認為，從過去的經驗分析，由中央政府設定的標準（例如，由州政府所設定的教育標準，以及州與國家層級在其他領域所設定的標準）一向讓民眾沒有多少信心。國家標準經常是一個拖累整個系統的「最低標準」，萬一國家教育標準也果真如此，全國民眾就會跟著受苦。類似的憂慮則認為國家標準的制訂，將會從許多州與地方正在進行的積極改革中，汲取目光與資源；或是擔心我們果真能夠制訂一套挑戰性的國家標準，卻沒有規劃學生與學校達到這些標準的策略與資源，也將會傷害我們的學生。其他論點則認為國家標準相當狹隘、有限，他們強調國家標準將扼殺州與地方的創造力與活力，而且國內極大的差異性（包括文化、種族、宗教等方面的差異性），不可能讓我們有一套廣為接受的一般教育標準。

基本假定

在檢驗贊成與反對國家標準的意見前，我們必須針對標準的性質作三項重要的基本假定。首先，我們假定這個教育標準是全國的（national）而非聯邦的（federal）。這是說，儘管我們制訂與執行這些標準的過程是全國性的，但它不會、也不應該在聯邦政府的控制下。在研擬計畫的過程中，我們假定各專業團體會繼續扮演好領航者的角色，而任何審核或通過國家標準的新團體，也足以代表各級政府與廣大的群眾。

第二，我們假定標準是各州可以決定是否「自願」接受的。

只有聯邦政府可以要求州政府採行國家教育標準，即便如此，這也不會有憲法的明文規定加以規範。標準的適用與否，將繼續由各個州政府自主決定，如此提供了一個重要的權責平衡。這點非常重要，它讓我們了解，將國家標準強加於傳統由州與地方掌管課程的教育系統，將會有怎樣的影響。我們的立場是：「教育標準」是自願的，不是強制的或國家強加的。這種全國層次上的自主選擇，不會限制各州對於學校的要求。

　　第三，我們假定這些標準具有挑戰性，而非最低的標準。現今美國多數學校的課程內容缺乏一貫性、深度與品質，這個事實可襯托國家教育標準所能帶來的利益。我們應該假設，這套國家教育標準在立法的品質與規模是屬於「世界級」的，事實上，各專業團體初步的努力也顯現了類似的企圖心。這個標準一定要反映我們對於學生的高度期許，而非起碼的期待。所以，如果這套新制訂的教育標準不具備挑戰性和高品質，那麼它所帶來的影響將會是弊多於利。

問題

　　反對我們制訂一套國家標準的意見大致上有以下三項：

1. 國家標準對於學生的成就與老師、學校的品質是否有正面影響？
2. 就教育機會均等的觀點來說，制訂一套國家的教育標準將帶來哪些潛在影響？
3. 國家標準是否適合於美國此種由地方控制課程，而且各州與全國各個地方的教育資源卻有如此廣泛差異的情況呢？

讓我們先來看看國家標準對學生學習成就的影響。

學生的學習成就

如果我們果真能夠制訂一套具有挑戰性、自願的國家教育標準，學生成就與教師的行為將會有哪些改變呢？一個可以預期的結果，就是刺激各州與全國各個地方政府改善教育的內容與學習成就的標準，因此可以產生貫穿整個系統的漣漪效應，間接也會影響全國各個地方的學校與每一間教室裡的教育實踐。獨立制訂課程的那些州與地方的教育主管單位，在教育政策與教育實踐上，受到 NCTM 所發展的內容與教學標準的影響非常深遠（Hayes 1992）。同樣地，許多州與社區從美國科學發展學會（American Association for the Advancement of Science, AAAS）的「計畫 2061」（Project 2061）（AAAS 1989）（審訂者註：這個和自然科學教育有關聯的計畫，是依據哈雷彗星下一次出現的時間所制訂出來的一套高標準自然科學課程），也學到某些粗淺的經驗。

然而，單有內容標準與學習成就標準，基本上是無法改變學生的學習成就與老師的教學表現。若要有整體的影響力，這個標準必須是一個可以改進學校教育的方案的一部分，還也必須具備一貫性和系統性，才得以落實到學校的每一間教室裡面（Smith and O'Day 1991b; Cohen and Spillane 1993）。將目標放在改變現況的教育政策，一般來說都只是短期的，並未能與系統的其他各個政策配合，也沒有和全盤性的目標相互連結；而且，這些教育政策通常只局限於少部分的學校或年級，或者是只專注於個別問題而不是整個系統。因此，過去幾十年的經驗告訴我們，幾乎每一

項教育政策的努力都沒有持續的成效。然而，國家標準卻能以不同的方法奠定我們所急切需要的基礎。

　　具挑戰性的國家標準能為每一間學校與每一個年級設定重要內容領域的要求，這項要求將指出，在整個系統中，我們需要國內的每一間學校與教室做出哪些實質上的改善。這個內容與學習成就標準能形成其他州政策的基礎，例如教科書與教材的選用、教師執照的頒發與教師專業養成的方向等。所以，我們就能擁有許多相互連結的政策成果，同時也給了我們一套一貫的指引，這個指引圍繞在教學與學習方面，它們也必須具有足夠企圖心的標準，而不是僅停留在基本能力的標準而已。

　　最重要的是，應該就是盼望今後的師資培訓計畫都優良到足以讓未來的老師都具備能力，可以教導國家標準所頒布的這套高標準、具有挑戰性的課程；也唯有如此，學生的學習成就與老師的教學專業才可能會有戲劇性的轉變（Darling-Hammond 1990; Murray 1992; David 1993）。我們更了解，雖然發展一套根基於新標準的教材，以及讓學校擁有可以教導這些課程標準所需要的學習資源都很重要，但除非每一位老師都能夠有戲劇性的變化，做出非常大的努力，讓他們自己在心態、知識與技能各方面，都準備好可以教導新的課程內容，否則以上兩者都不太可能發揮作用。可惜大多數公立學校裡的老師對於依據新的教育標準所定的科目內容，並沒有深入、扎實的理解。或許我們更應該了解，這個嶄新課程的預期目標同時也要求新的教學方法，一種讓學生主動參與的策略。但大多數老師並不習慣以這種方式教學，他們在工作上很少有機會與時間來學習這樣的教學能力，而且職前教師的專

業培養也沒有達到這樣的要求。如果我們期望國家標準可以用來刺激、改善每一間學校與教室裡面的教與學，那麼大量而仔細規劃的專業師資培養計畫，將會是一項必要的措施（Cohen and Ball 1990; Cohen and Spillane 1993; Smith, O'Day, and Cohen 1991）。

　　到目前為止，關於這套具有高標準企圖與銜接良好的教育改革，在影響老師的教學與學生的學習成就方面的資料，雖然不很充足，不過都是非常正向的。以下的這幾州，特別是加州、紐約州、佛蒙特州、肯德基州、亞歷桑那州與達拉瓦州，在具挑戰性的課程目標與評量上正在攜手合作。不過我們也得承認，他們的努力幾乎都是最近才發生的事情，大多數還沒有將老師的專業養成、教材政策與課程、評量策略連結在一起。然而，在很多先進國家中，一致性的政策都會將課程內容標準，與教材、考試測驗系統、專業養成等配套措施都連結在一起（Smith, O'Day, and Co-hen 1991; Cohen and Spillane 1993）。

　　另一方面，我們發現還有一些證據可以顯示，由評量與其他政策所加強的高標準課程標準，具有改善學校教育的潛能。初步資料顯示，加州數學課程架構積極地影響了地方政策與教育方針（Cohen and Ball 1990）。一項使用國際教育評量的第二屆國際數學研究（Second International Mathematics Study, SIMS）的成果發現，在那些具有一致性課程綱要的國家，老師的教學在課程綱要內容中是較一致且相似的，這指出了一個共同焦點（common focus）的影響 [4]（Stevenson and Baker 1991）。而分析我們國內教育

---

4 譯註：這些使用一致性課程綱要的國家，在上述（SIMS）的國際性評比中，都有很好的表現。

資料的調查顯示，擁有更一致性方法（approach）的高中，例如，具有共同課程及目標的學校，在降低學生的缺席與中輟率、改善學習成就、縮短學生學習差異上，確實是比較可能成功的（Bryk and Thum 1989; Bryk, Lee, and Smith 1990）。

下一個我們應該關心的問題，是學校在促進學習機會平等的成效。

教育平等

國家教育標準將會對每一個學生在教育均等方面產生怎樣的潛在影響呢？當我們說我們支持國家教育標準的一個主要理由，就是認為，我們必須堅守承諾，我們真的希望改善社會中貧窮者的教育品質。從一九七〇到整個一九八〇年代期間所做的教育改革政策，確實在多數族群與少數族群、貧窮與富有階級間的學習成就，縮短了它們之間的差距。在過去二十五年中，非裔及西班牙裔美國人以及低收入戶孩童，已有部分的學習成就與中等收入戶白人接近；這個成就肇因於社會經濟地位的改變，以及國家在基本能力上提供給不同背景的學生平等的教育品質。少數族群與低收入戶學生的考試成績有所提升，而中等收入戶與多數族群學生則大致上停留在一個基本的水平（Smith and O'Day 1991a）。

然而以目前的教育情況來分析，這個趨勢將不可能再持續下去。在過去十年當中，低收入戶與少數族群的社會、政治與經濟條件逐漸惡劣。而且，學校對於基本能力的強調，一直在基本能力的正當性方面受到強烈的質疑與批評。這個批評認為：在一個科技進步的社會中，這樣的教育措施不足以讓學生培養出未來在

工作場合必須具備的高水準學習與更複雜的技術。因此，很多地方的學區和學校已開始改革，試圖提供更高層次的思考教學，與更具挑戰性的課程（O'Day and Smith 1993）。

　　諷刺的是，這種由地方所發起的教育改革措施，事實上會擴大低收入戶、少數族群學生與中收入戶、多數族群學生的鴻溝。誠如地方性教育改革真的具有進步主義的教育觀一般，這種地方性改革也能帶給少數族群與窮人們新的不利情況，因為社會上的貧窮人家與少數族群通常最難在地方發起的改革上獲利——如果他們真的還有任何獲利機會的可能性。擁有大量貧窮與少數族群學生的學校與學區，通常沒有什麼經費來促進改革，他們這些學區通常很少有訓練優良的老師，卻有著每天都發生的問題來耗盡行政效能，阻礙建設性的教育改革。連同貧困孩童數量的增加，以及很多都市中讓人失望的經濟，這些新的教育改革措施實際上已經提高了學習成就的鴻溝。

　　如果這類型的教育改革措施是由每一個學區與每一所學校分別發動，那麼以上的結果可說是一定會發生。不過，如果這是廣泛適用於一個廣大學區內的學校，或一個州當中跨校或跨學區的改革，那麼我們就比較有可能可以期望落實教育機會的平等。

　　一般的、具挑戰性的標準與高期待，非常能夠促進教育機會的平等。在一個擁有對學生來說具挑戰性的課程標準與高學習成就標準的系統（大的學區、州或國家階層）中，教育機會平等的期待將更有可能出現。在這樣的系統中，使學生達到一般標準的資源若有不平等分配的情形，將比現今的系統（對學生的期望隨著學校與學區各不相同）更容易暴露出來。在這樣一個比較大的

系統裡的教育者與決策者，將更容易察覺出老師在教導相同教材上的能力（知識和經驗）差異，與教導共同教材所依靠的教科書品質與學校資源的差異。

　　然而，僅僅暴露這些差異是不夠的，國家的課程內容標準與學習成就標準必須要伴隨著保證學習機會均等的配套措施。如果沒有這個配套措施，國家標準實際上可能會擴大、加深，並正當化國家中優劣勢族群學生在學習成就的鴻溝。課程標準與評量必須伴隨著以下的相關配套政策：提供每一個學生使用高品質的學習資源，包括適當的教材與適任的老師。如果我們都能夠使用課程內容與學習成就標準的要求，以同樣高的期待考驗每一個學生，也期望每一間學校都能夠提供足以達成這些期待的高品質教育，高的期待才會普遍提升學生的學習成就（O'Day and Smith 1993）。

　　學校傳遞知識的標準對於保障所有學生有權使用高品質教育來說，是一個非常重要的機制。藉由強化課程內容標準與改革策略所提供的視野與架構，傳遞知識的標準能提供我們一些改善學校的目標與指引。而這個過程如果能夠與一個民主產生的、專業監督的學校改革系統合而為一，將特別見效。下一個問題就是關於學校的地方控管，講的就是這個過程。

學校教育的地方控管

　　將一致的國家標準，加諸於傳統上由州與地方層級控制課程的教育系統，將會有哪些利益與迫切性呢？我們在先前「自願的VS.強制命令的」兩種教育標準的討論中，已經討論了「加諸」國

家標準的議題。此處我們假設這個標準是自願性的，但同時也考慮到這套標準應該具備一種機制對標準的全國性審訂[5]或建議提供建議，所以並不是單純將這個工作交給州與地方。

全國民眾對教育標準達成共識的教育系統將會帶來怎樣的影響呢？這種教育標準的一致性，會加強國家認同及我國愈來愈多元時所需要的共同體。擁有這樣的系統與一致性，作為一個國家，我們便能既兼容並蓄又達到國民教育的主要目的：塑造一批擁有基本民主價值的市民。

當然，這裡仍有著疑慮與反對的意見，認為國家標準可能會過於中央集權，而壓抑了各州、社區與學校，使它們無法有效回應其選民的目標與需求。很多防護措施能預防這種情形發生。第一，如前所述，這個標準應該是全國性、且是自願接受的，而非聯邦的或強制命令的。

第二，我們應該把這個標準發展為一個共同核心，然後將它視為一個共同的核心；採用它之後，將會同時兼顧州與地方的彈性，而更強化這樣的共同核心觀點。比方說，國家標準應該儘量詳細到能避免含糊，也應該足夠概括以允許學校與老師發展他們自己的細部課程。一個維持這種彈性的方式，為州與地方在某些事項上有自己的選擇，如科目的次序，或是每一文類中作品的選擇。另一種形式則是由州與地方加入當地獨特的內容與學習成就的期待，來反映它們自己的歷史與人民。這個共同核心對地方應

---

5 譯註：此「審訂」相當於我國在開放民間自編教科書後，只要此教科書經由國立編譯館依據一定標準「審訂」後，即可由各校自由選用。

該擁有的彈性，可以透過很多證據支持。譬如說，在美國的研究指出，中央制訂的課程在數學的學習上只是諸多影響之一；而新的、有企圖心的州課程內容架構，正被老師以各種不同的方式解讀著（Floden et al., 1988; Archbald and Porter 1992）。同一時間，其他國家的經驗也提供了在國家課程架構中建立地方彈性的實用典型。

　　第三個緩和過度中央集權化的要素是：國家標準當然可以建立在一套已經由許多州曾經推動、想要達到一個一致而深遠的學生成就的努力上。加州、紐約州、肯德基州、佛蒙特州、南卡羅萊納州與其他州，已發展或正開始發展一些全國團體可以修改、採用、模仿或借用的標準（Fuhrman and Massell 1992; Massell，本書）。藉由建立在更具地方性的共識上，國家標準所規定的，會少於（由國家標準加強的）州與地方自己發展出來的。

🌀 國家標準的可行性

　　前面已經闡明了國家標準的需要性，現在我們必須問另一個問題，那就是發展這樣的國家標準是可能的嗎？美國可能發展出高品質的內容標準、學習成就標準與知識傳遞標準嗎？這個國家不是在道德與文化上太多樣化，傳統上由州和地方監督與控管各級學校的教育嗎？我們能達成課程內容與學習成就標準上的「共識」，並且讓標準的發展成為一項值得我們深入的投資嗎？

　　一個讓人擔心的地方是，由共識所發展出的國家標準，將會不具有挑戰性。我們過去在教育和其他事務的經驗告訴我們：由

政府所設立的標準，可能是最低水平的，即妥協於各方意見的最大公約數。一個反駁此論點的方法，是去檢視是否有高的國家標準的例子：NCTM標準正是一個清楚的範例。由專家組成的專業組織與團體，現正著手進行建立課程標準的工作，包括了自然科學、歷史、地理、藝術與英文；加州課程架構正是一個在人口稠密且差異極大的州裡面，擁有高品質內容標準的例子；AP考試的表現標準也是美國強烈要求學習成就標準的例子；很多組織正在發展學生應該具備的知識標準時，國家專業教師標準組織（National Board for Professional Teaching Standards, NBPTS 1991）──一個主要由老師組成的獨立團體──正在三十多個專業領域中，為傑出的老師們界定高水準能力的定義。期待老師應具備何等知識，當然就必須依據這套標準對於學生應該知道什麼樣的知識與技能所達成的共識來決定。

雖然美國在傳遞知識的標準上只有很少的相關經驗，但我們相信，適當的傳遞知識標準，能因達成具挑戰性的內容與學習成就標準的需求而持續發展出來。在美國因為一直沒有一般性的內容標準，所以長久以來傳遞標準（也就是，加速學習的標準）一直獨立於課程而發展。（與一般課程標準有關的）傳遞標準的明定與採用（譬如說，基於課程標準的高品質教材與專業養成計畫）將開創新局。然而，我們其實也是有一些例子存在，可以證明這種傳遞標準的急切性，這些例子至少包括了由NCTM針對課程內容所發展出來的教育方針，和AP課堂與國際學士學位（International Baccalaureate）的相關教材。這裡的主要關鍵點就是發展一套落實傳遞標準的系統，而這個標準必須依賴老師的專業判斷，

同時也可以強化老師的專業判斷。這樣的話，我們比較可能避免將標準化約為科層體制的檢核表，取而代之比較能用它們來助長專業發展與真正的學校改進。

最近的討論提出了另一個關注點，包括了課程內容必須反映出國家中種族與人種差異的程度，與每個學校必須致力於反映它自己的種族與人種組成的程度。這些爭論明白告訴我們，當我們想要超越膚淺共識的困難度。除此之外，共識（以及隨之而來的接受與認同感）被這些爭議的課程問題中的反對意見所威脅著，如教學的發展。然而，很多經驗對這些議論提出了反證。

舉例而言，具高度差異性的加州，已經發展出具挑戰性且高品質的內容標準，甚至在自然科學與歷史／社會研究等敏感、有特殊情結的領域中亦同。這個成就指出，藉由努力、細心聆聽與尊重代表各方利益的歧異意見，這種多元意見的挑戰是可以被克服的。加州已經能在數學、社會學科與自然科學領域中，採用複雜的課程架構所做出來的成果。我們並不是暗示這個工作會很簡單或很快，但我們相信是可行的。

NCTM作為一個專業團體，已達成了內容標準的全國一致性，儘管這個事實對於我們能跨越州與地方傳統的能力，還無法提供完全的說服力，卻能提供積極正面的支持。在數學與數學教學的專業領域中，這個由NCTM發展出很具挑戰性的課程內容要求所達到的全國共識，已經得到了一些共鳴，如 NBPTS 的標準推動小組形成的許多領域內標準的經驗。這些努力反映了：標準既沒有削弱任何內容，也沒有迴避爭議性的議題。當NCTM標準或是其他幾乎照抄的標準被愈來愈多的州教育組織所採納時，這種引

人注目的、高品質的但自願的國家標準，將變得愈來愈有說服力。

這些例子（以及其他例子，像是全國教育進展評量）顯示，發展一個自願的國家教育標準是可行的，且這個標準相較於現行主宰美國教育的最低水平的基本技能標準，更具有挑戰性。然而，即使有這些例子，我們尚不知這個標準能被社會大眾接納到什麼程度，以及它們最終會對我們學校帶來什麼程度的影響。這些標準的影響程度，極有賴於國內教育專業、聯邦、地方和各州政策制訂者、所有孩子的父母與一般民眾對新標準的認同感。受到這些要素影響，民眾對於這個新的國家教育標準的認同感，將會是我們改變學校教學內容與教育品質的必要基石。除此之外，對這套新的國家標準的認同，將會開啟一個嶄新的視野，指引州與地方政策制訂者可以遵循的行為，也指出學校內部改革與資源運用的重點，且提供老師專業成長所需的誘因與內容。

我們需要一個什麼樣的流程來創造標準的發展，才能夠保證每一個參與教育改革者（包括老師在內的有興趣的參與者）的意見都能夠被聽見？如果國家標準是要形塑由國家勾勒出「學校能提供給學生什麼」的遠景基礎，那麼這個標準必須準確地反映出：我們全體國民希望學校達成的任務。它們必須能代表我們對學生學習成就上一個真實而共享的理解。然而，我們如何能期待政策制訂者、一般民眾與很多教育專業來渴望並追求它，如果他們沒有機會接觸到新的、挑戰現狀的標準呢？一般民眾只有在有機會投身於一個全國性的討論，見到高標準內容與學生成就的具體事證時，才可能擁抱具「世界級」品質的國家標準。我們應該鼓勵社會大眾參與這項討論、辯論，也才能夠讓國家教育標準的專業

判斷更加精進。我們在這個需要時間、信念與全國關懷的事業上，應該得到全國民眾的助力，包括了父母、商業領袖、市民、政治領袖、大學教育者，甚至是學生。我們不應將國家標準的建立視為一個能夠一步登天的教育計畫，而應將它視為一個可以提升我們對年輕一輩的期望，以及期待我們真的能夠改善整體教育事業的長期策略。

　　近年來，美國的學校在著重基本技能與一種最低期待的務實國家系統下運作；因此，我們的學校與學生的學習能力低於其他先進國家的教育系統下所培訓出來的學生。一個解決之道是：為學生與學校發展國家課程內容標準及學習成就標準。雖然這樣的標準正由專業組織發展中，但關於國家在審查、建議與支持此標準上，政府是否應扮演一個更正式的角色，正在持續討論中。反對建立這種標準的意見集中在：這些標準會是最低水平的，且會從成功的計畫中拉低或吸引關注與資源，以及國家標準無法回應我們國家的多樣性。然而，如果我們能發展、實踐具挑戰性的標準，這些標準是全國性（非聯邦的）、自願的（非命令的），且留給州與地方相當的彈性，我們就能夠避免這些問題。證據顯示，如果我們能夠適當地實施這些標準，那麼具挑戰性的高品質國家標準不論是在學生的學習成就，或老師與學校的品質上，或是整體民眾的教育機會平等方面，都會有非常積極正面的影響。

第三章

立法機關與教育政策方針 [1]

✽ *Susan H. Fuhrman*

譯者：台北縣義方國小教師兼主任　董三期　✽

　　一九九〇年代中期，似乎是一個檢視州階層的立法機關在制訂教育政策方向上的一個適當時機。如果我們從某些觀點來分析，立法機關應該有足夠的能力，可以勝任改善教育品質的挑戰。他們在過去二十五年內，已經持續地奉獻他們的關注力在教育的議題方面。我們可以這麼說，在教育政策制訂方面，他們總是在最前鋒的位置帶領著全國民眾向前邁進，也經常需要採取主動的策略，才能夠規劃出嶄新的方式，以便推動教育改革的方向。然而，如果我們從其他的角度來看，立法機關就沒有那麼成功的傑出表現了。嚴重的教育問題仍舊存在，而這些問題似乎已經超越傳統立法方式可以涵蓋的範圍了。更進一步地說，在教育改革方面不斷地更新觀點，也需要立法機關採用一個嶄新的回應方式，才能夠成功而且漂亮地推動教育改革，偏偏這樣的回應方式對於立法機關而言，或許是太艱難的挑戰了。

1 作者註：這一章是由 Consortium for Policy Research in Education（CPRE）所贊助的研究計畫所得到的研究結果。這個機構是由幾所大學共同籌組的伙伴關係，包含了羅傑斯大學（Rutgers University）、南加州大學（University of Southern California）、哈佛大學（Harvard University）、密西根州立大學（Michigan State University）、史丹佛大學（Stanford University），以及威斯康辛州大學麥迪遜校區（University of Wisconsin-Madison）等名校。這個機構是由美國教育部的教育研究和改善工作室（Office of Educational Research and Improvement）提供研究經費。不過，這篇文章所闡述的觀點只代表作者的觀點，不代表贊助機構的觀點。另外，本章的撰寫也獲得 Eagleton Institute of Politics' Symposium on the Legislature in the 21st Century 的部分經費補助。

◎ 立法機關當作教育政策的領導者： 一九七〇到一九八〇年代中期

從一九七〇到一九八〇年代當中，立法機關在教育方面制訂了許許多多的相關法規。在一九七〇年代，他們修訂了學校財政相關的法規，來因應不同學區因為貧富不均所產生的議題；他們也提供某些特定的計畫，例如「經費補償教育」（compensatory education），讓貧窮的學童不會因為家庭經濟狀況不佳，而無法滿足他們的教育機會。在一九八〇年代早期，他們將注意力轉換到每一位學生的實作表現上，主要的訴求是要提升高中畢業的要求標準，並且強制要求各個學校必須使用更多的測驗，來評估學生的學習經過學校的教學之後，到底有多少進展和成就。同時，他們也強調召募高程度的老師，並且想出各種辦法讓這些老師繼續在教育界服務，例如，提高教師的薪資、提升教師培訓和證照的標準，以及提供各式各樣的教師專業發展機制等。在一九八〇年代末期，他們承諾改善學校財政經費的諾言仍持續進行著，州政府對於教育的經費補助在一九八二／一九八三到一九八六／一九八七年這段期間，實質上提升了 21.3%（Firestone, Fuhrman, and Kirst 1989）。

空前的教育創新計畫

當我們審視最近幾年剛完成立法的教育相關法規的數量，就會令人印象深刻。在一九七一到一九八一年這段期間，總計有二

十八個州頒布了學校財政經費改革的措施（Brown and Elmore 1982）。一九七九到一九八○年的年度計畫時，已經有二十三個州政府提供經費補助給地方的學區，來支持教育不利的學生所需要的服務；也有相同數量的州政府提供經費補助，以便提供經費給學區，去協助英文不很熟練的學生的漸進式學習（審訂者註：所謂英文不很熟練的學生，就是指剛剛移民到美國的學生或是原住民學生，因為不太會講英文，所以特別安排了英文為第二語文的課程，以及轉換過程的課程等，儘量讓每一位學生不會因為英文的能力不足，而限制了他們的正常學習管道）。而且我們也看到，全國五十個州都已經因應 94-142 公法（Public Law 94-142）的要求，而頒布特殊教育計畫。雖然這些計畫在經費補助的機制，在最近幾年有些微的變化，但我們至少都還看得到州政府對於學校財政經費補助的用心（Winslow and Peterson 1982）。在一九八○年代的早期和中期，教育改革的訴求從一個州擴散到另一個州的速度非常快，以至於有一些教育改革的基本要素，幾乎都可以在每一州的教育改革白皮書看得到它們的蹤跡。例如，總共有四十五州政府已經修訂了高中生的畢業條件，通常他們採取的策略就是提高學生必須修習的數理課程的總學分數。我們也發現，有四十多個州階層的測驗方案在一九八○到一九九○年期間，廣泛受到學校的大量使用。

至於在某些特定領域方面的改革計畫，我們也看到立法機構在制訂這些改革計畫的過程中無比活躍。舉例來說，在一九八○到一九八六年期間，我們看到一千多件新的法規和教師證照，都和相關經費的補助有所關聯（Darling-Hammond and Berry 1988）。

我們甚至可以看到包含加州、佛羅里達州、喬治亞洲、印第安那州、密西西比州、南卡羅萊納州，以及德州在內的許多州，都曾經嘗試以配套的方式，將許多個別獨立的項目整合在一起，然後以一個完善的總體改革方案方式進行新法規的制訂。到了一九八〇年代末期，像是南卡羅萊納州在內的某些州，甚至還頒布了第二次完整的教育改革計畫。到了一九九〇年代早期，我們還經常可以見到立法機構對於教育改革進行大幅度檢修的工程。肯德基州就是這樣的一個範例，他們在一九九一年透過一個重大的改革方案，重新修訂了原先所提出的整個教育體制的相關法規。

　　同樣令人印象深刻的，應該是立法機關針對當時最嚴重的教育問題採取行動時的投入程度吧！雖然多數的州政府長久以來都是採用地方控制教育的方式進行著，立法機關在一九七〇年代能夠具體地規定地方政府在教育經費上的最低和最高額度比例分配，這是因為他們發現，教育經費的差異會因為不同地理區域而讓學生所享有的教育權力有很大的區別。當州政府的民意代表發現，齊頭式的經費開銷其實是不公平的教育方式，特別是針對那些擁有很多特殊學生的學區早就已經過度負荷了，所以他們創造了新的計畫，來為這樣的學區提供額外的經費和服務。在一九八〇年代，立法機關正確地診斷出教育的問題本身出在學生的實作表現上，他們也總算了解到，這樣的議題是絕對無法單純只要求學區花費足夠的經費，就可以進行這樣的教育改革，而是要挑戰所有的學區為他們的每一位學生提供具有雄心壯志的挑戰性課程計畫。為了要完成這樣的使命，立法機關必須超越傳統在教育上所扮演的角色，直接跨入學校教育的核心：這也就是說，立法機關必須

走入學校的課程內容和教師資格的認定等。立法機關以這樣的方式強調教學與學習的重要性，持續進入一九九○年代。

最後，我們也看到立法機關主動採行這些創新計畫的努力程度，這和以往立法機關通常採取一個比較被動的策略，可以說是南轅北轍的差別了，所以他們在這方面的表現也相當令人刮目相看。在每一個採行學校財政經費改革計畫的州政府裡，立法機構的領導者以專家的姿態規劃了一套改革的策略，並且實際推動這些改革策略。他們通常運用了許多妥協和規勸的戰術來說服他們的同僚，才得以實現這樣的嶄新策略（Fuhrman 1982）。立法機關在過去的十年當中，也處於改革運動的最前線。例如，一份針對六個州的改革計畫所進行的研究指出，在這六個州當中，有五個州的議長和領袖塑造和雕塑了改革方案的內容。至於第六個州，州的民意代表針對州的教育委員會施加壓力，以確定州裡面的每一所學校都能夠達到他們對於教育改革的目標。這些州當中的任何一州，我們發現還有其他關鍵的角色，包含了他們的州長、企業界的領導者；不過，州的民意代表仍然是教育改革歷程中每一個階段的主要舵手。即使在引介改革條款之前，民意代表通常擔任州長所提出的教育改革任務小組和委員會的成員，也召開他們自己的研究計畫等等（Fuhrman, Clune, and Elmore 1988; Firestone et al. 1989; Firestone, Rosenblum, Bader, and Massell 1991）。

立法機關對於社會壓力的回應

負責立法的民意代表領導教育改革，其實只是反應了外界壓力的一部分而已。在一九七○年代，許多立法機關在回應當時法

庭所宣布的財政經費系統，沒有依據憲法的規定進行，而修訂了
許多相關的法規，其他的州層級立法機關在制訂法規時，其實已
經預期法庭會告他們違憲的作為。他們也受到一個全國性學者專
家所組成的團體，和公民團體所組成的網絡所催促著，當然，這
個網絡的成員也提供他們相關的協助，才完成他們的目標。在一
九八○年代，州層級的教育改革運動因為全國民眾幾乎都感受到
一個教育危機而充滿了活力和動量。這樣的危機意識主要是由國
家卓越教育委員會（National Commission on Excellence in Educa-
tion）所出版的《一個危機中的國家》（*A Nation at Risk*）（NCEE
1983），提出教育危機可能造成的影響，才激起全國民眾的共同
意識。我們也從這裡看出，聯邦政府從一個有組織的領導地位退
縮下來，然後透過許多傑出的論壇，進一步要求各州的州政府提
出相關的政策方針。當然我們也可以看到，企業界的菁英對於教
育改革的濃厚興趣，也都帶動了一九八○年代在州層級所推動的
教育改革運動。

　　這些來自於社會各個階層的壓力非常強烈，讓立法機關感受
到非常嚴重的危機意識。如果立法機關沒有頒布社會大眾所期望
的教育改革方案，那麼他們的危機就會比假裝他們有這樣的企圖
要嚴重許多倍。雖然我們也了解，這樣的行動方案意味著，立法
機關需要針對各個學校提供給學生的實作表現和評量，進行空前
的干涉（McDonnell and Fuhrman 1985），會是一件相當艱辛的工
程。除此之外，在過去這二十年當中，立法的相關活動也相當依
賴每一州的州政府可以運用的經費有多少。這也是為何我們看到
在一九七○年代末期到一九八○年代早期，甚至到一九九○年代

的早期，國家的財政相當吃緊時，立法機關就無法維持過去那二
十五年之間他們所享有的高姿態了。

　　然而，民意代表所主導的立法機關在教育方面的領導地位，
也同時反應立法機關在制度方面的能力增強。在人力資源方面的
增加，包含了教育專業方面的人力資源，以及更主動出擊的立法
機關，還有他們投入立法職責的時間也增加了，這都說明了立法
機關已經準備好可以分攤州政府財政預算更多比例的決心（Ros-
enthal and Fuhrman 1981）。一九七〇年代，立法機關在學校財政
改革方面所推動的活動，就某種程度而言，可以說明他們在一九
八〇年代的真實改革中，義無反顧地扛起領導地位的原因。當我
們發現，州政府在教育方面投入的經費愈來愈高的時候，當然就
會要求立法機關對於學校的績效和管理有更扎實的掌控能力，也
希望透過這個模式來帶動和評量學校在各方面的表現了。

影響立法機關領導角色的因素

　　不管立法機關在教育方面的領導地位來自何處，十年之間的
主動積極，讓立法機關已經習慣於他們在這個領域的指揮地位了。
立法機關的內部結構也已經發展出可以協助和支持領導地位的特
殊架構，這樣的架構變革包含了高度精密的教育委員會的設立。
這樣的委員會是那些長期以來高度投入教育相關事項而發展出教
育專業的民意代表成員所組成的。同時因為州政府在教育經費的
投入持續增高，撥款委員會對於教育研究的議題也愈來愈有他們
自己的打算（Rosenthal and Fuhrman 1981）。在許多州裡面，立
法機關幾乎已經相信他們在教育方面一定要成功的重要性了（Na-

tional Conference of State Legislatures, NCSL, 1990）。此外，當立
法機關已經穿越我們過去所習以為常的地方控制和教育家主宰教
育界的活動之後，立法機關不太可能從這樣的位階退縮下來的。
我們深深相信，立法機關不太可能回復到一九六〇年代中期盛行
的模式，也就是立法機關只是機械式地回應著州教育廳和教育相
關組織所設定的議程而已（Bailey, Frost, Marsh, and Wood 1962）。

　　當州階層的立法機關已經適應了一個領導者的角色時，他們
目前所面對的任務就是要去評估他們所完成的工作，同時也要決
定未來必須要執行的工作項目包含哪些步驟。對他們而言，規劃
未來教育改革的方案很可能更加突出，這是因為我們發現，我們
國家的教育目標和正在發展中的全國教育標準，正對各州進一步
改善他們的教育現況施加無比的壓力。

🌀 評估立法機關領導下所完成的成就：一九九〇年代之後的啓示和意義

　　雖然立法機關想要突破傳統而強調教育問題，並且提出適當
的承諾、創新計畫及高度的意願，而獲得社會大眾的喝采，但是
我們認為，這樣的認可不應該排除認真投入的檢視工作。這樣的
檢視工作讓我們發現，雖然我們在過去那段時間制訂了許多法規
來提升教育的品質，但是嚴重的教育問題仍然繼續存在著。更糟
糕的事情應該是，我們發現某些立法機關精心制訂的解決方案，
本身很可能會阻礙教育的進展。當我們再一次檢視學生的實作表
現、社會的問題及學校的結構等等時，都讓我們發現，教育問題

的複雜程度遠遠超越我們過去的認知範圍。

學生的實作表現

　　如果立法機關在過去那二十五年期間在教育政策制訂方面的效率，是讓我們採用學生的實作表現來判斷的話，那麼這樣的圖像就會顯得相當令人沮喪。雖然我們發現在一九八〇年代期間，學生的學習成就提升了點，但是這樣的進步卻相當有限，也僅提升了些微的進步。學生在學校學習方面，最關心的應該就是基本技能（審訂者註：就是數學的公式套用或是類似國內英文文法的背誦等技能）的熟練，而不是分析和推理技能的改善。例如，美國大學入學許可的 Scholastic Aptitude Test（SAT）在一九八〇到一九八五年之間，成績平均提高了十六分（這是教育界長久以來和學生不斷下滑的分數努力奮戰的結果）。但是在一九八七到一九九一年之間，分數又往下滑落了十分（NCES 1992）。全國教育進展評量的分數在一九八四到一九九〇年間，所有學生在閱讀和寫作的熟練程度上，幾乎維持相當穩定的現象[2]，不過我們發現，學生在寫作這個項目的表現特別差勁。十一年級的學生在寫作方面的平均分數是二百一十二分，而我們在寫作熟練程度可以接受的最低分數則是二百分（National Education Goals Panel 1992）。雖然我們九歲和十四歲的學生在基本閱讀方面，和他們那些工業化國家的同輩還可以相互比較，但我們的學生在複雜文

---

2 作者註：唯一的例外就是八年級學童的寫作熟練程度，在一九八四到一九九〇年之間有顯著改善的現象。

章的閱讀理解能力，以及數理學科方面的表現，則遠遠落在其他國家學生之後（Elley 1992; Organization for Economic Cooperation and Development 1992; Kirst 1993）。

幾乎可以說，我們每一天都會發現美國這群年輕的學生遭受到某種形式的「文盲」——文化方面、數值方面、地理方面等等。企業界相當擔心在二十一世紀，我們的工作團隊在競爭力方面將遠遠落在其他工業化國家之後。而我們國家在政治方面的領導者則認為，我們的教育體制無法讓學生獲得他們進入社會工作之後，所必須具備的經濟競爭力的各項知識和技能（審訂者註：這幾屆的美國總統，從老布希總統到柯林頓總統，到小布希總統，都針對美國國中小學生在全球數理方面的考試評比，遠遠落後其他先進國家，而推出不同的教育改革政策）。

社會問題和文化規準

美國在教育方面的缺失有許多層面的來源，至少包含了：銳不可當的社會問題效應，特別是那些由大都會地區所帶來的社會問題特別難解；對於教育專業伙伴相對不尊重；以及，整個文化顯少將學校教育問題當作最優先的議題來處理等等。這些問題當中有一些是超越了立法機關的影響範圍，有一些則可以由立法的措施來分攤一些責任，例如，提供老師比較優渥的薪資。然而我們認為，或許還需要幾年的時光，才能夠真實地影響教育改善的意圖。

學校的結構和功能

　　教育方面的缺失至少有一部分和學校的結構和功能有直接的關聯性，而這些正好就是立法機關想要改革的項目。他們想要找尋一些方法，讓學區能夠有足夠的經費可以運用，以免學生在學業上的追求和努力受到其他影響因素的影響而漂浮不定（審訂者註：例如，窮人家的孩子可能因爲沒有足夠的經費購買電腦，而喪失了學習資訊科技的可能性），也可以讓學校為他們的辦學績效負起基本的責任。可惜，他們在這方面的努力，到目前為止只有部分成功的範例。財政經費的不公平分配仍然存在，甚至在某些州裡面，我們還可以看到這種不公平分配的現象還繼續擴大、或重新出現等現象——例如，在德州和紐澤西州都有類似的情形發生過。而且這樣的現象所產生的負面效應，已經需要法庭出面干涉才可以獲得平息的機會。另一方面，提升高中生畢業要求的相關法規，確實引導許多學生選修更多大專院校相關的先修課程，但是學生選修的課程大多數是屬於基礎或是普通的課程，鮮少有學生選修比較具有挑戰性的課程（Clune 1989; Hanson 1989）（審訂者註：在後面幾章有更詳細的報導，說明學生專挑「營養學分」充數）。而法規要求學校給學生比較多次的測驗，來驗證學校辦學的績效，則明確地帶領學校的老師進行「考試領導教學」的策略推動——我們甚至可以說，不管是從廣義或狹義的定義來講，都可以稱這種現象為「作弊」。在許多範例當中，提升測驗的次數讓老師更加強調幾門目前會測試的科目，進行基本技能的反覆測驗，而不是下個世紀工作場合所需要的問題解決的技能訓練

（Koretz 1988; Richards and Shujaa 1988; Madaus 1991）（審訂者
註：這裡真佩服作者群勇於指出美國境內原本好意要改善教育本
質的測驗，結果是在「上有政策，下有對策」的情況下，衍生出
這種偏重主科的現象，甚至強調考試技巧，以便提升學生在測驗
時的成績表現）。

　　立法機關所採取的某些嘗試，如果以長期改善教育現場的觀
點來看，可以當作建築的基石一般（Firestone et al. 1989）。例
如，要求學生選修更多數理方面的課程，本身並不足以確保課程
的品質，還好現在有許多州正在發展嶄新而且具有挑戰性的課程
架構，來搭配更精心制訂的評量方案，以及訓練老師在這些新課
程內容方面的教學能力等等（Smith and O'Day 1991; Massell，本
書）。這些補救的措施讓課程要求的提升，成為我們邁向學科課
程領域更專業化的第一步驟。

　　強制要求老師接受更多的評量和評鑑方式，讓我們看到當我
們不再使用目前最常使用的紙筆測驗，竟然還有更好的評量系統
來掌握老師優良教學的精神。同樣的情形也可以類推到學生的學
習評量方面。目前廣泛使用的標準化測驗，鮮少有機會帶領老師
的教學邁向更具有真實情境的教與學，而這種真實的教與學已經
可以在許多州當中看到雛形，這樣的雛形可能可以提供我們改善
原先評量學生學習成就的原動力。

　　然而，即使我們不想讓這少許的成功經驗，代表立法機關在
改革評量方面所做的努力，我們也不得不承認，這些模式對於教
育改革的進展只有相當微弱的貢獻，甚至會阻礙教育改革的方針。

將政策方針轉換為實務工作時的問題

政策方針對於實務工作的影響力，通常比政策制訂者所期望的還要低落，主要是因為教育的工作需要在政策方針、行政工作以及實務工作之間交互影響，才能夠做最後的決定。雖然政策方針可以設定有效率的行政和實務工作的情境，但是絕對無法說明解決問題的策略所需具備的翔實細節（Elmore and McLaughlin 1988; Darling-Hammond 1990）。

近來發生的某些教育改革方案顯得特別脆弱，主要是他們沒有盡到該盡的責任，以便鼓勵教育各階層伙伴將政策方針轉換為實務工作所需要的情境。例如，我們前面曾經提過，當我們提升高中生畢業的總學分數時，反而帶領學生選修一些品質低落的學科課程，這是改革者沒有辦法想像的一個現象。我們可能稍微解釋這樣的現象是導因於法規的要求相當遲鈍，他們只要求主要學科領域範圍更多的學分數，卻沒有伴隨的配套機制。例如，他們應該鼓勵學校提供更多更有挑戰性的課程，或是挑戰學習者的學習成果和評量方式，以及提供高品質的技術協助等等（Clune 1989）。

另一個大問題就是，立法機關在教育方面的政策決定都是採用零散的方式處理，也因為這樣，所以有時候會相互矛盾。一個有名的範例就是，在教師政策方面一個含糊不清且相互矛盾的政策；我們發現在許多州裡面，他們一方面提高師資培育的標準和認證的歷程，同時也以創造或允許替代方案的方式，讓更多人進入學校擔任教師一職，以確保他們的每一所學校都有足夠的師資

來源。我們了解州政府可以使用以下幾種機制當中的一種或一種
以上的組合，來提升教學現場的品質：提高師資培育機構的入學
許可標準、強化師資培育計畫的要求、更多特定年級階層或學科
領域的學分證明、更新或擴展教師基本能力測驗的範圍、學科領
域的知識要求和專業的知識、提供給初任教師特殊的支援計畫、
更嚴謹的認證標準，以及升等的認證標準等等。所以，我們可以
由這裡發現這些法規之間的相互矛盾，或嚴重不足的現象。

　　在這同一時間，州政府創造新的管道或保留空缺來填補教師
的不足。有些州仔細地設計替代的路徑，召募非師範體制畢業的
個人擔任教師的工作，但是更多的是逃避現實的路徑，例如，我
們經常發現一些臨時認證，或是允許老師教導他們沒有獲得證照
的學科領域範圍（Darling-Hammond and Berry 1988; American As-
sociation of Colleges for Teacher Education 1985）（審訂者註：審
定到這裡，我的感受就是，國內的教育體制似乎沒有從國外的教
育體制獲得真實的學習，所以雖然英文教學是國小開始的課程，
卻因為急就章的方式，快速地檢定了幾千人的證照，然後開課讓
這群老師可以公開到國小擔任英文教學的工作）。

　　不過，我們也承認，如果想要在單一政策領域，像是教師認
證的方面，提供前後一致的政策方針，倒也是相當困難的一件事
情。所以如果想要將教育政策不同層面的觀點加以協調統整，就
是更加困難的工作了。有些州強制要求養成教育當中的老師，需
要選修比較多人文藝術方面的學分，特別是中等教育學程的老師
需要這方面的訓練，因為他們同時也必須為中等教育階段的學生
發展嶄新的課程。我們也發現，鮮少有哪個州想要嘗試探索老師

所選修的課程，和別人期望他們教導的課程內容之間的模糊關係
（Smith and O'Day 1991）。同樣地，某些州（特別是南部的州）
在處理孩童學習的課程時，也同步發展全州適用的教師評量系統。
通常這些項目都是以平行線的方式同步進行，完全沒有交叉的可
能性。更離譜的應該就是，教導嶄新課程所需要的能力，從來都
沒有出現在評量老師能力的系統裡（審訂者註：在國內推動九年
一貫課程的時刻，我們也沒有看到政府或相關研習機構協助老師
教導「帶得走的能力」，一些研習只是複製了過去的教學模式，
但是九年一貫課程相當重要的，可能是老師能夠接受「模糊答案」
的教學歷程）。

　　當然，我們也了解這些個別的政策方針有些是有效率的，但
是也有一些是沒有多少效率的政策方針。這些政策方針的成功與
否，通常依賴當時的情境和政策的特殊設計方式。我想要在這裡
特別提出來討論的一點就是，我發現，民意代表和教育界的伙伴
已經錯失了可以讓政策方針發揮加乘的機會，他們只要以連貫一
致的方式去處理問題的核心，就可以掌握這樣的機會了。最壞的
情形就是相互平行的政策彼此矛盾衝突的情形，這種矛盾衝突的
情形幾乎會相互抵銷彼此的功能。當政策方針傳給老師和學校的
是相互衝突的訊號時，含糊的意義就讓現場的工作人員自己去解
讀，而地方的學區就必須自己去整理政策方針的真實意義了。學
區回應政策的差異性，也常常會因為政策方針本身沒有清楚的說
明，而產生放大原先差異性的效應（McLaughlin 1987）。

　　就某種程度而言，零散的政策制訂反應了立法生命的真實面
貌。短暫的選舉週期，以及立法機構和州長之間相互競爭政策方

針的焦點傾向，都讓民意代表有足夠的誘因去制訂新的政策。這樣的誘因是因為制訂新的計畫所帶來的可見度，將遠比抑制或重新修訂既有的政策還要高出許多倍（Mayhew 1974; Fuhrman 1993）。然而，嶄新的政策通常也意味著嶄新的方向，而不是要在過去幾年所累積下來的能量上繼續推動下去，這有許多可以解釋的原因。立法機關——以及它所依賴的權力來源——可能在反思和檢討過去政策成效方面沒有足夠的能力，而因為新的方向代表著創意和創新，所以他們通常會帶來比較多政策的重量比例。州長對於教育的興趣也因為類似的原因，而經常會產生許多嶄新的政策方向。偏偏立法機關必須以相同的風氣來回應州長在這些項目上的嶄新建議。僅讓他們針對這些政策方針進行辯論，就已經讓他們可以在社會大眾當中頭角崢嶸了。最後，我們想要說的是，因政策方針沒有辦法直接影響教育實務工作和實作表現，所產生的最嚴重問題也建議我們，這樣的問題不在政策方針的管轄範圍之內，而是因為我們尚未辨識出能夠解決問題，或者稱為「神奇的子彈」的新穎政策或是配套的政策。

我們或許可以使用某些方式，來質疑立法機關不斷湧現的大量政策創新建議，而不必局限在一連串的政策制訂和頻繁出現的許多 T 恤（審訂者註：幾乎在國內外推動新政策時，都會出現 T 恤搭配新政策的推廣活動）之間，去找尋進一步的關係。我們至少可以從政策創新的許多層次中找到兩個問題：整個體制沒有時間可以吸收這樣快速變化的計畫，當然也不可能單獨整理任何一個政策的效應，來決定新的方式所帶來的價值了。

許多分析家都相當懷疑，各地的學區和學校有能力吸收來自

於立法機關釋放出來的各式煙霧彈，更不用說要他們去將這些煙霧彈找出真實的意義了，這樣的情形在一九八〇年代特別顯著。有些研究者預測，在地方執行時將會產生許多問題，甚至會遭遇到巨大的地方抗拒力量（Killian 1984; Anderson and Pipho 1984; Cuban 1984）。事實上，地方的回應反而是令人刮目相看的正向積極，許多學區迅速地抓住這些嶄新的政策，並且將這些政策和他們的需求之間做出合宜的連結（Fuhrman et al. 1988; Fuhrman and Elmore 1990; Firestone et al. 1991）。

　　然而，迅速的執行政策並不表示這樣的執行會持續多久的時間，也無法保證他們會將政策的訴求加以內化處理，當作未來發展的主軸；它也不是說，地方階層的政府已經完成政策的真實目標。誠如我們所看過的現象，提供給高中生的新課程確實已經存在，但是這樣的課程通常不是那些具有挑戰學生能力的專業課程。另一方面，當我們看到高中畢業要求的水準提高之後，也快速地跟進特殊的中輟防治計畫，都是希望能夠協助邊緣的學生符合新的要求和規定，但我們卻經常發現，學校會採取最簡單的回應方式，也就是針對那些新的課程發展出一些補救教學的計畫，來協助學生通過這樣的要求。最後的結果顯然是，希望透過補救的方式來符合補救教學的課程——而非經過深思熟慮的想盡辦法將邊緣學生的受教權當作最優先的考量，反而常常只希望協助這群邊緣學生順利地從高中畢業就好了的一種補償心態（Patterson 1991; Williams 1989）。

　　更進一步地說，即使當學區對改革方案採用比立法機構原先預期的方式還要積極正向的方式回應時，我們仍會看到不同的學

區在吸收新的教育政策時，有很大的差異存在。並不是每一個學區都能夠快速地重新訓練他們的老師，設計新的課程，以及採用新的測驗方式來呼應州政府的命令，或是補充／擴張學校的設施，以便提供學生足夠的實驗空間。當學校的能力受到限制時，就算是只需要針對一個主要的變革，都已經是相當困難的任務了；更何況，當學校必須面對接連發生的許多快速變革時，就顯得更加力不從心了。

各地方學區在接受州政府命令的能力差異，或許勉強可以由州政府所提供的技術協助加以補償。然而，州政府本身則因為大量新法規的來臨而受到壓倒性的征服。多數的法規施加了許多規範以及條例，還有某些指導方針，也要求學區制訂某些執行的相關活動，例如，發展新的評量工具和書寫模組課程的必要等。技術方面的協助通常尚未送到學區之前就已經失去功能了，因為學區能夠接受到的各種協助，大多受到州政府如何詮釋各個學區對於新的要求的配合程度所決定，鮮少真的關注新政策的實質內容所需要涵蓋的方面（Fuhrman and Elmore 1990; Fuhrman 1989; U.S. General Accounting Office 1993）。

龐大的政策數量讓我們很難整理出任何一個單一的政策所造成的影響，以進一步引導未來的發展空間。當學生的學習成就確實已經提升些許時，而這現象在過去這段時間，也在某些州有持續的證據可以證明它們確實發生了，我們卻很難將這樣的改善現象分門別類地分析它們之間的因果關係。例如：

• 學生在測驗成績方面的改善，是不是因為我們比較強調考試範圍的課程內容所導引出來的呢？

- 師生之間的關係逐漸改善，以及老師逐漸熟練學科內容的程度，到底是因為比較高的薪資所得，或是教學輔導計畫，或是強化教師專業發展機制的影響所造成的呢？
- 家長和學生逐漸參與學校的運作，是因為政策的影響，或是教育品質愈來愈受到社會大眾關注所引起的現象呢？

　　從某個觀點來看，這種分析的分野可能沒有多大關係。只要可以看得到改善的現象，我們就比較不必理會到底是某個特定的政策，或是關注教育的氛圍，才是改善教育品質的主要原因了。然而，這樣的結論無法提供我們未來繼續規劃政策機制的指引方針。而且在可以評量的方面如果有所改善，也可能是導因於沒有多少前途的實務工作有所變革，例如，「老師採用了考試領導教學的策略，來協助學生通過各項測驗的需求」。我們需要嚴謹的研究來評量改革方案和教育改善程度之間的關係。但是在這樣一連串快速變革的政策制訂之下，讓我們幾乎無法進行反思，反而讓我們持續助長更多新的計畫，而忽略了老舊計畫如果依據經驗法則去修訂，可能得到更好的效果。

　　近年來的立法機關在政策制訂方面，通常依賴兩個主要的工具：分別是強制要求和誘因。我們依賴它們的程度幾乎到了可以剔除其他可能性的程度（McDonnell and Elmore 1987）。更具體的說法是，整體而言，立法機關在學校和學區的能力，幾乎沒有建立長遠的規劃方案，例如，他們可能可以規劃擴大規模的教師專業成長機制，來協助學區和學校做長期的規劃（Little 1993）。大部分的民意代表創造了新的要求，我們偶爾也會看到他們提供誘因來引導學校的改革方案（McDonnell 1987）。大多數法規的

強制命令是制訂最低水平的要求，這樣才能夠讓他們有機會將表現最差的學區帶上來，但是也只能夠帶到中等水準而已（Bardach and Kagan 1982）。例如，我們就發現到，州階層立法機關所制訂的高中畢業學分要求，在頒布法規之前早就已經被多數學區所採用了（Clune 1989; Firestone et al. 1989）。另一方面，就算是誘因，通常也不是要激發大規模改善實務工作的策略。

　　一個懷疑論者或許會認為，立法機關通常會使用誘因或獎賞的方式，可能不是因為這樣的方式比強制命令好，而是因為我們所擁有的財政經費，只能夠讓一些學區舉辦相關活動而已。所以，與其強制要求州內每一所學校都必須推動某項教育政策，卻沒有相關經費的補助，倒不如讓我們擁抱一些願意盡心盡力的伙伴，例如，支持一個輔導教師成長的機制，或是避免中輟學生的計畫，都會比較有看頭。何況，我們也發現，大多數的獎賞制度最後通常會導引出許多相關的活動，看起來和強制命令的結果非常類似。對於經費緊縮的學區而言，他們正想從許多不同的來源找尋經費補助的可能性，所以參與一項獎賞的教育改善計畫對他們而言，也就不會那麼像是一項選擇了，而是經費的主要來源（McDonnell 1987）。

創新和支援性政策方針的必要性

　　不管是採用獎賞或強制命令當中的任何一種策略，就像過去二十多年學校經常採用的策略一般，我們都發現，它們不足以達到我們現在所了解的卓越教育水準。我們知道，在學校裡已經有許多非常傑出的教與學方式，也都是具有雄心壯志的方式，甚至

包含一些在最困難學習的環境下也有許多令人驚豔的範例。這些改善教學實務的嘗試會這樣興盛，並不是因為州政府的法規要求，而是因為在那些學校裡的老師、行政人員和家長都能夠不受政府的控制，依據他們的需求來設計相關的教學方式（David 1989; Elmore 1988, 1990; Firestone and Bader 1992）。顯然，立法機關可以運作的最佳方式，就是透過經費補助和技術協助的機制，來鼓勵、增值或／和支持這樣的活動，這樣就可以建立這個制度的能量了。相對地，如果立法機關想要透過法規的制訂或誘因來限制學區的發展，就顯得相當愚蠢了。

　　不管州政府的迫切需要性有多高，我們想要的變革，絕對無法在欠缺地方擁有自主權、開創的動機或能力的情況下推動，所以，強制命令學校階層改善他們的教學實務工作，是相當不合時宜的作法。另一方面，學校階層的解決方案很可能會因時因地而有所變化，而這樣的變化也正反應了各個地方的教職員工、學生和他們家長的需求。我們現在常常聽到一句話：「你無法強制要求傑出的表現。」它相當能夠掌握教育改善措施的精神，而這樣的精神與認識也可以由許多全國性的委員會和任務小組的研究發現所支持（Carnegie Forum on Education and the Economy 1986; Holmes Group Executive Board 1985; National Governors' Association, NGA, 1986）。

　　追求卓越的教育改革並不是說，要將每一項教育方面的決策都交給學校階層來處理。我們仍將看到州政府還必須扮演一個非常重要的角色——特別重要的是，州政府必須提供一套州內每一個學生都需要學習的核心課程內容。當我們發現，國家階層和州

階層的政策決策者談論教育目標時，有一個很明顯的項目，也就是國家和州政府需要為學校的經營而擔負起龐大的經費負擔，而且這些機構應該、也需要確定他們的學生將會學到工作場所和參與公眾事務所需要的課程內容。

有些州階層的政策決定者，包含民意代表在內，很可能持續透過他們所制訂的評量系統、課程指引及教學素材模式的發展等等，來表達他們想要看到的課程內容。而這樣的作為和學校階層的改善措施並不會相互衝突。事實上，我們可以說，比較高階層針對核心課程內容所獲得的共識，以及評量學生是否學到那些課程內容的好方法，反而可以提供學校在嘗試結構、管理、組織方面時，有一套安全的基礎架構（Smith and O'Day 1991; Cohen and Spillane 1993）。

當我們了解到州政府在表達課程內容可能扮演的強勢角色之後，就會發現，強制命令和誘因獎賞的制度仍將會是各地方普遍採用的方式了。我們在這裡所提到的批判，並不是說強制命令和誘因的獎賞就沒有可以發揮的場合了；我們只是說，它們通常是一個不夠充分的策略，有時候還會阻礙它們正在推動的工作呢！除了建立地方的能量之外，改善學校的策略可能需要將傳統的方式做更精緻的修訂——這樣的強制命令其實是帶領學校進行實務工作的修訂，而不是訂定最低的標準。鼓勵解決問題（而非精熟基本能力）的挑戰性評量制度，就是一種鼓勵地方改善實務工作的命令。然而這樣的強制命令仍然讓學校的教育伙伴保有自由的空間，可以設計適合他們的教學制度，同時也讓他們有機會可以探索支持評量方式所涵蓋的課程內容所需要的精熟學習方式。

在教育立法的政策決策上有一份關鍵性評論指出，立法機關已經勇敢地面對教育的各種問題，但是他們的努力卻無法達到顯著的影響程度。看起來，我們所需要的應該是比較少量的法規，以及更趨向一致的法規——而我們所強調的一致性，應該邁向清晰而且具有挑戰性的教育法規。我們希望州政府階層能夠清晰地解釋學生應該學習到的課程內容，而且州政府也願意將權力下放給學校去決定，如何教導他們的學生才能夠獲得那種具有挑戰性的課程內容吧！我們需要州政府透過各校能力建構的努力，來支持學校本位的改善計畫，例如，持續提供技術的協助和強化教師專業的發展等等（審訂者註：在國內面對九年一貫課程時，由於每一間教室都需要建置班級網頁，但是卻沒有提供老師足夠的訓練，所以網頁的建構經常成為資深教師的惡夢。同時由於網路的快速發展，我們經常迷失於數位科技所帶來的方便，而讓學習變為「下載網路資料」）。立法機關是否能夠勇敢地面對這些挑戰，其實需要依靠他們如何處理教育政治相關的一系列因素，以及他們本身的功能是否能夠發揮了。

⑨ 面對下個世紀的挑戰：四個主要的議題

如果立法機關想要邁向更加一致的政策，來協助真實的教育改善措施，他們就需要針對目前的幾項功能，進行四個主要議題的探索。首先，他們需要採用超越兩年一任的概念，來推動更長遠的教育改革規劃，因為學校改善的能量是一項長期的建議，也根本無法透過更換政策時，大家穿上新的 T 恤就可以宣誓完成的

（審訂者註：國內許多推廣教育也經常讓參與的伙伴穿上特別製作的Ｔ恤，來標榜他們的教育訴求。雖然拍照存檔了，但是穿過這套Ｔ恤之後，這些大人物就根本沒有機會穿上這些Ｔ恤，不只是一種嚴重的浪費公帑，也是一種沒有效率的策略。或許他們認為，我們的立法機關只需要看到照片，就算是「教育宣導成功」的代表了吧！是不是我們的立法委員也需要這方面的教育理念呢？）。其次，他們需要展示更多的信任感──特別是針對各校的人事管理，需要授權給各校經營。第三點則是他們需要了解州政府在教育政策決策上的能力範圍。最後一點，我們認為，他們可能需要改善政策制訂者之間的協調機制，來鼓勵立法機關制訂前後一致的政策，這樣的考量不僅限於教育方面的政策制訂，也可以考慮到人力生產服務的項目方面。

採取一個長期的觀點

如果州階層的政策制訂者想要鼓勵學校推動改善教學的計畫，他們就需要了解到這種努力需要長期規劃的本質。他們所頒布的法規需要相當的時間，才能夠看到應有的效應。首先，這些政策必須在各地的學區和學校推動，所以明智的政策制訂者應該了解美國國內的教育伙伴忙碌的情形（審訂者註：國內的國民小學老師在每一天的教學負擔更是忙碌不堪，除了教學工作之外，還要在下課時間擔負起學生安全的責任，並且負責蟯蟲和小便等各式各樣的檢驗工作，讓老師分身乏術是許多國小老師覺得工作沒有尊嚴的主要原因），這樣才能夠提供他們真實可行的推動行程。誠如我們前面所提到的現象，新的政策計畫可以讓地方的教育伙

伴很快地陷入泥沼，因為這些政策是一個一個快速地接踵而來的，讓他們沒有時間可以真實地了解新政策的觀點，就已經出現更新的政策了。

　　嘗試將一項新的州階層政策轉換為實務工作的努力，絕對不是一件簡單的工作，需要我們審慎地檢視地方政策，才能夠確認新的教育政策和目前所使用的教學實務工作之間是否前後一致。當我們發現州政府新頒訂的計畫和目前運作的模式不一致時，才需要改變地方的政策。而且通常會擴大地方的政策，來容納州政府新頒訂的政策所規劃的詳情細節，即使新的政策和學區目前運作的方向相互一致，也可能會有這樣的情形發生。

　　要將一個新的政策放到正確的位置，通常也需要內部和外界的資源，有時候就需要改變各項設備使用的方式；更常發生的就是改變地方人員的角色，我們也需要訓練這些地方的人員，並且提供他們各種可能的協助。除此以外，不同學區在變革時代所具備的能力，以及回應州政府新政策的意願上也有差異，這也告訴我們，任何一項新的州政策在實務工作方面，都無法達到一致化的效應。相對地，我們會看到的真實情況應該是，在不同的學校或學區會有各種不同的結果。即使每一個學區都以善意的信念和謹慎的速度推動改革，有些學區將會比其他的學區花費更多的時間，才能夠將新的政策放到正確的位置——而有些學區如果欠缺密集的鼓勵和協助，就根本無法達到這樣的境界。

　　對於政策和實務工作之間，我們的期望將會有些微的落差，其實只是問題的一個小部分而已。在變革方面，我們很可能發現，在實務工作和結果之間有更深遠的落差，特別是在學生學習的效

應方面會特別顯著。因為許多政策的焦點著重在學校運作的情況，並沒有很密切地連結到學生的學習成就上，所以只能夠間接影響學生的學習而已。例如，鼓勵學校本位的管理系統來改變學校的組織架構，以及讓學校分擔決策權力和責任，將不會直接影響學生的學習成就（Malen, Ogawa, and Kranz 1990; Wohlstetter 1993）。這樣的變革本身或許相當有意義，也可能影響一些和學生學習成就比較有密切關聯的因素，例如老師能夠參與的現象，但是這些因應政策變革的路徑，以及改善學習的情境，都需要長遠規劃，它們也都是相當複雜的工程。

即使是那些和學習成果非常密切連結的政策，例如，要求學校提供某些看起來非常重要的特定學科領域；不過，學生的學習卻是一個師生合作的產物，也是許多因素交互影響下的產物。我們很確定地了解，學生比較有可能學習他們選修的課程，但是他們是否會學到相關的知識和技能，則需要依賴他們老師教導的方式和技能，以及他們帶進教室裡面的素質和熱忱等因素。這些因素當中有些因素超越了政策的影響範圍，另外則有部分因素會受到政策的影響，但是絕對不會單純受到改善課程內容的某項政策影響而已。

當我們注意到許多不同的因素同時影響學習的結果時，就會想要強化那些會影響學生的學習成就的教育政策之間的一貫性。因為許多影響學習的因素不是在政策的直接影響範圍內，所以政策制訂者需要建立一套前後一致的教育改革方向。經常改變施政的方向，以及無法協調各項課程的政策，或是協調教師相關的政策，或是管理這些政策之間的關係，都無法讓我們達到這樣的教

育改革目標的訴求。制訂前後一致的政策也需要採用長遠的觀點
來規劃，它需要我們以非常謹慎的態度，將新的政策建立在那些
還值得我們持續推動的政策，也需要完善地檢視任何一項新政策
和其他政策之間是否相稱。我們也需要隨時將其中任何一項計畫
延後，直到其他影響這項政策的計畫都已經做好配套措施為止。

　　我們最常見到的事情，就是政治的氛圍支持政策當中某一項
觀點的推動，卻不支持另外一個觀點的進行（Fuhrman 1993）。
立法機關可以決定他們是否要強制要求學校提升學生分數的要求，
或是要求州政府階層的教育委員會決定學生學習的核心成果。當
然，他們可能沒有預期，他們也需要同時檢視師資培育單位是否
搭配嶄新的學習成果，進行新的師資培育，或者他們也可能會決
定那個時刻並不是觸及老師和學生議題的良機（審訂者註：國內
正在推動的九年一貫課程改革，或者是多元入學方案的推動，也
都屬於這類型的改革計畫。可是我們在各個師資培育機構，卻鮮
少看到配合九年一貫課程或多元入學方案所推動的師資培育配套
措施。到底是教育部不肯放手讓九年一貫課程上路，或展開多元
入學方案，還是師資培育機構的保守，或是還有其他我們無法理
解的現象存在呢？）。然而，當我們重新了解師資培育機構的時
候，我們就會發現，他們具有一種我們稱為「制度上的記憶能
力」，所以可能無法搭配新的制度，讓他們的學生將欠缺的項目
加以補充。還有一種可能性，就是這些師資培育機構可能認為政
治上的因素或許會改變方向，所以原先推動的政策可能會有大幅
度的轉向。

　　如果我們要讓民意代表能夠擁有長遠的視野，他們就必須展

現相當的克制力和勇氣；而且更務必想辦法教育社會大眾，進一步了解立法機關對於教育感興趣的表現，不應該使用教育法規的數量或快速制訂的方式來評量；他們就必須抗拒迎面而來的政治壓迫力，那些政治壓迫力都反覆地告訴他們和社會大眾一件事情，就是任何法規如果採取新的動作，就會比沒有採取行動來得好，或是在法規上以白紙黑字的方式記錄下來，都會遠比明智而謹慎地推動政策來得重要。很明顯的一點就是，如果民意代表想要在兩年一任的選舉期間獲得選民的認同，以及展現他們關心教育政策的實質證據，都會讓立法機關的教育領導者難以抗拒上面所提到的各項政治壓力的展現。

　　有些立法機關創造了一些結構，以便協助他們維持長期的觀點，以及消除短暫的政治壓力。例如，南卡羅萊納州的立法機關創造了一個商業教育的小組委員會，這是由一群穩定的政治、商業及教育的領導人員所組成的小組委員會。他們的設置目的是要監督州政府在教育改革方面的各項努力是否銜接、連貫得宜。這個小組委員會審查教育改革的實務工作邁向政策目標的各項進展情形，也決定是否需要調整政策的腳步，或改善某些策略。最重要的目的是，要讓整個州的動量都集中在教育改革的項目上。這個小組委員會也需要向社會大眾報告各項進展的情況，證明教育改革正在一步一腳印地努力耕耘著。它的存在和負責監控教育改革措施的進展情況，都提供我們各種訊號，了解到立法機關對於教育方面的興趣，不會受到新的政策制訂而完全改道而行。

我們要信任參與教育政策社群的其他伙伴

誠如我們剛剛在上面提到，要立法機構在教育政策上採取長遠的規劃，是相當困難的一件事情，我們也發現，政治的氛圍在一九九〇年代的教育政策制訂，以及往後的相關措施上，有第二項阻礙的因素存在，那就是信任感（trust）。當我們發現，選舉的造勢活動愈來愈趨向負面批評，以及各類型的政治醜聞主宰我們每一天所看到的新聞主要標題時，談論信任感好像太天真了點。在教育政策上談論信任感，將顯得特別的天真無知。畢竟我們看到在過去十年中，立法機關對於教育改革的興趣，根本就源自於教育體制普遍地呈現各種失敗的象徵符號。這些失敗的觀點讓許多民意代表認為，地方的教育伙伴如果欠缺州政府迫切而嚴格的標準，以及嚴厲的懲罰措施，就無法自立更生地改善地方的教育問題，所以他們甚至可能認為，應該由州政府取代地方政府的角色，來推動教育改革的各項措施。

不幸地，在過去幾年當中，我們幾乎無法看到很明顯的改善情形，很可能會讓社會大眾以為，我們仍然需要讓地方的教育伙伴保有比較多的主控權力，而是誤以為我們可能還沒有找到整體性改革的標準程式。

除此之外，在州的階層圍繞在教育議題方面的政治角力，很可能受到相當的爭議，這和我們這裡所提到的信任感是相互衝突的。這許多年以來，教育界能夠提出的共識，除了要求提高教育經費之外，就沒有其他共識了。立法機關也相當習慣於教育相關組織、學會和聯盟之間的分歧觀點。例如，他們深知整體而言，

教師們普遍認同他們的薪資應該提升，反而不希望依據教學的優
劣來區分薪資的等級（審訂者註：美國國民中小學教師的薪水在
全國工作當中，屬於低落的一群，和國內國民中小學教師的薪水
普遍屬於中高階層，有相當落差）；他們也知道，地區性的教育
委員會和學區教育局長可能因為他們想要控管當地的教學品質，
或是財政方面的限制，而抗拒州政府所提議的薪資提升。然而，
近年來一些政治方面的措施，讓人感受到特別的困惑。不管是美
國教師聯盟（American Federation of Teachers）或是全國教育學會
（National Education Association）都認為，我們這個國家應該是
要進行根本改革的時刻了，這樣的變革包含了在學校階層，老師
在決定政策方面的地位已顯著地提升。但是全國性組織在州階層
的分會卻比較不想要進行激烈的變革，也擔心邁向學校自主的過
程，很可能會危害到我們在學區階層辛苦耕耘出來的權力
（McDonnell and Pascal 1988）。例如，學校教職員工可以聘任和
解雇老師的權力，以及同儕評量的工作，都相當可能會危及仔細
規劃過的督導和評量歷程。

　　雖然，有些個別的老師和地方性質的學會可能會順從地方自
治的變革措施，但是其他的組織可能會抗拒這樣的變革措施，最
後就會讓州階層的組織／協會採取保守的姿態。同樣地，地方性
的教育委員會在原理原則上可能支持學區邁向學校自治的方向，
但是委員會的成員對於同時提升州政府和個別學校的自主權時的
個人角色相當混淆。類似這樣的層層矛盾現象可能帶給民意代表
混淆的訊號，讓他們無法對真實發生的事情有所了解。

　　立法機關也需要面臨愈來愈激烈的選戰考驗，以及愈來愈令

人困惑的教育政治。我們相當確定的一點就是，這些因素對於我
們在教育體制內建立信任關係，是沒有多少功用的。然而，信任
感正是我們目前最需要的項目。我們已經從過去的經驗了解到，
州政府所頒訂的標準只是邁向教育改革的諸多方式當中的一項而
已。許多解決教育的方案行動只有在學校的階層才能夠完成：這
些項目包含針對教學方面發展出一套具有學校特色的共同目標，
改變學校的組織和結構，以便讓行政能夠確實地支援每一位老師
的教學活動和學生的學習成就，提高老師和學生參與學校規劃和
運作的機會，採用適當的支配和管理結構來支持每一項行動的績
效等等。州政府所頒訂的政策可以鼓勵我們在學校階層所採取的
改革項目，但是基本上，一定要透過這些政策提升地方的執行能
力，才能夠讓每個地方政府和學校都擁有這些執行能力，而不是
讓州政府強制要求每個地方政府和學校具備這樣的執行能力。

　　建立地方的執行力意味著，我們必須出於信任的關係來鼓勵
地方政府採取教育改革所訴求的項目。如果我們採用特定的政策
術語，原則上，就是要州政府提撥額外的經費補助地方的學區，
讓他們可以自由使用這筆額外的經費，當作老師規劃課程所需要
支出的開銷，或是讓學校和學區「發展教師專業發展的各項機制，
卻不會因為過多的限制，而讓學校原先發動的改革計畫受到種種
限制」。它也意味著，我們需要允許學校創造自己的改革目標，
也讓他們有足夠的時間來達成這樣的使命，更要讓他們有機會可
以運用各種方式去嘗試他們的觀點（譯註：原文為 leeway to ex-
periment and falter along the way，意思是說，要讓學校有機會實驗
他們的觀點，如果因為實驗過程偶爾遇到挫折，有點蹣跚、畏縮

的情形產生時，我們也要有耐心，像是我們等候嬰兒學習走路一樣的讓他們自己站起來）。它也說明了，我們需要將我們對於學校和學區的信任，清楚地寫在公開的說明文件上，同時我們要抑制某些政策的制訂，因為它們很可能會禁止學校為了改善本身的教學所做的各項努力方針。它也清楚說明，我們需要避免某些標準和相關的規定，將所有的學區都一視同仁地看待，因為這樣的作法好像認為，每一個學區和學校都很想逃避責任，或者說他們都會讓州政府的目標受到挫折。最後，它也意味著，我們必須要能夠容忍各個學區的不同表現結果（Fuhrman and Elmore 1992）。

預期不同的學區和學校會有不同的表現，意味著州政府要給某些學校或者學區相當的空間，讓他們針對州政府嚴格的標準文件有機會塑造他們自己的結構；只要我們能夠清楚掌握他們都朝向州政府的改革目標所標榜的精神方向前進即可。所以我們也發現，各州的政府也愈來愈傾向於認同某些學區和學校可以不必依據某些規定的要求，來達成各地方學區所提出來的創新構想。例如，我們發現在南卡羅萊納州和北卡羅萊納州的州政府都提供概括性的棄權說明書給地方政府，讓各個地方政府有非常大的彈性空間，讓參與的學校可以揮灑自如地進行改革的工程。這種類型的概括性棄權說明書可以避免某些條列性的棄權方式，更能夠適應地方的需求。不過，條列性的策略似乎沒有吸引地方政府的青睞，或許這是因為學校還沒有辦法展望他們可以使用非常不一樣的方式進行改革的工程，所以還無法從州政府所規定的法規中，找出最相關的條文來修正。許多學校發現到，許多法規的交互作用結果，或者說是許多法規的交互所產生的心態，可能來得更貼

切一點，很可能會形成他們在推動教育改革時的障礙。有時候，
地方政府過度詮釋了州政府新頒訂的法規，而不是法規本身所要
求的項目，而使得地方政府在推動教育改革時面臨一些阻礙的因
素。許多地方的學校不願意信任州政府真的願意放棄他們對於地
方政府所承諾的放棄聲明。不幸地，許多州政府的決策者誤以為，
這類型的免責權只適用於那些在教育改革的旅途上已經有相當成
就的學校或學區。能夠察覺到可以將法規方面的彈性當作一種獎
賞，其實和我們所熟悉的學校改革策略並沒有一致的方向。學校
階層能夠考慮周到，很可能是學校改革的一個前兆，而不是學校
已經改善之後所得到的一種情況。信任感的本質可能是要讓那些
做得不是很好的學校，找尋出他們可以改善教學的路徑，讓他們
不必受限於州政府的規定和限制（Fuhrman 1989; Fuhrman and El-
more 1992）。

州政府階層提升執行力的探討

如果沒有強化州政府本身在教育方面的執行力，那麼州政府
的政策制訂者很可能就不太適宜提升地方在教育改革方面的執行
力。立法機關需要將他們的關注力放在州政府階層傳遞教育政策
的體制上，這是長久以來他們在推動教育政策制訂時，幾乎完全
忽略的一個議題。

在過去幾年當中，民意代表曾經相當程度的不信任州政府所
屬的教育廳，能夠進行真實的教育改革措施（Rosenthal and Fuhr-
man 1981）。我們通常認為，州政府所屬的機構都是那種自私自
利的官僚體制，裡面的工作人員也大多數是那些在地方階層曾經

失敗過的員工。這樣的一種不信任感，以及政府經常將微薄的經費放在地方所屬的學校，而非州政府所屬的機關，以便獲得政治上的利益，兩者之間的交互作用產生了一個惡性循環，讓那些在州政府機構工作的員工所獲得的薪資，遠低於地方教育工作人員所能夠獲得的薪資，當然就無法吸引那些具有能力的民眾到州政府上班了。我們也曾經在前面提到，州政府的機構所擁有的資源，沒有辦法跟得上教育改革所需要的各項高難度挑戰。事實上，在過去十年當中，即使我們看到每一個機構都增添了許多項嶄新的責任，我們卻發現許多機構的書面報告都大幅度地縮水了（Fuhr-man 1989; Massell and Fuhrman，出版中）。

　　無法強化州階層的執行力也嚴重影響各州在推動教育改革的結果，當然也影響了教育政策的決定。首先，影響最大的應該就是「**技術層面的協助**」了。州政府所屬的機構逐漸發現，他們必須針對那些最有需求的學區提供技術方面的協助服務。這應該是一項有價值、也相當適宜的目標，不過它也告訴我們，州政府就無法針對新的政策計畫提供廣泛的技術協助了。這方面的技術協助包含的項目之一，就像是發展一套新的課程架構，所以即使是那些執行力最高的學區，也會因為州政府嶄新的企圖心所帶來的協助和實質上的體會與理解，而獲得相當的利益。除此以外，我們也發現，即使是這些重點式的技術協助項目，也經常因為縮水而不符合標準的要求。對於那些表現最爛的學區而言，這樣的技術協助根本就無法提供任何實質上的協助。而州政府所屬的機構也經常因為經費的擠壓，讓他們對於這些學區的承諾和真實的協助之間產生嚴重的落差。舉個例子說明會比較清楚一點。讓我們

看看那些經常受困於學校表現很差的州政府吧！那些負責協助表現最差的學區的工作人員，主要的工作應該是避免學區遭受到州政府的接管。不過非常可能的事情是，這些人根本就是過去幾年當中讓學區逐漸沈淪的人員。想當然耳，這樣的人如果想要獲得教育伙伴的高度信任，就非常不可能了。

　　其次，遭到嚴重影響的應該就是「**課程與教學的發展**」了吧！當全體員工的資源已經被過度運用之後，州政府的機構就不可能專注於各項政策之間的連貫性，當然就不可能發展協調一致的課程和教師專業發展的政策了。更關鍵的項目，應該是大多數的州欠缺執行那些和技術更新有關聯的重要研究計畫和相關的發展計畫（Kaagan 1988）。我們知道以一個國家的立場而言，我們必須將最優先的順序放在發展評量的機制上，而這樣的評量機制必須超越基本能力的檢視，才能夠將學生的學習成就推到另一個境界。在這個境界裡，我們希望學生對於一個學科領域的結構有完整的認識，也能夠解決問題，更能夠將所學到的知識和技能進行概念化的學習。這樣的機制不僅能夠提供我們一個更好、更真實、更高品質教育體制的辦學經營績效考察，也能夠鼓舞高品質的教學與學習的活動，或者至少能夠降低目前我們廣為使用的標準化測驗所帶來的殺傷力。然而，到目前為止，僅有一部分的州政府曾經認真考慮更詳細的評量體制的研發。

　　到目前為止，我們似乎很難嗅出在教育的福利方面有任何真實的進展，也似乎沒有任何一個州已經有一套發展完整的指標，以便將我們投入教育方面的投資、教育的歷程，以及教育的成果之間的關係，做有意義的比較和分析（Kaagan and Coley 1989）。

因為如此，我們在敘述教育體制的過程中，就有相當的障礙（例如，我們要如何評量老師的品質），或測量教育改革在邁向政策目標的進展程度到底有多高，也沒有多少把握（例如，我們要如何了解學生到底了解了多少的數學知識和技能，以及學生因應高中畢業學分的提升，而選修了哪些實質上的數學課程，也都無法進行真實的掌握），所以，我們就更無法去檢視政策和成果之間的相互關係了（例如，我們想要了解提高學生選修課程的學分數，到底和學生的學習成就有何關聯性）。

許多州蒐集了大量的研究資料，但是這當中有許多根本就沒有採用一種有意義的方式進行資料的分析和整理。例如，我們發現有些州可能擁有師資培育機構的畢業生資料，以及接受認證教師的資料——但這些資料卻沒有進一步統整、分析，好讓州政府可以檢視師資培育機構畢業生資料以及教師認證之間，到底有何關聯性。當然，州政府也應該可以由這樣的資料，去比較外州來的合格教師人數與州內培養出來的教師人數之間的比例，或者分析由其他類型的替代方案進入學校擔任老師的人數比例（審訂者註：原文為 teachers from nontraditional routes，相當於國內所熟悉的國中、小學教師職前班，或者是先允許某些人到學校擔任教職，再一邊要求他們選修教育學程的課程）。鮮少有哪個州延伸他們現有的資料蒐集工作，來判斷他們合格教師具有哪些特色，然後進一步尋求這類型的教師進入學校，或者更進一步地擴展介聘的管道，來找尋局外相關人士到學校擔任教師的工作等。

我們更發現，在這麼少的州別中，如果要找能夠發展嶄新資料庫的可能性就更低了。這樣的資料庫可能包含了這些老師曾經

選修過哪些學科領域、多少學分數，即使是大多數學生所選修的學科，我們也無從了解那些學科所包含的課程內容和學習的品質。不過，如果有哪個州想要發展評量工具去檢視課程品質的話，我們相信他們將需要更龐大的經費，也可以預期他們將會在技術層面遭遇到相當的困難。

　　雖然我們非常急迫地需要指標的研究和發展，因為它能夠讓我們去創造可以更有效率評量學生學習成果與教育品質的工具。不過我們必須承認，即使我們能夠獲得非常優秀和完整的指標套裝軟體，仍然無法很充分地決定某些教育政策所可能帶來的影響，或者進一步去探索這樣的影響對於未來相關政策發展的情形。那樣的意圖最好是由「政策研究／評估」來進行相關的分析和討論，而這也是深受州階層執行力不足而無法完全發揮功能的第三個項目。指標系統可以提出問題來質疑我們所制訂的這些政策和學生的學習成就之間的關係。例如，如果某個州在推動一項新的數學課程方面，具有合宜的測量工具，那麼政策制訂者就可以追蹤執行的情形與學生學習成就之間的關係。然而，如果我們沒有進一步了解，為何在某些地區的執行成效優於其他地區的執行成效，或者探討系統內阻礙執行成效的種類，或其他州階層和地方階層的政治情況或學校的情況，可以如何支持或阻礙執行的情況，那麼政策制訂者將無法了解，什麼才是有效的方式來鼓勵全州的學校，都來採用新的方式來推動新的教育政策。他們也不會了解，到底這樣的課程是非常合宜地在各個學校強制執行中，或者讓學區自由選擇他們是否想要採用這套新的課程，或者如果有必要，可以提供某種類型的技術協助或教師專業發展的機制，來支持各

個學校採用這套新課程的歷程。他們也無法單獨從一個指標系統了解，什麼樣的方式才可以設計出一套能夠支持每一個學生學習的政策。那種類型的問題需要研究人員設計一套完整的研究計畫，在一些結構完美的學校和學區樣本進行深度的研究，才能夠獲得解答（Goertz et al. 1989）。不過我們發現，鮮少有哪些州政府具備這樣的分析能力，或者願意花費足夠的經費來執行這樣的深度研究。

當然，確實有許多州政府已經在執行評量的工作了，立法機關也確實擔負起監督的職責。然而，這樣的評量工作通常是和一些全國性的績效考核公司簽訂合約的，偏偏這些公司對於州階層的教育體制，或是會影響正在研究的教育政策的其他政策，都沒有深度的了解。我們更發現，立法機關對於教育改革措施的監督工作，在立法機關內部，可以算得上是一個相當不受重視的項目，它們的重要性遠遠落在政策制訂之後。此外，針對各項計畫或是政策真實推動的研究，也只是立法機關內部的稽核／評估工作人員的一部分責任而已。這些研究通常也著重在各個政府部門和機構的管理和結構，所以即使某些計畫的名稱是採用「計畫評量」當作研究計畫的主題，但是他們也經常以政府部門／機構的運作當作研究的核心主題，例如，他們可能針對報章雜誌的報導和資訊管理的程序做深入的研究，或探討計畫的效率問題（Rosenthal 1981）。

當我們發現，大多數的州都欠缺對於教育改革的技術協助、各項措施的發展，以及政策分析方面的關注時，我們很可能認為，這些州內的機構／部門會將他們的工作重點項目，放在那些對於

　　州階層的政策制訂者愈來愈關心的一項功能，也就是所謂的績效考核的問題。我們也承認，許多部門都逐漸將他們的重點工作放在績效考核上面——持續監控地方政府是否配合政策的落實，或發展愈來愈詳盡的報告，以便向政策制訂者和社會大眾說明實際的功效，以及推動某些包含獎懲制度的計畫等等（OERI Study Group 1988; Fuhrman 1989）。如果我們沒有真正優秀的實作評量測驗工具，或是可以協助那些仍在掙扎的學區或學校的高品質協助條件，或是足夠的條件來分析這些政策如何影響每一個學區和學校的真實教學工作，那麼我們可以斷言，真實的績效考核仍將只是一個幻影罷了。

　　因為我們欠缺良好的工具評量學生的學習成果，所以我們無法真實了解學生的學習，是否能夠讓他們在未來接受嚴厲的挑戰。另一方面，當我們也沒有足夠的支援體系或協助的系統時，我們很可能將那些執行力低落的學校或學區，視為辦學績效良好的學校或學區。如果我們沒有真實的政策分析，就無法了解州政府所頒訂的政策對於學校和學區的真實運作有多大的影響力。簡言之，我們根本就不應該認為，州階層的政策制訂者是一群肯負起責任的工作伙伴吧！

　　和執行力有關的最後一項，就是州政府推動和了解教育政策的執行項目，不見得都需要包含在州政府的教育部門裡。立法機關可能偏好將某些功能以分散的方式保留下來，以確保那項功能的客觀性，這樣的功能之一就是評量的工作了。當然，立法機關也可能想要決定讓某些功能性的項目，由一些組織團體來推動，技術方面的協助就是這樣的一項功能。在所有的機關團體當中，

能夠提供州階層協助功能的單位，至少包含了區域性的服務單位
（審訂者註：美國境內有許多自然保育中心，或稱為環境教育中
心，都提供各階層的學校相關的技術和教學協助工作）、大專院
校，以及座落在某些大專院校或非營利研究公司裡面的州政府政
策研究中心。目前大約有將近一半的州政府擁有那種座落於大專
院校內的教育、政策研究中心，他們主要的工作項目就是研發各
項指標，以及研究州內的政策真實推動的情形，以及各項政策的
影響層面。某些州的立法機關可能想要強化他們本身對於政策研
究的執行力，所以他們會投入比較多的責任，也會支持他們的工
作同仁共同監督相關的委員會和各個部門的運作等等。我們想要
申論的最後一點就是，我們認為，國內各州可以透過和其他州的
共同結盟，來分享他們本身的執行力。一個著名的範例就是新標
準計畫（New Standards Project），到目前為止，我們了解已經有
十八個州參與伙伴關係，也有七個地方的伙伴共同參與發展替代
性的評量工具和課程內容的標準（審訂者註：這種聯盟的關係非
常類似國內一些學校組織所謂的「策略聯盟關係」，只是層級比
較高而已。透過資源共享的策略，相關的組織團體一方面可以提
高自己的能見度，一方面可以有效地使用各校的各項資源）。

與其他決策者之間的協調

　　推動協調一致、前後銜接的教育政策，需要政府各階層與各
部會之間的協商。我們發現另外一個愈來愈顯著的事情，就是我
們在教育改善措施的努力，也依賴著州政府在其他領域所推動的
政策，同時我們也需要採用協調一致的方式來處理各項問題，才

能夠完美地解決教育改善的現場（Kirst 1992）。更確切地說，我們認為民意代表將需要和行政單位更密切地分工合作。立法機關內的教育領導者有需要和那些在人力服務仲介方面有專精的同事更加密切地共同合作；而且我們更進一步地認為，立法機關的領導者將需要確認這樣的協商工作確實發生了。

　　立法機關對於本身特權的關注，可能會阻礙民意代表和行政單位之間協調政策的各項嘗試措施。民意代表曾經很得體地將自己視為州政府對於教育投資需要擔負責任的受託管理者的角色，這是因為法令規定了教育體制的向度和經費預算的項目，也就是說，他們掌握了教育方面最重要的經費來源。很確定的一件事，也誠如前面曾經提到過的觀點，立法機關曾經透過主動積極的政策制訂來施展他們的特權。然而，因為立法機關對於教育永不停止的關注，讓教育成為能見度極高的一項施政措施，當然也會讓其他州階層的政策制訂者想要分一杯羹，讓民眾也認為他們對於教育有所貢獻。尤其是州長也都感受到這項重要措施的必要性了。不管是一九七〇年代的學校財政運動，或是一九八〇年代的教育改革運動，都讓我們發現，幾位教育州長逐漸浮現他們對於教育改革的關心和付出。這樣的範例到處都看得到，例如，在一九七〇年代擔任佛羅里達州州長的 Askew、密西根州州長的 Milliken 和明尼蘇達州州長的 Anderson，以及在一九八〇年代擔任阿肯色州州長的柯林頓（Clinton）（審訂者註：後來的柯林頓總統）、紐澤西的 Kean 州長、南卡羅萊納州的 Riley 州長和田納西州的 Alex-ander 州長等人，都是著名的教育州長。這些州長都曾經因為他們對於教育的關注，而獲得全國民眾的認識。

　　州長想要發展教育政策的興趣，不是單純由突出的教育議題所推動的。其實，州長辦公室的本質正想要發展更多的相關政策。當州政府的運作愈來愈複雜，也愈來愈無法由州長辦公室單獨管理的時候，州長就必須委屈地擔任管理者的角色一職而已。所以這些州長也發現到，他們在「形成政策，透過立法機關掌握計畫的發展方向，建立知名度和群眾的支持，協助州政府在經濟方面的發展，以及參與一堆企業家所舉辦的活動」上，有比較多的誘因（Rosenthal 1990, p. 170）。因此，州長很可能透過提議和宣導更多新的創新計畫，來展現他們對於教育的關心。

　　教育政策的凝聚力就是要讓立法機關和州長找尋各種方法，讓他們在推動教育政策上可以分享功勞。如果當教育方面的表現不如其他部門所推動的項目來得亮麗的時候，他們也要展現克制的能力，以避免各部門之間為了搶奪亮麗的成績，而不斷地推出新的計畫來壓住其他部門的努力。但是立法機關和州長之間保有協調的關係，除了獲得教育領域的凝聚力之外，還有另外一個重要的原因。我們很確切地知道，州長的領導是凝聚關係到那些影響孩童和年輕人的各項政策之間的協調性。我們逐漸發現教育改善的工作，牽扯著我們想要克服各種入侵學校的社會問題：這些社會問題包含了學生帶到學校的健康與營養問題、環繞學校的藥品濫用與暴力的環境（特別是在都會型的學校，這樣的情形特別嚴重），以及貧窮和家庭的不穩定狀況（審訂者註：家庭的不穩定通常是說學生的家長之間的離婚情形、家庭暴力問題等等）。這些社會問題的每一項都為學校帶來足夠的挑戰，而這樣的挑戰很明顯是無法由教育決策者獨立解決的。教育伙伴、企業的菁英

領導者和其他的改革訴求者都認為，各項社會福利事業之間的協調將會是非常重要的，所以他們認為，健康的議題、社會福利事業、員工訓練及教育計畫都需要共同合作，才能夠符合孩童的需求（Committee for Economic Development 1987; Carnegie Council on Adolescent Development 1989）。

　　一項阻礙我們在各項社會服務方面之間獲得更有協調性的主要因素，應該就是各個州政府所屬機關間的機能性分工情形。州長們想要建立跨部門的任務小組或委員會的觀點，看起來應該是各項政策邁向整合之途的第一個步驟。不過我們也發現，學區和學校階層之間的協調算是立法機關的一項領導功能，當然也是部門的引導和展現彈性的空間。立法機關可以針對聯合服務項目的提供、免除相互干擾的法規的特權，提供足夠的誘因，並且同時關注州政府和地方政府的執行力，與可以運作的資源，來設計這些整合型的傳遞系統。

　　民意代表可能已經發現，我們目前正在使用的委員會結構，會阻擾各項協調後的政策發展。首先我們需要處理的步驟，應該是審查這樣的結構，以便確定這樣的判斷是否屬實；其次要進行的步驟，則是要仔細審查司法權，或是建立一個特定的委員會來促進各項政策之間的整合。立法機關的領導必須主動進行這類型的內部評鑑工作。

　　立法機關在教育這個領域所獲得的相當成就，不應該模糊了我們仍需面對的挑戰，也不應該限制那些對未來有創意的思考模式。如果我們真的要改善教育的品質，將需要更多協調一致的決策，才能夠讓我們為州階層、學區階層及學校階層之間的絕對授

權扛起責任。這樣的全權授權可能會因為各州的特殊情形而有所變化，不過我們堅信各州負責決策的伙伴，都需要擔負起州政府本身所需負起的責任，以及學校社群因應當地特色、與學生需求間所塑造出來的各項計畫，取得某種程度的平衡。

　　如果我們要發展前後一致的政策方針，也將權力核心適宜地授權給適當的人選，我們就需要對教育改善措施抱持一個長遠的觀點，才能夠完成使命。這樣的長遠觀點包含我們對於教育伙伴的信任感，這樣才能夠支持每一間學校和學區建立包容的能力，以及各州在技術協助、發展、研究、辦學績效和州內政策制訂者之間的協調等方面的能力考量。要求政府考量地方變因來調整政策，以及對政策加以限制的訴求，並不是嶄新的一項訴求（Elmore 1979），不過許多嚴重的教育問題仍然持續存在，以及各州近年來在教育政策制訂上的分歧，將給我們在這個新的領域範疇帶來嶄新的力量。

第四章

一九九〇年代的州長和教育政策 [1]

✽ *Susan H. Fuhrman and Richard F. Elmore*

譯者：台北縣義方國小教師兼主任　楊金芳　✽

　　州長現在已經成為制訂教育政策的領導者。然而，如果單純從歷史的角度來看，他們不見得會扮演這樣的角色。雖然州政府在教育上肩負著正式的職責，州長對於教育政策卻是興趣不高，而且也沒有持續影響的力量。我們要如何解釋他們在此一領域中逐漸成長的魅力呢？如果以長遠的觀點來分析，他們可能可以扮演什麼角色呢？

　　我們將在這一章，先說明州長在一九七○年代逐漸成為教育政策的領導者，以及在隨後的一九八○、一九九○年代逐漸擴展他們的影響力。我們隨後探討四個影響州長在教育政策方面的影響因素。其中一個因素是限制他們影響力的因素——那就是因襲州政府傳統結構的制度，而限制州長對教育的直接掌握。另外還有兩個因素可以平衡這樣的限制，他們提升州長參與教育決策的程度——其中一個是圍繞著教育議題的政策制訂活動，不管是在數量和政治上的影響力，都有逐漸提升的現象。另一個因素則是在塑造教育改革的議程上，州長慢慢地採用全國所累積起來的組織力量，以提升他們的影響力。最後一個左右州長影響力的因素

1 作者註：本章是由 Consortium for Policy Research in Education（CPRE）所贊助的研究所延伸出來的報告。這是一個由底下這幾所著名大學所共同努力的結果：羅傑斯大學（Rutgers University）、南加州大學（the University of Southern California）、哈佛大學（Harvard University）、密西根州立大學（Michigan State University）、史丹佛大學（Stanford University），以及威斯康辛州大學麥迪遜校區（University of Wisconsin-Madison）；共同的經費則是由美國教育部的教育研究和改善工作室（Office of Educational Research and Improvement）（OERI）所贊助的。不過，作者所提到的觀點不見得反應了兩個贊助單位的觀點。

比較不確定：它就是現階段州階層零散、前後不一致的教育政策了。某種程度上，我們可以將它視為一個對於州長影響力有潛在威脅的因素，或者我們也可以將它視為對於州政府整體教育政策有所威脅的可能性吧！不過，我們認為這種零散、前後不一致的州階層教育政策，讓州長有機會可以確認他們在政策領導上的角色，正好符合他們在機關和政治的位階。

州長擔任教育領導者的浮現

到一九七〇年代以前，州長在教育政策上都還沒有扮演一個鮮明的領導角色。在那十年當中，許多州長成為學校財政革新的領導者——

- 他們設立研究委員會，以評估經費預算的公平性與相關的解決方案。
- 提出新的構想以便和真實或預期中的法庭命令規範，針對那些違反憲法規定，提供不均等教育機會的體制進行改革措施。
- 最有勇氣的作法，就是提議增加稅源或是新的歲入來源，以便提高州政府在教育方面的花費（Fuhrman 1979）。

在許多州長當中，例如明尼蘇達州的Anderson州長、佛羅里達州的 Askew 州長，以及密西根州的 Milliken 州長，都將學校的財政革新當作州政府的一項主要政策議題。許多因素讓州長對這樣的議題感到興趣。首先，當然是因為教育預算消耗了州政府預算的大部分經費，州政府的領導者就需要更加注意教育經費的使

用情形。其次，卓越的學校財政革新正好和州政府在政策領導能力方面的顯著改善同時發生。最後一點則是我國在一九六〇年代透過憲法的強化措施，例如延長州長的任期，以及增強州長的否決權效應，都讓州長的辦公室像極了立法機構，成了摩登和專業的象徵（Sabato 1983）。根據一項估計，從一九五六到一九七六年之間，州長辦公室的幕僚人數平均幾乎增加了三倍（Beyle 1989）。

在一九八〇年代，一個主要的教育改革運動橫掃全國。同一時間，州長在教育政策的制訂上，也逐漸擴大他們所扮演的角色。在州政府這邊，我們看到大量的法規和規範方面的變革，以及伴隨法規而來，要求州政府必須提高他們在教育經費上的花費（審訂者註：原先的教育經費是由聯邦政府直接負責，非常類似國內教育經費的來源變革措施）。到了一九八〇年代中期，幾乎每一個州政府都不能免俗地推動某些普遍進行的教育改革措施──例如，他們會提升高中生的畢業要求，給學生更多的測驗，以及在教師認證和薪資報酬方面的變革（Firestone, Fuhrman, and Kirst 1989）。到了一九八〇年代末期，仍有一些州政府在推動新的教育改革政策，著手修訂學校的績效制度，評量學生實作表現的嶄新方式，以及鼓勵學校本位的創新發展等等（OERI 1988; Fuhrman 1989; David, Cohen, Honetschlager, and Traiman 1990; Kirst 1990）。

在一九八〇年代，州長的領導風格有許多不同的形態。有些州長像是南卡萊羅納州的 Riley 州長、喬治亞州的 Harris 州長、佛羅里達州的 Graham 州長和田納西州的 Alexander 州長等人，都設置了「藍絲帶委員會」（blue-ribbon committees）之類的特別小

組，以便向州政府推薦完整的改革方案。州政府也盡全力支持這些改革方案的推動，希望能夠提升州政府的形象，並且獲得公眾和議會的支持。舉例來說，喬治亞州的 Harris 州長為了他原先提議的計畫，在沒有任何修正的情況下獲得議會無異議的通過，而感到自豪。其他的州長，像是佛羅里達州的 Graham 州長，就非常有技巧地結合他們的計畫和州議會所推薦的企畫案在一起。還有另外一些州長，像是紐澤西州的 Kean 州長和阿肯色州的柯林頓州長在他們多次連任的期間，將教育視為持續推動的焦點，依賴的就是連續推出的改革法案。

　　無論州長採取哪一種方式，他們的影響都是顯而易見的。許多主要的改革計畫後來都成為全國知名的計畫，也都以原先推動該計畫的州長命名。因此，「Alexander的職業階梯計畫」（Alexander's Career Ladder Program）是一個補償教師所得的計畫（審訂者註：merit pay 的基本概念是提供金錢的誘因給一些教學良好的老師，讓他們願意繼續在義務教育的正規管道內服務）。「Kean的替代路徑」（Kean's Alternate Route）則是一個讓原先沒有教育背景的教師可以獲得教師證書的計畫（審訂者註：非常類似國內目前正在推動的國中、小學學士後師資班的計畫，讓有心從事教育的大專畢業生有機會成為老師）。另外在華盛頓州，由 Booth Gardner 州長推動的「二十一世紀的學校計畫」，則是一個學校進行組織再造的專案計畫，這些計畫後來都成了重要的教育改革方案。

　　在一九九○年代初期，州長開始拓展他們的興趣，已經超越了單純的教育改革構想，逐漸發展到關心教育和其他社會服務的

相互關係。例如，加州的 Wilson 州長創設了一個閣員階層的位階，來處理和推動教育與孩童的議題；佛羅里達州的 Chiles 州長繼續推動他在擔任國會議員時特別強調的嬰兒猝死的議題，以及協調健康和人力資源服務的議題；而喬治亞州的 Miller 州長則推動了一個「連結家庭」（Family Connection）的計畫，主要是想要連結學校的教育和人力服務機構之間的關係，以便提供完善的醫療服務機制與後續的服務項目等等。而且，就像是紐澤西州的 Florio 州長一般，Chiles 州長和 Miller 州長，以及許多其他的州長，也都主動為教育經費完全過關，而在近期的連任時做出相當的努力付出（Massell and Fuhrman，出版中）。

州長們在一九八〇與一九九〇年代對於教育的關注，不是單純藉由他們在一九七〇年代在這個領域的領導角色自然延伸出來的。雖然我們可以說，因為州政府在學校財政運作上的角色提升，讓州政府也跟著展開對於教育的關心，或者說，他們無可避免地想要了解州政府的經費最後到底用到哪裡去了（Fuhrman 1987）。州長的關注也反應了全國教育危機的觀點吧！在一九八〇年代早期，我們開始發現，國內的學生在測驗方面的表現愈來愈差，以及在一九七〇年代發生的實作表現方面的不如人意，但是一直到《一個危機中的國家》（National Commission on Excellence in Education 1983）發行之後，才激發了全國民眾強烈認為，我們確實有必要進行非常大幅度的教育改革計畫。當我們發現，有許多企業界的菁英和社會大眾將教育改革視為最急切需要的政策時，州長如果沒有主動積極的領導教育改革，就很可能會出現嚴重的政治危機（McDonnell and Fuhrman 1985）。

　　企業界對於教育改革的關懷特別具有影響力,許多商業的領
袖認為,教育和工作場合的品質有非常顯著的關聯。毫無疑問地,
如果州政府不想要改革他們的教育制度,那麼他們就沒有競爭力。
教育和經濟發展的關聯性,在過去十年當中變得愈來愈強烈。我
們發現,不僅只有州政府關注他們在教育測驗方面的全國排名,
州的領導者以及那些影響這些領導者的人,也都愈來愈關注全國
學生整體性的表現,甚至認為,這將會和我國在競爭激烈的全球
經濟市場有相當的影響力。[2] 也因為如此,所以在一九八〇年代
即將結束的時候,州長就帶頭進行教育改革的工作,以及總統的
參與,他們都想要針對教育改革的工作建立一套全國的期望標準。
而這樣的期望標準也只有在各州持續進行教育改革的努力下,才
可以完成。

　　在一九八〇年代,州長們不是假裝,就是被潮流推向一個在
教育政策上更突出的角色。同時在那段期間,我們也發現,聯邦
政府正在從原先領導教育政策制訂的角色中逐漸退縮(Clark and
Astuto 1990; Elmore and Fuhrman 1990)。所以在一九八三到一九
八九年之間,多數的州政府已經因為強勢的州內經濟發展而擁有
足夠的經濟資源,進行教育改革的工作。

　　在他們所扮演的新角色當中,州長通常比較依賴他們在政治
上的領導統御權威,而不是在管理方面的影響力。如果以執行領

---

2 作者註:自從一九八四年開始,美國教育部出版年度專刊《掛圖》
　　(*wall chart*),比較各州在一些指標性的表現,包括高中畢業生的畢
　　業率以及大專院校入學的入學成績(審訂者註:類似國內基本學力測
　　驗的成績)。

導方面的研究術語來說，我們可以說，州長對於教育的興趣是透過他們的「政治」和「立法」的角色，而不是在「管理者」角色的影響力（Beyle and Muchmore 1983），也就是透過他們擔任「主要的立法者」的角色，而不是「管理者」的角色來發揮這項功能（Rosenthal 1990）。一個積極從事教育改革的州長，意味著他會將焦點集中在新政策計畫的制訂與推動，而不是去管理存在已久的政策。這種作法有部分原因是因為教育本身，和其他州政府推動的政治領域範疇一樣，是非常複雜，不是一般州長可以直接管理的（Rosenthal 1990, p. 170）。另一方面，教育和其他政治範疇不相同的，是因為傳統上教育根本就和州政府絕緣，不受州長的直接掌控。

如果能夠進一步分析州長所運用的推動策略，將會是非常有價值的。舉例來說，以教育為主要訴求的州長，是如何利用他們各方面的政治領導優勢，例如，他們的專業聲譽或者是公共方面的聲望，以提升Neustadt（1960）所提到的「總統的優勢」呢？他們為何需要運用這樣的領導優勢呢？也許我們可以比較州階層影響州長領導的各項工具，就比較容易了解了。不過，我們在這裡想要探討的項目，是要了解各州會影響州長領導風格的特殊情境；我們也想要了解州長可能會遭遇到的瓶頸和轉機，以及這些事項對於教育政策的意涵。

我們先從州長領導統御時會遭遇的瓶頸和限制開始探討，也就是州長想要掌控教育可能遭遇的一些障礙。

🌀 州長角色在教育方面的限制

雖說在過去的二十年當中，有一股強大的壓力助長了州長對教育的關注，不過我們也必須說明，許多州長願意投入相當大的政治資本到教育改革的領域，也是非常可觀的事實。以往州長在教育政策上使不上力，使得他們缺少關心這個領域的機會。即使到現在，我們也發現，限制州長在教育方面扮演重要角色的障礙仍然繼續存在著。

阻撓州長在教育方面擔負起領導地位的一個主要障礙，就是州政府階層的零散架構。在十九世紀後期和二十世紀初期的教育改革者認為，當我們了解孩童所面臨的危機時，就需要丟棄政黨政治的腐敗影響力。支持「行政革新」的教育學者強力主張，我們應該設立獨立的政策與行政架構，來推動教育改革的工作——例如，他們主張我們可以透過選舉的方式，而不是政黨比例分配的方式，找尋州階層最高的學校行政主管和州階層的教育委員會。他們希望透過這樣的模式，來強化專業的影響力（請參閱 Tyack and Hansot 1982）。這種在一百多年前所設立的架構，到目前為止仍然存在許多州當中。

州長和立法機構在制訂教育政策時，可以、也應該忽略這些老舊的架構。例如，他們可以制訂法規，以便指導委員會和一些機構來推動自己所制訂的某些特定政策決定。不過，這樣的委員會和行政首長需要提供不同的教育觀點，而不是政治領導者所依賴的推動者角色而已，誠如他們和其他州政府所管轄的機構之

間的關聯性一樣的合作關係。他們必須要對社會大眾肩負起責
任——有可能我們需要說服他們加入行政團隊，或者如果我們無
法說服他們加入團隊，也可以透過社會大眾的討論，來決定他們
是否參與行政團隊；特別是當他們已經從原先熟悉的區域轉移到
其他區域服務時，可能就需要透過社會大眾的討論來決定了。這
些經過挑選程序所選出來的行政首長，通常會建立自己的團隊小
組，才能夠強化他們為州長服務的可能性；不過，即使是指派擔
任行政主管的人也需要展現他們的魅力，才能夠讓指派他們的首
長感到滿意。誠如其他每一個州政府的機構一樣，他們也都和他
們服務的對象發展出緊密的關聯性，所以這些行政首長和委員會
通常比州長更容易獲得一些擁有龐大會員的教育利益團體的支持
（不管如何，老師的人數遠比醫生或牙醫的人數還要多），而且，
他們通常是州階層最具有影響力的遊說團體呢！即使在過去二十
年當中，我們看到州長和議會逐漸想要帶領教育改革推動的情況，
社會大眾都還希望州階層的教育委員會與州政府學校行政主管，
應該保有強勢的政策領導權。事實上，許多針對教育改革運動和
教育管理之間的討論，逐漸提升一般政府在教育改革上的角色地
位，讓州政府逐漸扮演著超越這些委員會和行政主管的角色。

　　在大多數的州裡，地方強勢掌握教育體制的情況，也會限制
州長在教育政策上的影響力。從歷史的角度來分析，州政府會全
權授權給地方政府，乃至於學區去處理諸多的經費和政策的掌握
情形，這些都是和州政府的整個結構完全分隔開來的。一旦州長
想要在教育改革方面施展他們的領導權，就必須堅持州政府在教
育方面有愈來愈重要的地位和掌控力，而不只是州政府裡最高階

層的角色而已。在這方面，州長不會因此而退怯，不過他們在這
個新的領導姿態上，和兩項強勢的傳統習性相互牴觸：其中一項
是州政府的政策通常和政治影響力幾乎絕緣，另一項則是地方管
理通常沒有受到州政府的直接影響力。地方的學校行政主管很可
能會因為兩個原因而抗拒州長所提議的教育改革計畫：他們可能
認為，州政府只是威脅到他們自己的自主權；他們可以從州階層
的教育委員會、行政主管和相關機構，獲得比州長和民意機構還
要多的同情票（主要是因為在這些教育委員會或是學校行政主管
單位，通常是由那些曾經在當地學校服務過的伙伴擔任的）。

　　另一個限制州長掌控教育體制的障礙，則是學校的財政管理
制度。根據統計，教育經費有一半來自州政府，這是最近幾年來
最高的百分比例。在一九七九年，各州政府分攤了學校教育經費
支出的 45%（NCES 1989, p. 98）。這樣的平均數隱藏了許多祕
密。在一九八八到一九八九年期間（NEA 1989），有將近一半的
州政府提供給學校的經費，遠不及學校需求的 50%；地方的稅收
和聯邦政府提供的經費補足學校不足的款項。因此，州長想要針
對教育掌控的任何企圖，也都只局限於他們提供給學校經費的比
例而已。所以我們可以說，當州政府想要投入比較多的經費在教
育方面，那麼州長想要推動有意義的教育改革時，就具備比較多
的工具可以隨時運用了。

　　然而，當州政府想要提升他們提供給學校的經費比例時，也
需要廣增財源才能夠持續推動教育改革的政策。至少有九個州運
用彩券的收入來推動教育改革政策（ACIR 1989）；至少有十四
個州的某些收入和貨物稅收也是如此運作。在許多州裡，一些雜

七雜八的收入——遣散費用、保險和過失罰鍰等方面的收入，也都用在義務教育的改革（Fabricius and Sneel 1990）。

加州在五年前就從事這個新的措施。在一九八八年，一個被選民認可的憲法修正案——「提案98」（Proposition 98），就強制要求州政府對於學校教育必須提供一個最低比例的經費預算。

為了配合地方掌握教育體制的傳統，大多州的經費都是以一般科目提供給地方使用，鮮少限制地方的學區該如何運用這筆州政府提撥的經費款項。實際上，許多學區經常自由地使用州政府提撥的經費來減免當地的稅收，因此來降低他們分攤在教育方面的經費比例。州長和立法機關也可能提出很多強制要求，來影響地方決定如何使用各項經費支出；不過我們確定，透過預算控制的手段，只能夠間接影響地方政府的實務工作。這裡有一項持續的挑戰，是要了解我們該如何設計學校財政支出的體制，才能夠提升優良的學校運作模式。到目前為止，我們還沒有想出一套方式來運用這些例行的經費補助，針對那些急需解決的政策方向提供嶄新的計畫。

🌀 愈來愈複雜的情況下的一種聲音

設計上原本就是零散的教育管理體制，在工作實務上更顯得分崩離析。想要在教育方面扮演領導角色的州長，很快地發現，他們只是許多想要影響學校運作方式的人之一。教育政策絕對不是一個「零和遊戲」，即使是一個像州長這樣有強勢影響力的角色，也無法平息其他人的影響力。更進一步來說，教育政策的忙、

盲、茫還可能隨時讓人遭受到尖酸刻薄的毒舌頭呢！最後，我們
了解到教育改革的措施是一個非常複雜的歷程，不管是誰制訂了
新的政策，在教育改革上都只能夠扮演一個小角色而已。這些因
素可能使州長在提議新政策時，想要提出一套戲劇化的嶄新政策，
才能夠讓他們的聲音突顯出來，讓教育改革的複雜程度降低下來，
以便收到令人振奮的效果。

　　原先設計這些獨立的機構和多層次的管理模式，是要讓專家
們免於政治的直接干涉，才能夠更專心為孩童服務，這樣也才能
夠為他們服務的社群需求盡更多的責任。當初設計這些限制的核
心觀點，是要限制這些參與者的視野和威權，以避免政治的直接
干擾；也就是要創造一個精巧的體制，來檢驗和平衡管理系統內
的各階層。不過看來，是每一個參與教育政策制訂的演員和結構
都愈來愈想要緊抓著他們的權威和視野。所以，當教育改革的舞
台上有愈來愈多的演員時，每一位演員都覺得有需要清楚地貢獻
他們的所學，甚至以更戲劇化的方式貢獻所學，那麼，他們所制
訂的政策在這個領域就會相當突顯特色。換句話說，當我們有愈
來愈多的演員時，就會有愈來愈多的政策浮現出來。然而，當我
們有愈來愈多的政策時，就會有愈來愈多的矛盾會不斷湧現，就
可能會錯失目標，也就會讓更多人愈搞愈迷糊了（審訂者註：這
一點非常類似目前國內正在進行的九年一貫課程的推動情形。原
先只有少部分學者提供他們寶貴的觀點，但是當愈來愈多個領域
的專家學者參與時，他們就會用自己領域的觀點來提供建議項目，
讓原先九年一貫的精神被搞迷糊了）。在政策制訂的範疇裡，顯
然將會是一個愈來愈忙碌的領域了（Cohen 1982; Fuhrman and El-

more 1990）。由各個獨立單位所推動的政策，很可能會在地方階層帶領出個別的計畫，就會形成各地區不同的官僚體制、財政系統和學校雇員，進一步形成各個層級各自為政。舉例來說，有些老師想要針對那些有特殊需求的兒童提供協調一致的服務，他們可能想要統整課程或跨年級設計課程，卻往往被複雜的程序或規範所阻止。而州長的領導有潛力整合這種混局，不過到目前為止，也只是增加另一個更強有力的演員而已，只不過這位演員在這堆混亂的情況下，增加一個清楚界定角色的演員吧！當州長活躍於教育改革時，民意代表也隨著跟進。不過這時候，我們還可以看到教育委員會與州階層的學校行政主管和各機構仍然相當活躍，當然各地的學區也相當活躍。這樣的結果就是各項活動會衍生出更多的活動，不過，不見得是會愈來愈聚焦的活動就是了。

在擁擠的教育政策領域，意味著我們會有一個很大的範圍要加以保護。這場土地保衛戰迅速變成充滿仇恨的鬥爭。不幸地，教育政策因為牽扯的利益關係愈來愈升高，而變得愈加劇烈。在一九七九年，也就是在經歷過十年緊繃的學校財政情勢中，民意機構的教育委員會主席指出，在州層級和地方層級因為許多利益團體和教育學者的爭論，讓他們很難召募新的民意代表進入教育委員會中（Rosenthal and Fuhrman 1981）。至於最近幾年在州層級進行的教育改革議題，例如，老師的薪水是否應該以老師的表現為主要考量，而非老師的學經歷當作薪水的唯一考量因素？或是學校的學生在各項關鍵性評量所表現的成績來評定呢？或者我們應該針對老師進行測驗？或是頒發教師證書給那些不是從傳統師資培訓機構畢業的人？這些議題在某些州進行時，都已經確認

是相當分歧的政策。而且，這些議題也都代表了許多民眾希望能夠和以往的教育實務有很大的不同區隔，間接的也威脅到教育的傳統信念，例如，傳統上教育是由地方掌握的，或者是一些師資培訓機構都是屬於地方所能夠完全掌握的。

最後一個影響州長在教育政策的領導地位的項目，則和教育本質方面的努力嘗試有所關聯。雖然每個人都知道教育的重要性，不過即使如此，那些想要在短期內看到學生的學習突飛猛進的人，就不會認為教育是一個足以吸引他們青睞的領域。其實我們應該了解，教育政策只能夠間接影響學生的學習，這是因為以下三大理由：

首先，不管是哪一項政策，都只是許多影響教育實務當中的一項而已。新的政策被許多既存的政策與其他剛剛由州政府或地方政府所頒訂的政策所環繞著，如果我們再考慮許多行政單位所做的安排，與傳統制度的抗衡，或是實務工作者偏好的教學方式，都會造成真正在教室裡面發生的情形（Cohen 1982, 1990; Cohen and Spillane 1993; Cuban 1984; Elmore and McLaughlin 1988）。當我們有愈來愈多的參與者關心教育政策，就會導致愈來愈多的教育政策數量，最後的結果就是讓我們原先想要調和或整合這些政策的機會完全幻滅。在一九八○年代的教育改革措施當中，州政府的政策擬定者經常造成政策之間的相互矛盾。例如，提升進入教職的標準，同時創造了一個確認每一間學校都有足夠教師的漏洞（Darling-Hammond and Berry 1988）（審訂者註：這裡所指的就是，提供機會讓民眾先到學校擔任教職，再透過各種管道加強這些人的教學專業素養）。除此之外，政策的制訂者未能注意各

項政策之間的潛在連結性,所以無法確保我們可以獲得一個比較
具有連貫性的教育政策。例如,雖然有些州對於國小和國中的課
程確實進行改革的工作,他們卻未能針對師資培訓的課程內容做
配套的措施(Smith and O'Day 1988, 1991)。

第二點,許多實施時的具體措施會影響政策與實務工作之間
的連結,例如,政策所使用的手段為何?州政府在各方面的承載
能量有多大?還有教育實務工作者的定位,都會彼此牽扯在一起
(Berman and McLaughlin 1975, 1978; Elmore 1978; Bardach 1980;
Fullan 1982; Hargrove 1983; Pressman and Wildavsky 1984; McDonnell
and Elmore 1987; Elmore 1987)。因此,政策的影響力也有很大的
不同,會因應不同的學區、學校,甚至教室的不同,都會有所改
變。學校與學校、課堂與課堂之間各自不同,大大地影響政策的
推行。

最後,除了學校的實務工作以外,還有許多其他的因素會影
響學生的學習成效,包括家庭背景,與學生在學校以外地方所進
行的課外活動(Coleman et al. 1966; Jencks et al. 1972; Keith, Reim-
ers, Fehrmann, Pottebaum, and Aubey 1986; Milne, Myers, Rosenthal,
and Ginsburg 1986)。

最好的政策應該可以橫跨議題,協調相衝突的議題和利益衝
突,在設計時先考量執行者可能實行的誘因,並且能夠獲得廣泛
的支持和足夠的經費來源,是無法單獨執行就可以提升學生的學
習成就的。誠如我們在前面提到的,對於那些想要獲得快速改善
教育現場的政策擬定者而言,教育會是一項投資報酬率相當低的
投資項目。當然我們也了解到,政策制訂者也只有消極地配合這

樣的現況。他們會努力去辨認出那些可以獲得立即成功的措施，他們通常將教育的問題以選擇題的方式一題一題的命題。那些對於教室內真實情境有所了解的人都非常知道，他們的任務並不是單純提升學習而已，而是要營造一個支持性的政策環境，來影響教室內的教學與學習的狀況，才是正確的方向。

如果我們從原先對於政策的觀點，也就是認為政策的任務是要改善學習的成效，邁向另外一個可能的觀點，也就是認為政策的主要任務是要改善學習的情境，那麼，那些特例的、戲劇性的政策將會大幅度地減少。其實，州長可以多關注一些支持優良教學實務工作的連貫性政策發展，而不必花太多心思，為了要讓民眾了解他們的觀點而不斷地推出新提案。如此一來，州長就會擁有更多的實力。

為了要提升他們在教育政策上的領導地位，州長有一個嶄新的強大同盟，他們有四十九位伙伴。在下一節中，我們將探討塑造州長在一九九〇年代在教育政策上的情境因素，也就是全國州長集體領導現象的逐漸浮現。

🌀 全國州長和教育

在過去的十年當中，州長們皆認同教育改革的重要性。在一九八〇年代，全國州長協會（National Governors' Association, NGA）就將教育列為首要任務之一。[3]

---

3 作者註：本段文章多數資訊是來自於一九九〇年九月二十一日對 Michael Cohen（訪談時他是 NGA 的教育主任委員）的專訪，以及一

　　NGA 在教育改革中扮演重要的角色。在過去十年中，NGA
對於在州層級進行的教育改革內容提供實質的輪廓。其次，NGA
在一九八〇年代的教育改革所扮演的角色，反應了他們對於州層
級的政策和運作的立場改變。第三點，NGA 龐大的領導角色畫下
了一個巨大的轉折，說明了州長如何思考教育領導的模式。這樣
或許對於其他州層級的政策也具有連帶的影響力。

　　根據一九八六年 NGA 的報告，「檢驗成果的時刻：一九九
一年州長對於教育的研究報告」（審訂者註：原文為 A Time for
Results: The Governors' 1991 Report on Education，直接翻譯就無法
達到原文的意涵），記載了教育改革的轉捩點。它號召 NGA 的
成員從原先注重學生和老師在標準化評量的表現，轉而邁向所謂
的「美國公立學校的第二波教育改革」。在這一波改革風潮當中，
他們將焦點集中在學校本位的改革，而不是強調各式各樣的規定
和規則。就誠如 NGA 當年的主席 Alexander 在報告總結上寫著：

> 　　首先，州長想要制訂明確的目標和更好的紀錄卡，他們
> 想要找尋方法來了解學生到底學會了哪些知識和技能（審
> 訂者註：原文為 ways to measure what students know and
> can do，就是強調教學目標中的認知、情意和技能等三
> 大方面的學習）。現在我們已經準備好放棄一些州政府
> 支配管理的權力（為了去促使其完成，甚至會想盡辦法

九九〇年九月二十七日對 Joan Wills（訪談時她是 NGA 政策研究中心
的前任主任）所作之專訪內容。

讓法案通過議會的審查），我們堅信學校和學區將會為
辦學的績效擔負起全部的責任（NGA 1986, p. 4）。

　　這波被稱為第二波的改革獲得了強而有力的結果。根據NGA
的後續研究報告指出，至少有二十五個州支持（包括提供資金或
技術協助），讓學校重新設計或重新組織整體的架構與傳遞教學
的方式；也有二十一個州計畫提議減免某些法規的限制；有九個
州針對州內有麻煩的學區實施制裁的措施（NGA 1989）。至少有
十一州提供，或者已經計畫提供經費上的誘因，來鼓勵學校改善
體質（Richards and Shujaa 1990）。

　　NGA當然不是這些構想的唯一來源，另外還有兩個在一九八
六年提出來的重要研究報告，也包含改變學校，以及州政府政策
想要支持學校重新組織架構的改變（Carnegie Forum 1986; Holmes
Group 1986）。這三份報告都以商業的類比方式討論行政單位的
孤立，以及行政單位天真的想法，這些都反應了商業領袖對於學
校教育具有高度的興趣。然而，我們認為，NGA的報告給那些嶄
新的改革構想提供了特別的推動力和政治上的合法地位。

　　首先，NGA的努力是我國首次見到一個整合全國州長在一起
的組織；每個州長都必須參與結案報告的六個專門小組當中的一
項。第二，「檢驗成果的時刻」發現一個方式可以鼓勵這波新的
改革，而無須詆毀這波改革所具有的標準和法規上的特質。它提
供一套文字說明和構想，讓我們可以在已經完成的成果上累積更
多的能量，超越標準所設定的目標，以免讓一般民眾認為，如果
有人想要擁抱這些展新的議程，就必須徹底摧毀舊的體制和課程。

對於那些改革派的州長來說，這一點非常重要，因為他們可能已經投入相當多的精力和改革所需要的資本，在那些老舊的體制和課程改革上面。第三，NGA在這份研究報告推出之後，順勢讓各州州內有競爭的現象，獲得經費補助的團體或個人，需要針對這些新的議程提出具體的構想，並且要每一年有進度的報告等等。這種鼓勵州內學者專家提出具有競爭性的補助計畫，更要求獲得經費補助的團體需要針對這些新構想當中的不同任務，具體說明進展的狀況。由於 NGA 承擔了「檢驗成果的時刻」當中所列舉的教育議題，所以原先早就在某些具有影響力的論壇，也就順理成章地變成了州長的財產和責任。

在一九八九年和一九九〇年，NGA加入布希總統呼籲我國需要奠定和倡導一套國家教育目標的訴求。這個構想其實在NGA稍早之前的出版品，就已經強調各州需要建立和倡導一套教育標準，以及隨後我們見到《針對成果調整教育目標》（*Time for Results*）這本書上，更將重點集中在教育的成果上面。如果我們將這些成果當作學校辦學績效的基礎，那麼很明顯地，就是各州的領導者需要確定哪些學習的成果是他們想要的教育目標了。圍繞著目標設定的討論，為全國的教育目標鋪設了相當不錯的基礎工作，讓這樣的教育目標成為布希總統在一九八九年高峰會議可以提出一個適當的主題，當作高峰會議的議程。

NGA的領導在許多方面都相當嚴謹。這些目標是將全國的注意力焦點轉移到某些關鍵科目的高標準，以及在哪些領域應該具備哪些具有挑戰性的課程概念內容。他們創造出一個新的期望，希望聯邦政府能擔負起更多、更具體的領導與責任，特別是在學

校準備面對這套嶄新課程標準上的心態。他們也確認了，在改善教育現場的政治領導議題上，哪些個人或團體應該擔負起哪樣的責任等等議題。

　　NGA 在教育的領導地位，標明了州政府這樣的組織態度上的改變，而我們也可以從幾種力量的聚合來追蹤這樣的變化歷程。第一種力量就是在一九六六年以「州長會議」形式所浮現出來的力量，這個由州長組成的組織，主要是想要以各州集合的力量來遊說聯邦政府。在一九七〇年代，它開始去增進州長在自己州內的表現，主要是透過各種工作坊和出版品，讓每一個州長可以分享他們管理各州的歷程（Beyle 1989）。在整個一九七〇年代末期，一些州長開始要求這個組織拓展它的活動，以便進一步提供各州處理州務的實質協助。根據 NGA 的政策研究中心前任主任 Joan Wills 的觀點：

> 州長辦公廳愈來愈龐大，也愈來愈堅持自己的觀點，所以州長也愈來愈不相信華府是所有政策解決方案的唯一來源。他們期望 NGA 能夠針對州層級所提出的創新構想，提供更多實質上的協助。在一九八〇年代初期的每一年中，我們都可以看到各州州長要求州長協會能夠將焦點放在州政府的政策（訪談 J. Wills，1990 年 9 月 27 日）。

　　在內部，NGA 研究員推動更多的支持和相等的立足點，與聯邦政府的人員步調一致。他們獲得另一個執行長 Ray Scheppach 的

大力支持。最後,當 Lamar Alexander 變成 NGA 的主席,首先便選擇了與首長相關的議題來進行。這個努力能夠建立起責任義務,和「檢驗成果的時刻」的報告,造成了一個先例,為往後的主席去選擇一個政策發行的基本方式為他們政策的焦點。

在某些範圍,NGA 在介入政策領導時,都很巧合地選擇教育政策成為首要目標;而且,Alexander 的教育政策抉擇也是一個受歡迎的項目。而迫在眉睫的教育改革為 NGA 新的角色造成一個好起點,教育政策也更進一步地讓推動多年的委員會更有責任感。從 Alexander 之後的主席們選擇的主題,例如,經濟發展和聯邦主義,都持續強化教育改革此一主軸。NGA 最初報告的教育政策和後來者,均能為長久的教育政策提供一個空間。

NGA 在教育方面的領導,對州政府的政策革新有著深遠的影響。傳統上,我們看到各州的政策革新是散播在區域性團體彼此之間的模仿和競爭,只有對於某些享有高知名度的小團體,能夠和來自於全國其他地方也同樣具有競爭性的團體彼此較勁。州政府官員所組成的專業團體緩和了某些構想的散播。那些專業團體提供論壇的空間,讓民眾和專家可以交換資訊,協助那些正在找尋工作的民眾,從一州轉換到另外一州去工作,也協助政府針對想要推動的政策建立共識(Walker 1971)。NGA 介入州務議題,其實也為州內最高層級的政策制訂者(州政府官員與與全國的政治領袖)提供一個建立共識的機制。NGA 的位階帶來高度的能見度,他們的權威不僅來自於自己的合法地位,也是從他們所代表的政治力量所衍生出來。NGA 可以採納政策專家提供的優質政策,並且授與他們在政治上廣泛的合法地位。

在不久的將來，州長可能會愈來愈依賴NGA，以便尋求政策革新的認可，這個委員會的角色可能會取代或者遮蔽傳統上州與州之間的彼此模仿。果真如此，我們將會看到這樣的委員會可以發起一些在任何一州都還沒有推動的構想，而見識到在州的層級會有比較多的政策革新方案。更進一步，這個委員會很有可能會變成一個州長之間默認的政策企業的嶄新架構。透過NGA，州長可以藉由推行一些超越他們在州的範圍內可以進行的政策，而獲得相當的名望。我們可以這麼推論，柯林頓在競選總統期間所推出的口號，其實是因為他在帶領 NGA 時具有相當的領導地位而來的，這樣的領導地位幫助他獲得一些阿肯色州以外地區具有影響力的朋友和追隨者。

州長與愈來愈趨於一致的政策

如果州長想要在一個愈來愈複雜和不一致的環境中行使領導權，就必須依據他們的位階來盡力發揮影響力，並且運用那種具有一致性的影響力來指揮州內的行政工作。州長可以運用他們特有的職權，透過制訂愈趨向一致性的政策，來推動一個比較開闊、更有整體性的教育改善作業。整體性的教育改革是到目前為止針對州層級上愈來愈趨向不一致的教育政策方面最具有希望的一項回應，我們更知道，州長最適合運用他們的職權來鼓勵這樣的作為。

零散式的管理教育體制，以及愈來愈趨於不一致的政策，可能不會是一個大問題，不過首要條件是，教室裡面進行中的每一

項工作都完美無缺。如果每一間教室都相當溫馨，也都是孩童可
以完全投入的快樂場所，還可以挑戰他們的潛能，以確認他們可
以深度理解正在學習的科目，我們似乎就不必在意是否有太多新
的政策，或者擔心這些政策之間通常相互矛盾。就某種意義來說，
因為相衝突的政策可能會相互抵消彼此的功能，或者允許實務工
作者完全忽略政策的訴求，所以混淆的情況可能可以保護教室內
的行為，不會受到那些不一致的政策方向的負面影響。然而，只
有一些教學實務讓我們看得到優質學校經營的可能性，多數的教
室內課程不是讓學生反覆練習基本技能而顯得太過沉悶，就是提
供遠低於標準的基本教學環境，影響學生的學習。

　　實際上，從這一波教育改革一開始，整體而言，學校幾乎沒
有任何改善的表現。學生的學科學習成就在過去幾十年之間，似
乎也沒有顯著的改善（NCES 1992）。即使是在某些小族群學生
的基本技能上有所改善，不過在改革派人士所強調的較高階層思
考與解決問題能力方面，卻顯得相當薄弱。學生的輟學率和留級
的比例均處在令人無法容忍的高比例（NCES 1989, pp. 24-25; Frase
1989; Shepard and Smith 1989; O'Day and Smith 1990）。根據學生
對於學校的忠誠度的資料顯示，例如，學生參與學校活動，或是
以勞動服務的方式參與，都說明了他們和同年齡的其他族群相比，
都和學校有相當的疏離感（Wehlage 1989; Wehlage, Rutter, Smith,
Lesko, and Fernandez 1989）。

　　無能的教育管理結構，實質上會鼓勵、支撐和繁殖那些因應
學校運作模式所依據的零散式政策體制，所衍生出來的不良教室
行為。這種不一致的現象將會有三項重要的影響：

- 消耗學校人士的工作，才能夠回應彼此相互競爭的壓力。
- 強化了任何一個龐大的管理體制原有的保守勢力，在這種情況下，會帶領我們到一個具有最小公倍數的基本能力的課程。
- 阻礙我們針對一個具有共識的改革方案的改善措施（Smith and O'Day 1991; O'Day and Smith 1993）。

　　假如我們想要嘗試進行整個系統的教育改革，好讓這些異常的班級能夠恢復正常狀態，我們可能可以先採用州政府主動積極的領導角色，邁向教育的目標，搭配以學校為本位的改革，重新組織和提供創新的教學，來鼓勵各級學校積極從事改革工作。誠如 Smith 和 O'Day 所主張的：

　　首要策略是去建立一個一致的教學指引系統，目的是要確保每一位學生都能夠擁有機會獲得一整套具有挑戰性和有魅力的知識、技巧和解決問題的能力。這就必須要透過協調影響教學實務工作的關鍵性功能，才能克服這個系統的離散本質：這些關鍵性功能包含了學校的課程、師資培訓與學習評量等項目。我們認為，最能夠真實協調這些功能的層級，應該是由州政府的層級來處理會最理想。不過，這項措施必須和第二項策略相互連結，才能夠看到真實的成果；而第二項策略就是要大幅度地檢修各個層級的課程管理結構，並且提出一套詳細規劃的連貫性說明，讓大家都能夠了解整個政治和行政系統各個部門所必須擔負的責任。唯有透過這個方式，才可以

　　確認草根性的創新計畫以及老師的專業判斷，是真實學
校運作的心臟，同時降低以往一些因為離散的教育體制
結構所帶來的災害（1991, p. 247）。

　　許多州也回應這樣的觀點，而將焦點集中在教育改革的成果
上。有四十五個州提到，他們至少正處於剛開始設計一套比較具
有連貫性的教學指引系統的階段，這樣的系統包含了圍繞著學科
領域當中具有挑戰性概念的課程架構，緊密連結那些課程架構的
精密評量系統，以及建立在學生需要學習的課程內容上的教師專
業成長機制（Pechman and LaGuarda 1993）。在同一時間，州政
府的政策制訂者也嘗試各種可以減少繁縟的教育歷程的相關法規，
盡可能將實務工作相關的議題留給學校處理（Fuhrman 1989; Fu-
hrman and Elmore，出版中）。

　　州長也許更適合針對那些具有挑戰性的學習成果，來發揮他
們的影響力，好讓教育體制可以擁有一貫性的政策。因為他們要
為他們的選民擔負起責任，所以州長具有比較開闊的視野來了解
全體州民的興趣和觀點，否則，如果要讓全體州民對於這些政策
有所了解，我們還要提供各種機會，讓他們參與這些政策的制訂，
才能夠激發他們獲得共識。州長可以召集利益團體，並且透過類
似委員會或跨部門的任務小組，以及透過公眾的擴大服務項目和
辯論等工作結構來設立同盟。因為州長必須對小學、中學和高等
教育都肩負起責任，所以他們具有合法的地位可以整合不同的選
民，來建立一個更寬廣、整體性的解決機制。例如，K-12 年級與
高等教育的政策制訂者之間的整合；教育政策制訂者和相關兒童

福利項目的政策制訂者之間的整合；學科領域的專家和公眾、大專院校和學校教師之間的整合等等。

　　州長辦公室的特質也帶領他們在政策領導上具有一個更寬廣、更有連貫一致的眼光。誠如Rosenthal所說：州長要具有整個州的觀點和胸襟（1990, pp. 52-54）。他們必須表達一種社會大眾的興趣，而這樣的興趣應該遠超過各個選區所著重的興趣的總和；另外，他們也要為所執行的政策，以及為了整個州的進步而擔負起重責大任，並且要能夠具備一個寬廣且深遠的視野。Rosenthal將州長領導的角色，與地方、小團體，或特殊利益團體所選出的民意代表之間，做了比對。後者通常會分攤政策的責任，也經常以制訂政策時限、或是任期終了之前必須交代的短期觀點來推動政策。在整個州階層的教育政策制訂者當中，只有立法機構和州長對整個教育體制需要分攤責任（從小學階段和中學階段到成年人的教育等等），而且需要整合其他兒童福利政策來支援教育體制的完整。然而，立法機構比較不可能想要協調和帶領一套提倡連貫一致的政策上的努力；而州長既有視野，也有責任需要將教育政策的每一個細節都加以考慮，才能夠全面性地改善教育體制的每一個環節。

　　我們在這裡提議，州長在促進一個連貫的教育政策上扮演著特殊的角色，不過我們並不認為，他們必須提出嶄新的政策或者發展個別的項目。實際上，我們清楚了解到州長辦公室根本就不是許多特定改革方案的原始出發點，例如新的課程架構，就不太可能是從州長辦公室研發出來的；不過我們認為，州長辦公室應該是整合全州在教育政策上的最佳地點，這樣的作為才能夠將每

一項改革的優點完全結合在一起。州長應該提倡一個能夠啟動成功學校運作的一致性政策，而提出一個具有深遠意義的願景。

　　我們已經清楚交代教育管理體制的離散本質既是州長領導的一項障礙，也是州長在一片愈來愈複雜的領域當中，為了要提升他們的功勞而可以押注的項目之一，目的就是想要將許多不同形式的政策整合在一起。離散的教育管理體制具有邪惡的循環本質，會將他們帶領到一個愈來愈離散的政策，也就因此會阻礙任何想要全面改善教育體制的企圖了。

　　我們也爭辯，因為州長同時擁有寬廣的責任和視野，所以他們實在是最適合打破這個惡性循環的人選。他們正處於適當的位置來終結一個惡性循環的狀況，在那個惡性循環的況狀當中，每一個政策的提議人都會提出愈來愈多的政策想法，但是卻無法將每一項政策整合為一個整體的政策。此外，以 NGA 這樣一個愈來愈具有權力的協會，也都會支持他們的努力和嘗試。NGA 具有政治上合法的地位，來帶領我們邁向一致性政策的領導。它最近的報告「美國教育：達成全國教育目標的各州策略」（*Educating America: State Strategies for Achieving the National Education Goals, 1990*），以及「從理論到實務工作：重新架構教育體制時各州的進展情況報告」（*From Rhetoric to Action: State Progress in Restructuring the Education System, 1991*），都支持更邁向一致性的政策措施。一些突出的州長和 NGA 領導者之間的聯繫，例如，全國教育目標協會（National Educational Goals Panel）及全國教育目標

及測驗協會（National Council on Educational Standards and Testing）的 Romer 和 Campbell，確保了整體性教育改革策略與全國州長領導之間的密切關聯性。[4] NGA 強化了一個概念，它強調州長必須為教育的進步肩負起最重要的責任。他們如果能夠提供一套一致性的政策領導方向，就應該是我們企圖以整體性方式改善教育現場實務的最佳方式了。

---

4 作者註：出自於全國教育目標及測驗協會的建議進行的討論結果，請參考本書當中由 Smith、Fuhrman 和 O'Day 所撰寫的章節。

第五章

評論國家與州政府的教育政策發展：一個州議員的觀點

✽ *Ken Nelson*

譯者：台北市博嘉國小教師　褚盈盈　✽

　　《學校課程的決定》是一個相當不尋常的標題，我們可以這麼說，它聽起來就像是將兩個彼此不協調的機構相互結合之後，所設置的不相稱聯盟一般。例如，當我們提到州政府，與幼稚園至十二年級的各級公立學校的教育一樣的唐突。教育界的伙伴一再地告訴我，政府在教育方面的介入太多。因此，在以往我擔任明尼蘇達州的教育經費委員會（Minnesota House Education Finance Committee）主席的十年任期內，我努力嘗試去約束我自己和我的同仁，儘量不要對教育工作者作過多的干涉。

　　這種類型的政府干涉行為，不禁讓我想起過去西部片的警長大搖大擺地走進酒吧，然後拿起槍對著酒客的腿部開槍示警，使得酒客們為了躲避這些惱人的子彈，而必須手舞足蹈起來。就我的觀點來看，各州的州長和州議員也時常拿著教育經費，對著教育界的伙伴發射他們的「銀彈攻勢」（silver bullet）計畫和政策，使得後者必須隨著他們的強制命令跳起舞來。但是，我想歸根究柢地來說，教育工作者應該比較希望將他們的重點放在每一天的教學上吧！

　　我們提到課程管理時，到底意味著什麼呢？在許多影響因素的考慮之外，我甚至懷疑，課程其實早已經被教科書出版社、頑固不堪的心態（status quo inertia）、許多突發的活動，以及前後不一致的決策過程所管理、控制了。所以，真正的問題應該是：「我們要透過哪種深思熟慮、參與式的課程管理機制，才能夠讓學校裡的老師以最佳的方式教導我們的孩子呢？」這個問題反應了在我們國家這樣的民主情境下，企圖採用整體性的學校改革策略，來改善全美國的公立學校教育品質的奮鬥過程。我將以一位

前任州議員的觀點，評論教育政策制訂中，設定教育標準的必要性，以及民意代表和州長在教育政策方面必須扮演的角色。希望透過這樣的評論，可以強化教育行政管理和工作實務兩者間的結盟關係。本書中，有三個章節和這個議題相當有關聯。他們分別是由 Marshall S. Smith、Susan H. Fuhrman 及 Jennifer O'Day 等人所寫的第二章：〈國家課程標準：它們是必要且可行的嗎？〉、由 Susan H. Fuhrman 所寫的第三章：〈立法機關與教育政策方針〉，以及由 Susan H. Fuhrman 及 Richard Elmore 所寫的第四章：〈一九九〇年代的州長和教育政策〉。

國家課程的標準

在閱讀本書的第二章時，我非常樂在其中。那不正是在童話故事《愛麗絲夢遊仙境》中所說的，如果我們不知道該往哪裡走的時刻，那麼任何一條路都很有可能讓我們到達應該去的目的地。自從《一個危機中的國家》（National Commission on Excellence in Education 1983）出版之後，各式各樣的教學改善計畫已經在變革的土地上蔓延開來，卻因為沒有一個整體性改革的羅盤而失去方向。由於我曾經以一個教育政策制訂者的身分，在一九八〇年代的教育改革荒野中徘徊過，所以我真的很期望一九九〇年代的教育政策制訂者、教育實務工作者以及每一位學生，都能夠在一個經過仔細規劃過的教育體制，與系統實作指標的帶領下，走出自己的教育改革路線。

Smith 等人所寫的文章，對於課程標準的多元性，或許可以

為這樣的指標提供概念性的架構。根據我在立法方面的經驗來判斷，眾人共同發展的實作標準，可以激發學生、教學實務工作者、政策決策的潛能，讓他們可以針對共享的願景，進一步完成一項具有十足挑戰性的任務。同時，這樣的標準也應該容許地方、學區及各州可以選擇邁向這些目標的主張和策略。這樣的標準不應該是一個外界施加的強制命令，而讓大家的心力從學生學習的成果轉移到其他不相干的項目上，也不應該是一個蒙蔽或扭曲學生學習成果的資料輸入方式，更不可以是限制教育經營者的各種規範。如果人們行動的自由受到限制或制約，他們在進行任何活動的時刻，就無法充滿活力和創意，特別是指導他們的人對於應該進行的工作並沒有真實理解時。我們非常清楚地了解到，學生、教學實務工作者和政策決定者在下列情況下，可以將事情做得更好：

- 教育目標是眾人共同發展出來的共識，也很清楚地進行多方的溝通。
- 執行任務時所需求的資源及策略相當充足。
- 高品質的評量和回饋機制是用來修正課程的方向。
- 在嘗試新構想的時候，能夠具備一個可以信賴的工作環境。

Smith 等人提到兩個典範轉移的可能性。在一九八○年代，學者專家對於課程標準的辯論著重於學生的實作表現。但是一九九○年代的辯論清楚地指出，課程標準不再只局限於學生的範圍內而已——而是每一位教育利害相關的伙伴和整個體制都需要有標準來規範。除此之外，標準的新目標並不像過去一樣，只探討推動失敗的個案，而是要針對每個人以及教育體制的某些部分，

進行持續性的改善工作。所以在這種條件下，標準變成了進步的指標，而不是失敗與否的判斷條件。

　　我相信這樣的作法將會是我們現在和未來運用課程標準的一種健全方式。這套課程標準並不是一套強制命令、規範或其他各種規定；相對地，它們應該是我們預期學生可以達到的學習成果或實作表現的指標。一旦經過共同協商的機制發展出來，而且善加運用之後，它們可以讓我們知道，在整個系統或我們這一部分的表現，在哪些方面可能還有持續改善的空間。

　　這種課程標準的運作方式可以為一九九〇年代的整體性學校變革提供一個多面向的工具。而這樣的體認正是我們在一九七〇或一九八〇年代，進行教育改革時所欠缺的項目。

　　Smith 等人所描述的每一種標準，都針對整體性學校改革提供一個獨特的獨立面向。課程內容的標準提供我們一個挑戰的機會，在每一個學習階層如果能夠將課程、教學法與評量的方式做適當的連結，就能夠獲得加乘的效果（synergistic）。學生實作表現的標準可以讓我們了解學習者成功的程度及本質，並為更真實的學習提供回饋的機會。學校傳遞的標準則可以評估教室及學校的運作能量，以便讓學生獲得更多的學習。系統傳遞的標準可以讓州政府及學區的政策制訂者針對有效的、長遠的、連貫的方向，以及相關的教育建設擔負起責任。我過去在議會的經驗明白地告訴我，如果沒有這樣完整的標準，我們將會因為擁有低落的教育品質而不斷地責怪我們自己以外的他人。

課程內容的標準

　　課程內容的標準是整體性學校改革的基石。其他的標準（例如學生、學校和體制）是無法超越課程內容標準的範圍而掌握的。我在明尼蘇達州的經驗教導我，課程內容標準如果單純由地方或學區去設計、發展，它的設計就不會具有足夠的挑戰性。地方的控制往往是維持現狀的藉口。當我們比較地方、學區，甚至州層級的課程內容標準時，往往認為課程需要由地方政府來控管，而地方政府又沒有足夠的經費，所以當地方的課程內容沒有達到某個要求時，我們就會認為這是可以接受的現況而感到安逸。除此以外，這些課程內容的比較通常會有許多不同的詮釋觀點，也讓我們可以說服我們的選民，教育仍在持續改善當中，而實際上這樣的改進非常有限，甚至根本就不存在。也因為這樣的說法，所以家長與社區的民眾就會感到滿足，認為他們的子女上學的學校和其他學校相比較時，已經做得很好了。不過，我們認為，真正的比較應該是以世界的標準當作參考指標。如果沒有比照世界標準，那麼國家、州層級或地方的標準就不具有足夠的挑戰性。很幸運地，這一次我們看到新提出來的國家數學及自然科學的課程內容標準，給了我們高標準的雛形。

學生實作表現的標準

　　包括明尼蘇達州在內的許多州，都正在清晰地發展和界定學生的實作表現標準。從一九八〇年代開始，我們清楚地了解，需要提供給每一個學生一個清楚、一致的學習成果期待，才能夠讓

他們在學習的旅程中可以挑戰每一個學習階段，而將學習的效果發揮得淋漓盡致。這樣的了解讓我們在明尼蘇達州願意承諾要將全州的公立教育體制推向學習者成果導向的策略。我暫且稱它為體制中「核心的改革」，而我們可以「選擇」的其他計畫雖然也都非常有價值，但是我稱它們為「邊緣的改革」。畢竟，我們了解到學習者能夠擁有更多、更扎實的學習成就，是這個系統的中心目標。我非常確信當我們在每一個學習的階段，清楚地和每一位學生、家長及教師，溝通我們期望學生可以完成的學習成果時，就能夠有效完成這樣的使命。

　　在一九九一年，明尼蘇達州議會與教育廳合作，提供可以連結課程內容與實作表現的法規定義如下：

> 以學習成果為基礎的教育是一個以學生為中心，以成果
> 導向推動的系統，它的前提是我們必須相信每一位學生
> 都可以學習。在這個系統裡，我們確信：(1)學生應該學
> 習的項目都必須清楚地辨認出來；(2)每一個學生的進步
> 是依據他或她所展現的成就為基礎；(3)透過多元的教學
> 方法、評量工具，提供一套可以滿足每位學生學習的需
> 求；(4)我們需要提供每一位學生足夠的時間和協助來啓
> 發他或她的潛能（Minnesota Statute 126.661）。

　　依據這項定義，我們提出一個以學生為中心的焦點，嘗試將教學法、課程和評量的策略相互連結，希望能夠為每一位學生邁向更理想的學習機會提供一個合宜的學習環境。

我們也在一九九二年的立法規定，將學習者的學習成果與畢業的要求加以連結：

> （本）州議會承諾我們將爲明尼蘇達州境內的公立學校學生建立非常嚴謹，而且採用成果導向的畢業規定。爲了達到這樣的要求，本州的教育委員會應該使用它所具有的制訂法規的權威，規劃一套全州適用的學習成果導向的畢業要求（1992 Laws, Chap. 499, Art. 8, Sect. 32）。

這些成果將混合一般「由上而下」的政策，與某些特定的「由下而上」的政策，期望這樣的作法能夠隨時更新教育相關法規，讓我們學生的實作表現可以和其他國家最傑出學生的實作表現相呼應。這套標準是經由教學實務工作者，與學生未來的雇主和各大專院校專家學者的諮詢後，所發展形成的。因爲有許多企業的雇主面臨國際的競爭，所以這樣的規劃更可以確保新的標準符合競爭激烈的全球經濟市場的需求。

學校與教育體制的實作表現標準

Smith 等人特別強調，我們需要針對學生的學習能力和實作表現建立學校本位體制（學區、州政府與國家）的標準。很悲慘的是，我們在以往的教育讓學生親身體驗失敗，而不是宣告制度和教育機構的失敗。不過，戴明（W. Edwards Deming）（審訂者註：戴明是全世界知名的管理學大師，他指出一些令人相當意外的發現。特別是他強調，我們經常看到許多人認眞付出，卻得不

到相對應的結果，竟然是因為組織架構出了問題）宣稱，表現差勁的體制有 85%的問題不在於人，而是組織架構和運作的歷程出了問題。學生與教育伙伴並不是問題的癥結所在，問題出在我們運作公立教育的整個過程。換句話說：「每一個組織都經過完美的設計，就是希望能夠獲得組織想要得到的結果。」如果我們討厭這樣的教育成果，顯然，我們就必須改變這個學習的組織。學校與教育體制的傳送標準可以提供我們持續改進的一個機制（審訂者註：戴明有另外一句名言，他指出，「我們通常在錯誤的制度下，正確無誤地執行任務，因此耗損了我們大部分的工作能量」）。

　　還有一個教育社群應該運用標準的向度。為了要求緊密切合與有效達到任務，我們也需要某種指標可以讓教育政策和決策者擔負起他們的責任。州與地方政策是否是在一個共同且一致的願景與目標下接受帶領呢？州政府和地區的政策是否持續採用一個共同的願景和目標呢？這樣的共同願景和目標是否強力支持和鼓勵學生實作表現和課程內容的標準呢？而政策決定者的決定是否屬於長遠的規劃，而不是隨機運作的呢？也就是說，他們的決定應該是經過整體性的考量，而不是看場合來決定的決策吧？或許不是吧！州議會的議員與學校教育委員會的成員通常比較擅長不連貫的決策和局部的管理。但如果我們要求其他的要素（如學校與學生等）必須肩負起教育指標的責任，那麼我們也應該要求政策與決策者為此負責，因為整個體制內的每個向度都是息息相關的。

❾ 立法機關與州長：最高階層的政策制訂

　　在第三章與第四章中，Fuhrman 與 Elmore 說明我們在現行的政策制訂過程中，進行有效管理和引導教育的改善時，所可能面臨的困難。Fuhrman 針對一九七〇、一九八〇年代的多面向研究分析之後，更確認了我個人在一九七二至一九九二年間擔任州議會的教育委員時的經驗。我同意她的評論：「立法機關勇敢豪邁地提出各種教育的問題，但是他們的付出卻遠低於預期的標竿。」Elmore 和 Fuhrman 看到一個正向、但緩慢發展的趨勢，也就是從一九七〇、一九八〇年代，到一九九〇年代民意代表與州長對於教育的政策逐漸浮現出一致的觀點。Fuhrman 大致上提出她對一九九〇年代立法者的建議。我相信，這樣的建議對於州長也有同樣的重要性，她指出：

　　　　請採用一個長遠的觀點，相信地方的教育工作伙伴，建
　　立州政府的機制能力，並且與其他的決策者共同合作。

制訂法令的背後

　　由於二或四年的選舉週期與各項政黨活動，在州的立法與執行過程上呈現不連貫的決策過程，是一九七〇、一九八〇年代常見的現象。很諷刺的是，在民主的體制下，我們那些政策決定者的連任誘因，經常和我們各個主要機關、機構的長遠目標是相互

衝突的。更諷刺的是，民意代表和州長競選連任的動機，並不是
想要貫徹改革的訴求（包含教育團體對於競選活動的貢獻），而
更常見的動機則是為了維持現狀。所以往往為了取悅缺乏耐心的
選民或特殊的支持者，而使得民意代表、州長與學校教育委員會
的成員變成了速食文化下的犧牲者。採用這樣的觀點去轉換一個
已經超過兩百年的教育體制，而這個體制已經使用類似百衲被
（patchwork quilt）（審訂者註：這是美國東北角一帶相當著名的
「棉被」，說明早期的移民生活經常需要將許多破布拼湊在一起，
才能夠做出一整張的棉被）的方式進行修補工作，其實是一個非
常不適當的工具。我們還需要好幾次的選舉，才能夠去除去教育
上的拼湊碎布。

　　我國的政治聖人湯瑪斯・傑佛遜（Thomas Jefferson）曾經說
過：「每個世代都需要改革，以維持民主的脈動與感應。」如果
他還活在這個世界上的話，相信他會指出我們公立機構的敵人：
這個敵人不是教育工作者、民意代表、州長、家長或學生，而是
我們運作的架構、程序和體制。而這也是彼得・聖吉（Peter Senge,
1990）（審訂者註：聖吉是美國著名的「系統思考」的首創者，
強調我們需要採用完整的系統思考模式，才有可能改善一個體制）
在《第五項修鍊》（The Fifth Discipline）所提到「老舊的心智模
式」。這些官僚體制的階層和中央集權的決策模式，使得我們的
公立學校無法獲得生機。

　　但Fuhrman和Elmore也預料，我們在教育改善方面即將有一
個嶄新的未來。這樣的未來可以讓我們的教育工作者專注於教學，
民意代表和州長也有機會成為像傑佛遜一樣的聖人：「看起來，

我們所需要的是少一點的規範、多一點協調；多加強調清晰、具有挑戰的州政府授權。我們應該讓州政府決定學生學習的內容。」

任務說明陳述與結盟

　　一些明尼蘇達州的議員與教育委員會的成員曾於一九八四年在全州各地與民眾談論他們想要擁有的公共教育形態。緊接著在這些對話與公聽會之後，我們在一九八五年的州議會會期時，草擬、修正並正式通過了一項任務，它成為州教育廳、州政策決策者和學區共同具備的願景；同時，它也提供我們發展與一套學習者學習成果相關的任務說明，和其他計畫的概念基礎。

　　愈來愈明顯地，在明尼蘇達州的教育利害相關者需要一個具有共識的願景，才能夠幫助我們走出傳統的束縛，邁向改革的路徑。然後，我們才可以運用各自的專業觀點，來增強與豐富這個共有的事業。要不然，我們就會像明尼蘇達州的民主黨前輩Hubert Humphrey一樣。他說過，傳統上他們會圍成一個圓圈，目的不是要抵抗外來的侵略者，而是要在內部相互廝殺。這看起來和我們在一九七〇年代與一九八〇年代的教育改革非常類似——互相指責。

　　Fuhrman和Elmore也指出，一九九〇年代的政策決定必須以不同的方式進行，才能夠完成教育改革的訴求。支持協同合作發展出來的策略，更可以使州政府的決策者在決策過程擁有更多采多姿的成效，也可以讓州內的公立教育系統更加完善。這些策略當然包括了共同願景的發展，與嶄新的長遠決策論壇。我們國家的目標條文說明，為每一州與學區提供一個完整、共同的願景。

各州與學區更可以將它轉化成自己的目標與策略。而未來州長和州議會代表也將因為他們和全國組織的結盟，而強化這樣的全國組織，這些組織包含了全國州長協會、全國各州議員聯盟、各州的教育委員會，以及正在發展中的州內結盟關係，例如南卡羅萊納州的工商教育聯盟。這樣的結盟提供了教育改革與績效成績的論壇，他們可以跨越兩到四年的選舉循環和不同政黨活動所帶來的變化。當實務工作者和決策者結合 Fuhrman 和 Elmore 的建議，使用嶄新的方式來運作這些新的標準，我們就可以在一九九○年代完成一貫的政策與整體性的學校改革計畫了。

審訂者感言

　　其實在這整本書當中，經常會出現許多令人感動的言詞。不過，這一章透過一個州議員的觀點，讓我更加了解任何一種教育改革要獲得真實的效果，需要的是和教育機構有利害關係的每個組織、個體的參與。但是另外一方面，也常常因為太多參與的個體和組織各有自己維護傳統的需求，所以才會讓教育改革愈來愈糊塗。國內一些實驗學校通常處理一些細微末節的「教育實驗」，例如嘗試新的教學法、讓師資培育機構的學生來實習，或是採購嶄新的教學媒體。這些都沒有錯，但是最後都沒有達到原先想要完成的教育改革訴求。原來這些都是「拼布」的作法，也就是我常說的「補破網」哲學。如果我們對於學生學習的本質，以及教育的哲學觀點沒有一致的想法，最後的結果就是，大家的努力和付出都會因此而浪費掉，嚴重一點的可能會讓大家對於教育改革

喪失信心。如果學校想要確實地進行教育改革，看來需要從源頭進行大幅度的改革，才能夠完成這項使命了。這也是本章作者提到幾位現代管理學大師所提到的：「我們通常在錯誤的制度下正確地推動政策，因此消耗了我們絕大多數人的心力。」

第2篇

州階層的課程改革發展與管理

第六章

達成共識:針對州政府
的課程改革設定議程

✳ *Diane Massell*

譯者:台灣國際珍古德學會執行秘書　郭雪貞✳

　　我們發現，教育體制內各階層的政策制訂者都正在發展標準，來規定「學生應該具備的知識和能力」。在國家的層級上，各個專業學科領域的組織團體也跟隨全國數學教師委員會（National Council of Teachers of Mathematics, NCTM）和全國自然科學促進學會（American Association for the Advancement of Science, AAAS）在一九八〇年代制訂高水準學業標準的帶領下，紛紛展開各個學科領域的新課程標準制訂工作，希望能夠為他們自己的領域訂定高水準的學科標準。在最近的一項調查中，有四十五州表示，他們正在研擬或執行新的課程架構（Pechman and Laguarda 1993）。既有的州政府機構或新創設的任務小組，也都正在確認他們所屬的課程內容標準、學生的學習成果、實作表現的標準，或是其他嶄新的評量方式等等。我們國內有許多學區也紛紛響應這些州層級或國家層級所推出的變革方案，並且依循這些變革的訴求，紛紛制訂自己學區內的課程綱要和教學素材等等。

　　這些努力嘗試中相當關鍵的一點，就是我們即將採取的課程標準必須廣泛獲得專業人士以及社會大眾的共識。如果我們想要針對學生的學習內涵提供足夠挑戰的高期望課程，並且尋求社會大眾和專業人士的共識，這將會帶給美國境內的學校一個嶄新的想法（NCEST 1992; Cohen and Spillane 1993; Fuhrman 1993）。由於州政府對於公立學校的運作管理有關鍵性的影響——事實上，憲法規定他們有權主導州內的教育——所以，我們將在這一章強調他們曾經努力過的各種嘗試。國家或是區域性的各項標準都必須經過州政府政策的過濾，才能夠直接或間接地影響學校的運作。因此，我們相信州政府的改革議程在這個領域範圍內，擔負起中

樞神經的功能。

為什麼發展標準會成為一項關鍵的政策性解決方案呢？國家卓越教育委員會（National Commission on Excellence in Education）在一九八三年所提出的《一個危機中的國家》中，曾針對我們低落的學業標準可能帶來的許多危機作了適當的說明，並且提出補救的措施。他們鼓勵州政府建立或擴大許多耳熟能詳的政策方案，例如，提升高中畢業生所需選修的學分門檻、評鑑學生和教師的各項計畫、更長的上學時間和學年（審訂者註：美國的研究指出，美國學生每一年上課的日子遠遠落後於亞洲各國的學生上課日數），以及各項誘因和獎賞制度等等（Murphy 1990）。但是，這些在早期的「傑出」教育改革計畫，往往只增添了更多的要求，卻沒有提到相關的內容。因此我們發現這些改革欠缺扎實的內容，無法協助學校推動有意義的學校本位教育改革的工程。譬如說，提升高中生畢業之前必須選修的學分門檻，無法確保相關課程是否提供嚴謹的內容。因為相關的研究指出，提升高中畢業學分的門檻要求，可能只會導致學生選修更多重新改名、程度更低的課程內容（Firestone, Rosenblum, Bader, and Massell 1991）。雖然州政府的課程架構也曾經嘗試更直接去影響課程內容的可能性，不過卻受到強烈的批評，反對者認為，這樣的策略只提供一長串的行為目標，以及一堆以訛傳訛的相關清單而已（Bartels，引自 Curry and Temple 1992）。

除此之外，雖然一九八〇年代的改革，將社會大眾的焦點集中在學生學業課程的學習，他們對於學校真實運作這些改革措施時，可能引起相互衝突的政策，沒有提出解決的方案，也幾乎無

　　法降低彼此間的張力。事實上，因為不同的政策往往是針對不同
的標準及目標而設計的，所以這些改革反而提升了各項政策彼此
間相互衝突的現象。

　　目前正在推動的許多標準，則是想要同時改善課程標準的品
質，以及彼此間的連貫性。它們已經為整體性的學校改革（sys-
temic reform）提供一套完整的核心主軸策略（Smith and O'Day
1991）。我們在州的層級已經看到許多版本的整體性學校改革策
略（請參閱 Fuhrman and Massell 1992），通常包含超過兩項的政
策體制成分，例如評量模式、教科書、教材或是教職員工的專業
發展機制等，這些都是一套共同課程和教學標準的關鍵要素。

　　國家科學基金會（National Science Foundation）先前想要提升
數理課程標準的努力之所以會失敗，是因為他們忽略了「獲取廣
泛群眾的理解和支持」的重要性。從許多方面來看，目前各界對
於改革內涵的廣泛內容和方向已經有非常高的共識了。譬如說，
大多數的教育政策制訂者以及學校的專家都相當同意我們需要鼓
勵學生進行「比較高層次的思考」（higher-order thinking）、更多
跨領域的學習和理解（interdisciplinary learning and understanding）、
以學生為中心的主動學習（active, student-centered learning）、針對
少一點課程內容進行更多深入的探索，而非膚淺地認識相當廣泛
的課程內容〔亦被稱為「少即是多」（less is more）或「深度相對
於廣度」（depth over breadth）的目標〕，以及課程必須符合多元
化學生人口的需求等等。他們也同意這些改革應該適用於每一位
學生，而非僅針對那些想要進入大學繼續求學的學生、資優的學
生、教育條件不利的學生，或是具有其他特殊需求的學生（Curry

and Temple 1992）。

　　但是，如何將這些理念轉化為可以實際運作的標準，卻引起
許多問題，也帶來許多愛爭辯的專家和社會大眾的辯論。舉例來
說，如果所有的學生都應該接受相同的課程內容，是否意味著能
力分組，以及針對邊緣學生和資優學生所設計的特殊教學計畫，
都應該取消呢？毫無疑問地，這些比較戲劇性的組織變革，都將
引發教學法的爭議和公平與否的探討（請參考 Hoffmeister 的文
章，出版中），也給既得利益的團體帶來許多政治上的挑戰。如
果依據「少即是多」的教育目標，我們就需要很明確地決定哪些
內容應該減少份量或完全刪除。這些決定可能會威脅到某些學科
領域的廢除，或是某些主題從各級教育階層當中完全消失。在課
程政策裡增添新課程，總是比取消某些課程容易平息利益團體的
訴求。所以在我們的公立教育裡，這樣的作法就形成了「購物中
心般的高中」（shopping mall high school）（審訂者註：在美國的
高中，學生可以從非常多的課程當中，選擇他們有興趣，或是逃
避他們討厭的課程。選擇範圍非常廣泛，和國內的大專院校幾乎
有相同數量的課程可以選修，簡直就像是到了購物中心去購買物
品一般的容易，所以有這樣的戲稱）（Powell, Farrar, and Cohen
1985）。況且，一些如自然科學或社會科等學科的內容，都會包
含一些富有爭議性的議題，例如演化論（審訂者註：美國的自然
科學課程通常仍將「上帝創造世界」當作自然科學的一種選項，
和演化論的支持者長期進行辯論）或是多元文化主義等（Massell
1993b）。

　　因此，確立這些寬廣的教學目標是一項影響深遠的冒險工作，

必須勇敢面對來自於政治、社會及各個專業領域的反對聲浪（請參閱 Massell, Kirst, Kelley, and Yee 1993）。為此，訂定標準的州政府或其他團體都努力建立專業菁英和一般社會大眾都具有共識的政策。州政府的政策制訂者非常敏銳地了解到，他們制訂議程的方式，可能可以改善他們領導教育改革的品質以及合法性，也有助於衝突的舒緩，還可以協助地方推動改革的策略等等。

　　本章探討四個州制訂課程標準的議程時所使用的方式，分別是加州、佛蒙特州、南卡羅萊納州及肯德基州。我將會把焦點集中在各州制訂學生學習的課程內容，以及學生學習的實作標準的努力，以及他們建構課程架構或是相類似的文件時的努力等方面〔我這裡所使用的「文件」是指州政府所沿用的各式文字書寫紀錄：包含了課程架構（curriculum frameworks）、指引〔guidelines〕、描述學生的學習目標以及成果的預期效果之類的文件、教學實務楷模的書面報告（reports on model instructional practices），以及其他類似的資料等〕。由於這方面的研究並不多，因此這項研究可以歸類為初探式（exploratory）的研究報告。

　　我的研究是以相關文件，以及我在一九九二年和各州教育廳關鍵人物的電話訪談為基礎，並輔以外部參與者或旁觀者的訪談內容。不過我必須聲明，由於州政府的策略隨時會因為各種政治、教學或其他方面的考量，而作出持續的調整，因此這些過程的某些特徵或許早就已經改變了。另一方面，加州在每一項課程架構的制訂過程當中，都進行了許多次的修訂版本。因此文中所呈現的圖像只是大致的方向而已，可能無法確切地符合每一項課程架構的特徵。然而整體而言，這些個案確實清楚地說明了制訂議程

的活動當中所引發的種種關切和議題，它也幫助我們將過程加以概念化處理，也為州政府在課程改革這樣險惡的水域航行時，提供了特殊的觀察和洞察力，希望能夠協助州政府在發展課程標準的航行時，牽引出一條可以順利運行的指引。

⑨ 理解制訂議程的概念性工具

在介紹各州制訂議程的過程以前，讓我先提出幾項概念性的工具，希望能夠協助讀者辨識各州的策略和標準方面的顯著差異。

首先，這四個州在標準的實施操作和運作的方式都有許多迥異之處。標準將會因為以下的各項因素而有不同的呈現模式：

1. 它們是否提供比較抽象或比較具體的細節說明？
2. 它們是否建立在某個特定的學科觀點上，或是以技能為主軸，而沒有和任何學科有所關聯？
3. 它們是否將重點放在課程內容、學習成果、實作表現標準或是教學方法上？

以上這三項議題的決策過程和結果，反應了各州採用不同的假設，也就是認為州政府的領導和介入的程度應該有多高？或如何進行教學活動，才能夠稱得上是課程統整（integrated）／跨領域教學（interdisciplinary teaching）的最佳方法？如何提供足夠的細節，才能夠和其他政策之間有協調的可能性？以及如何進行教學活動，才能夠讓學生在學校內外的學習對他們而言，都是有意義的活動？

肯德基州的學習目標以及「珍惜的學習成果」（valued outcomes）（請參閱下一節，「各州的議程制訂」），說明了各種抽象、以技能為主的目標，強調學校教育的成果，而不是老師到底是如何輸入課程內容給學生學習。例如，他們的學習目標指出，學生應該學會「展現自給自足」（demonstrate self-sufficiency）和「思索問題、並且解決問題」（think and solve problems）的能力（Council on School Performance Standards 1991）。肯德基州的課程架構在不同的學科領域中，討論技能和學科內容相關的概念，不過也只是提供相當抽象的細節而已。相對地，加州的課程架構卻是以各個學科為主軸。自然科學的課程架構提供了學科領域當中相當精確的標準，例如：「課程必須說明生物的分類是以進化論為基礎，因為進化論可以解釋生物之間的相近之處，也可以說明不同族群經過地質年代所經歷過的多元途徑。」（California Department of Education 1990）（我們當然也可以找到抽象、以學科為主的目標，或精確詳細的技能導向目標的例子。）

關於課程標準是否應該明確規定教學方式、實作表現標準，以及學科內容和學生的學習成果等，國內的教育專業團體正邁向火熱的激辯當中。到目前為止，各州對於這些議題的反應不一。有些包含加州在內的州別，在他們的課程架構裡，確實指出明確的教學方式；其他包含佛蒙特州和肯德基州在內的州別，則另外規劃了一個個別的項目來確認重要的教學原理，希望能夠協助他們的整體學校教育改革計畫。到目前為止，我們雖然還無法預測這些文件未來演變的方向，不過我們了解到，關鍵性的決策應該建立在教學方法是否：(1)建立在某個特定學科領域或學習的技能上面；或(2)提出一套明確、普遍性的原則，來協助老師推動某種

教學方法。

　　除此之外，這些標準也都涵蓋在各種不同的政策工具中。雖然許多州都使用課程架構來推行他們的新課程標準，他們也同時使用課程內容指引（course content guidelines）、核心課程的熟練程度（core course proficiencies）、一般性教學目標說明（general goal statement），以及其他的機制來推展新的課程標準。這些工具所涵蓋的範圍，以及彼此間的先後順序，也會因為州政府所推動的政策方向不同而有不同的呈現模式。以肯德基州為例，他們研擬了許多課程標準的文件，先從比較抽象的目標開始，然後再使用後續的文件來修訂原先抽象的文件，以便提出更明確、精確的詳細說明。相對地，加州的作法則是在課程架構中明確地定義課程內容，再輔以各式各樣的配套措施，包含錄影帶、宣導折頁和其他課程指引等等。

　　如果我們將課程標準的制訂過程看成是一個反覆進行、三個階段的循環過程，有點像圖 6-1 所展示的面貌，圖示的說明將有助於我們對各州制訂課程標準的認識和理解。

第一階段　　　　第二階段　　　　第三階段

| 確認目標或標準 | | 文件的草擬 | | 取得意見以及回饋 | | 定案的文件 |

圖 6-1　制訂議程的三階段模型

　　在我們所研究的四個州當中，各州在標準制訂的過程中有一項重要的差異性，也就是各州在第一階段的確認課程目標，和第

二階段的草擬文件的過程當中，是否由不同的群體來執行。

　　最後，也是最重要的一項，各州進行議程制訂的方式也反應了兩種主要的風格：我將它們稱作「社會大眾風格」（populist）以及「專業菁英風格」（professional elite）兩大類型。這兩種風格之間的主要差異是，在這三個階段當中，邀請了哪些人、在什麼時刻參與議程制訂的過程。參與者可能包含專業的教育伙伴（大專院校的學者、學科領域的專家、教師、課程指導者）以及社會大眾（家長、企業及工業界的菁英、民眾代表、學生）。雖然在某些方面，專業人士和一般的社會大眾都參與了各州議程制訂的過程，但是他們參與的廣度卻有顯著的差別。也可以這麼說，這樣的過程到底是開放給廣大具有「草根性」的一般民眾和專業人士，或是僅局限於少數比較菁英的團體呢？

　　大眾風格的議程制訂策略，往往會在這三個階段中，儘量尋求廣泛的社會民眾以及各行各業的專業人士的參與，並且建立特別的制度結構或機制，以鼓勵廣大群眾的參與。相對地，專業菁英的風格比較會將重點集中在專業人士的參與，而且會謹慎地挑選這個社群當中，比較具有地位的專家參與議程制訂的過程。

　　這兩個運作模式所採用的參與策略，以及管理者的觀點，基本上都反應了不同權威的「意識型態」（Elmore, Sykes, and Spillane 1992）。在一個大眾風格的運作過程中，州政府肩負起領導課程內容的合法性，是透過議程制訂的過程來反應社會大眾的意願。因此，這樣的過程一開始就依賴歸納性暨草根性的策略，所以會儘量增加社會大眾和各行各業的專家學者的參與程度。專業菁英的議程制訂風格，則傾向於推論性的策略來發展課程標準。

也就是說，州政府在訂定課程標準的過程中，會先以一群核心的專業教育伙伴的意見來塑造課程標準的基礎，並且持續倚重他們的意見。州政府可能會邀集更多人的參與（仍是以教育專業人士為主），審查相關的文件，然後再提出回饋的意見給草擬文件的委員們參考。這種風格所依賴的情況是州政府運作的合法性，主要是來自於這群教育專業菁英。在他們所草擬的文件上，都能夠反應他們那種劃時代的教育專業知識和領導地位。

　　了解了這些概念性的工具之後，讓我們去看看這四個個案的討論吧！

四個州政府在議程制訂之個案研究

　　加州和佛蒙特州建立議程的方式，分別說明了單純的專業菁英風格和社會大眾風格的最佳典型。

加州

　　加州致力於更具挑戰性的課程標準，以便塑造一套核心課程，可以說是各州在這一方面的領導者。一九八二年，Bill Honig 被選為加州公眾教育部門的領導人，該部門承諾他們將提倡更具有學術性的「傳統教育」。為了實現這項承諾，他和他的工作伙伴抓住機會，將課程架構當作推動這些課程標準制訂的關鍵工具。這套架構協調加州各級學校進行前後連貫、銜接的教育改革所需要的長期策略，也是我們目前稱為「整體性學校改革」（systemic reform）的前驅。

　　雖然從一九七二年開始，加州就已經使用學科領域的課程架構來引導教科書的選用，但是Honing和其他人都認為，這樣的文件頂多只能夠稱為「好的停門板」（審訂者註：原文爲doorstops，是美國人用來避免摔門時的緩衝木板，以免門和牆壁之間因爲激烈的互撞而損傷，所以這裡就是認爲這樣的文件頂多只有象徵性意義，卻連幫忙學生開啓學習的門窗都沒有基本的功效）──他們認為，這樣的文件只是一個象徵性的符號、含糊不清的文字說明，對於教室裡進行的課程和教學無法發揮應有的影響力。在接下來的十年當中，新的行政主管將課程架構的格式和功能做了戲劇化的變革。例如，雖然以往的課程架構針對教室內必須涵蓋的學習內容和行為目標，都提供了冗長的條列清單，但是新的計畫卻只提供概念路徑圖（conceptual roadmaps），強調各領域的重大觀念。這樣的文件採用強制性、但可以理解的方式，也採用文學的題材、敘述的風格來呈現最後的文件。這些文件並不是一套非常詳細解說的文件，所以老師無法在教室使用這些文件來取代現有的課程，不過他們倒是提供了一些普遍性的教學法建議。我們發現還有另一項重要的課題，就是新的課程架構在某些特定的領域上，當專家菁英或社會大眾意見紛歧的時候，採取堅決支持教育專業專家的姿態。舉例來說，在一九八七年的社會科／歷史領域的課程架構上，重新加入宗教教育，當作世界史的一項重要因素。雖然過去所使用的那套老舊課程架構，只著重在全州共同使用的教科書和教學素材的指引上，新的課程架構卻提供了州內教職員工的專業發展機制、教師證照、學生的學習評量，以及辦學績效等議程的專業基礎。後來，他們也將這些課程架構當作更加

精細的課程素材的試金石，是州政府提供給學區的一項服務，這樣的服務包含了針對某個特定的年級所設計的課程模組，或是推薦的閱讀清單等等。

議程的制訂

議程的制訂在課程發展暨輔助教材委員會（Curriculum Development and Supplemental Materials Commission）的庇護下慢慢有所進展，這個委員會是一個州層級的教育理事會的諮詢對象。當他們發展了課程架構的草稿之後，需要找人來審慎地檢視課程架構時，委員會就會推薦、理事會也會指派一個課程架構和標準委員會（Curriculum Framework and Criteria Committee），在一段時間內審查相關的文件。如果必要，也可以製作一份新的文件來取代舊有的文件。採用這樣的方式反覆修訂議程架構的結果，就是他們總共耗費了漫長的八年才終告完成。[1]

為了要讓課程架構越過「停門板」的狀態，州政府的政策制訂者真正想要創造的文件，是一些能夠反應劃時代的學科領域課程架構，更希望這樣的作為可以提供這個領域的強勢領導地位。

---

1 作者註：這個週期有七年的時間，不過他們最近剛延長這樣的生命週期。雖然八年看起來好像是一個相當長的時間，不過我們通常需要一年半到兩年的時間，才能夠修訂每一份文件，然後隨後還要花費好幾年的時間，將政策系統內的不同成分進行矯正的工作（例如教科書和評量等等）。由這樣的推論，我們了解到各地方的教育實務工作者在面對整體政策推動時，其實只有相當短暫的時間回應這些政策的需求。進一步的負擔會加諸在小學老師或學區教育局長的身上，因為他們每一年要回應一個完全不同學科領域的課程修訂。

誠如一位工作伙伴所說的：「共識確實是一個非常重要的目標，
但是如果你想要將共識的重要性擺在第一位，將它放在高品質目
標的重要性之上──也就是要將共識的重要性，放在一個強而有
力的文件說明之上的話──那麼那樣的作法將會傷害你自己。」
政策制訂者這樣強調專業的參與，所以挑選了大專院校的教授、
各級學校的老師，以及在某些特定學科領域範圍具有超強能力的
其他教育伙伴，共同參與制訂議程的過程。雖然以這種方式挑選
課程架構的撰寫人，看起來是一個很普遍、也似乎是相當可以接
受的選擇，但是我們需要考慮，在一九八〇年代的早期，這可是
一件相當罕見的作法。想要以這種策略從全州各地挑選委員會的
成員，通常還需要考量幾項因素的均衡代表性：包含了參與者需
要來自不同的地理位置、種族、膚色或是性別的差異等等；當然，
也要考慮某些利益團體的需求，例如教師會、特殊教育的遊說團
體，以及其他相關團體的需求等。加州政府持續使用一些具有代
表性的矩陣，來平衡他們委員會成員確實代表了社會各階層的人
物。不過政策制訂者也相信，如果他們通常依賴這樣的選擇方式
來規劃參與者的代表性，就可以創造出一套融合各種利害關係團
體之間的妥協結果。讓我們在這裡改述一位曾經擔任關鍵角色的
成員所說的話來說明：「如果你想要讓一個委員會確實涵蓋了最
廣泛的層面，你只是繼續延伸現況而已。」所以加州在制訂課程
架構的歷程中，所規劃出來的正式章程這麼說著：我們必須挑選
各個專業團體最有影響力的領導者來擔任委員會的成員（California
Department of Education 1988）。除此之外，州政府也相當程度地
參與 Walker（1990）所說的，「故意適度的」在某些時候，將某

些極端團體刪除在課程架構撰寫委員會的名單中，這些團體包含了政治極端團體與對教學法抱持極端想法的團體（審訂者註：這裡所說的教學法極端團體，原則上就像是國內某些團體強烈要求，九年一貫的課程必須搭配某種教學策略才能夠成功一樣，所以某些團體可能認爲建構教學是唯一可以接受的教學策略，另外一些團體可能堅持直接教學法等等）。不過我們也看到，當這份課程架構的草稿正式出爐之後，州政府也善意地提供更廣泛的網絡參與審查和提供意見的機會，這些網絡的成員包含了教師和其他教育專業伙伴關係的網絡等。

　　雖然一般的社會大眾可以直接參與標準制訂的歷程，但是加州州政府很清楚地強調，在標準發展的過程中，大部分的決策都必須取決於專家的參與和掌控。和其他州不一樣的作法，就是加州並沒有清楚地將標準發展的早期階段區隔開來，在這個早期階段，課程標準是先由一般社會大眾或其他外界的團隊進行最初文件的草擬。[2] 雖然陽光法案要求所有的會議都必須開放給社會大眾參與，而且課程委員會和州政府的教育理事會[3] 在採用初稿之

2 作者註：州政府在啓動一個課程架構委員會之前，偶爾會建立一個「藍色絲帶」任務編組，以便針對某一個特定的領域進行討論。不過通常這是相當簡潔的會議，目的是要以腦力激盪的方式獲得一些構想。這些課程架構委員會並沒有義務一定要跟隨任務編組小組所提議的構想，進行進一步的課程發展。

3 作者註：雖然我在這裡沒有討論，不過加州確實是一個採用教科書的州；也就是說，教科書的挑選是依據課程架構所條列出來的條件加以挑選的。針對這些更詳細的課程標準的文件，提供社會大眾一個公開說明的機會。而且州政府所指派的教育委員會和課程委員會在採用教科書之前，一定會舉辦一系列的公聽會，以取信於社會大眾。

前，也都舉辦過許多場次的公聽會，不過我們發現，加州在審查和修訂這些原始草稿的階段，並沒有使用一套特定的策略，鼓勵社會大眾的公開參與，和持續擴展社會大眾針對課程架構提供任何回饋的意見（請參閱圖 6-2，就可以了解這四州之間的相互比較，以及各州所採用的特殊措施）。因為這樣的一種措施，所以現在州階層所使用的機制，傾向於讓某些有組織的特定團體參與修訂議程的部分，而不是讓「平凡」的民眾或老師直接參與。當州政府完成課程架構的草稿之後，州政府也相繼舉辦了一系列的「覺醒」（awareness）會議，讓一般社會大眾參與；但是很可惜的是，多數參與這類型會議的人，仍舊以專業的教育伙伴居多。

佛蒙特州

　　佛蒙特州在制訂學生學習標準的核心工作，應該就是它的共同核心學習項目（Common Core of Learning, CCL），是由佛蒙特州的教育廳在一九九一年所發起的。CCL 是一個綜合五項研究報告的混合體，這些研究報告也是分別由相關研究人員依序制訂出來的。第一份文件先確認「學生應該學習的知識和技能」的標準。他們用這項標準來引導其他相關的文件報告，也是希望能夠和州政府新提出的檔案評量（portfolio assessments）策略相互銜接、連貫。目前，這樣的檔案評量模式正透過全州各地的老師發展當中。經過州政府教育廳的開創與帶領，隨後而來的CCL報告將分別探索成功的學習環境（successful learning environments）、值得學習的教學計畫（model instructional programs）、有效的地區性行動，以及如何協調教育的每一個元素，才能夠成功地達到那些核心學

加州和南卡羅萊納州		
	第一和第二階段	第三階段
	確認標準和草擬文件	意見的獲得和回饋
加州	專業教育伙伴所組成的委員會在課程委員會的指導下，指派一個諮詢顧問小組給州層級的教育理事會，去創造一套以課程內容為主軸的課程架構。	專業教育伙伴所組成的網絡在社會大眾都可以獲得課程架構的情境下，持續召開各種會議和公聽會。
南卡羅萊納州	撰寫課程架構的專業人士在課程代表大會提供意見下，創造一個課程內容為主軸的課程架構。	來自於範圍極為廣泛的草根性專業人士，和社會大眾的共同努力之下，合力完成文件的撰寫，當然包含了課程代表大會所提供的意見和回饋。

佛蒙特州和肯德基州		
	第一階段	第二階段	第三階段
	確認課程標準	草擬文件	獲得回饋和審查意見
佛蒙特州	1. 共同核心的學習項目（Common Core of Learning, CCL）是透過焦點討論團體的意見（社會大眾和學校的專業伙伴），確認每一個學生應該學習的知識和技能。 2. 州政府教育廳（SDE）將CCL加以延伸，以創造跨學科領域的課程架構矩陣。 3. 三個學科領域的委員會必須確認學生應該學習的內容和實作表現的標準。	1. 為了發展CCL，來自州教育廳的共同核心團隊，是一個包含一般的市民大眾和教育專業人士的共同參與，同時也包含一些州教育廳的工作伙伴在內。 2. 由州教育廳的工作伙伴草擬跨學科領域的矩陣。 3. 三個學科領域的委員會負責草擬課程架構的基礎。	集中討論的焦點，並且邀請來自州內各地的老師提供意見和回饋。
肯德基州	在學校實作標準委員會（Council for School Performance Standards）的指導下，進行相互關聯的兩階段歷程： 1. 將社會大眾和專家所提供的意見，彙整為六項學習的目標。 2. 由教育專業人員所召集的委員會，共同發展七十五項寶貴的學習成果。	所有的文件都是由專業委員會提供草案，包含依據教學目標進行設計發展的課程架構和課程標準等文件。	對於課程目標和標準之類的文件沒有正規的審查進度。課程架構主要是由學區的課程指導者負責審查的工作，並且由專業的諮詢顧問小組提供一些意見來修訂定稿的文件。

圖 6-2 議程制訂策略的摘要

習項目的訴求。請特別注意，並沒有隻字片語的課程架構出現在這份清單當中。為了搭配它那地方控制的強勢傳統體制，該州的州政府想要提供一套共同的學習成果，而不是想要清楚地描述學科領域為主的課程內容。這是因為他們認為，學科領域為主的課程內容是地方實務工作者自主的範圍，不應該由州政府規定得太詳細。而且，學科領域為主的課程內容對於佛蒙特州教育廳的工作伙伴而言，將會受限於比較傳統的知識形式，可能會阻礙比較具有統整理念、跨學科領域的學習方式。

　　不過，他們終究還是將課程架構納入這套學習的清單當中。在一九九二年發表的第一份 CCL 報告就指出：「**這真的是學生需要知道的內容嗎**」（Is This Really What Learners Need to Know?）分別針對技能為主的各項能力，包含：溝通、推理和解決問題、公民教育、身心健康和地球村公民等方面所列舉的評分指標，提供一個相當抽象的細節說明。不過很快地，我們就發現到，老師、媒體記者、州政府的教育理事會和其他伙伴們，都相繼批評這份文件欠缺和學科領域的連結關係。他們相當關懷的一點就是，認為課程標準採用技能本位的格式呈現，對於嶄新的檔案評量方式和學校的運作只有非常有限的影響力，因為不管是檔案評量或是學校的運作，都是採用學科領域的方式加以組織整理的。但是原始版本的支持者則認為，這種技能本位的標準，可以提供一個新的方式來打破傳統學科領域之間的藩籬。所以，就比較有可能提倡統整課程的推動和評量了。後來的決定是將稍早的文件所確認出來的重要技能，重新整理在三個學科領域中，分別是：歷史和社會科學（History and Social Sciences）、藝術和文學（Arts and

Literature），以及自然科學、數學和技學（Science, Mathematics, and Technology）等。他們也分別透過這三個課程架構，去確認學科領域應該涵蓋的課程內容，以及學生的實作標準，然後再進一步去設計每一個學科領域所需要涵蓋的內涵；當然，這時候他們也就需要遵守教育廳所發展出來的一套參考樣版（template）。

議程的制訂

基本上，議程的制訂是歸到佛蒙特州教育廳的一項責任，他們需要為共同核心學習項目的發展擔負起掌舵的工作。但是在許多方面，州教育廳反而像極了一個協調的中心，積極主動地找尋外界的各種團體。佛蒙特州的方式說明了一種比較趨向歸納性的大眾格式，來制訂他們的課程議程。為了發展學生應該學習的知識和技能，佛蒙特州的教育廳建立了一系列持續發展的小鎮會議，他們稱這樣的會議為「焦點論壇」（focus forums）。雖然州教育廳的工作伙伴剛開始的時候，只規劃了少數幾個和企業社群的焦點論壇，但是他們同時也決定，要協助任何一個提出要求這類型論壇的社群舉辦類似的論壇。後來的發展超越了原先規劃範圍內的企業團體，涵蓋了更為廣泛的參與者。佛蒙特州教育廳的一個目標是，希望鼓勵那些不常主動參與學校事務的民眾，共同規劃發展學校未來的課程。為了鼓勵這樣多元類型的參與者參與課程標準的規劃，教育廳要求各個社群必須從具有投票資格的民眾當中，盡可能隨意地挑選參與者。4 到一九九二年的十二月，他們

---

4 作者註：雖然這是州政府教育廳的企圖，不過一個觀察者認為，至少

已經舉辦過四十幾場的焦點論壇活動，參與的民眾則大約有兩千人。

　　這些焦點論壇提供了意見交換的平台，而且根據佛蒙特州教育廳工作伙伴的觀點，也強勢地引導文件撰寫委員會的工作進度。當然，我們了解到主控這種議程是一件相當深奧、複雜的事情，所以，雖然焦點論壇確實強調技能本位的學生學習成果，但是卻因為這些會議的特殊結構，而產生了原先沒有預期的結果。佛蒙特州教育廳的工作伙伴也先後指導論壇的引言人和主持人，將參與論壇討論的民眾分成好幾個小組來進行活動，而不是依據學科領域的範疇來進行這類型的會議（這一點和南卡羅萊納州的課程代表大會，也就是下一節討論的重點，有些差異）。另一方面，論壇的引言人和主持人要求參與會議的民眾針對以下三個問題提出他們的想法，他們也都沒有直接和學科領域的討論有密切的關聯性。這三個問題分別是：

1. 如果我們希望我們的學生能夠在二十一世紀成功的話，他們將需要具備哪些知識、能力和態度呢？
2. 在目前既有的學校運作模式當中，有哪些項目和你所提出來的願景可以相互搭配呢？
3. 在現今的社會中，學校、社區和企業界應該怎樣合作，才能夠改變現況，讓我們的學生可以在二十一世紀獲得成功

有一些由地方關心教育的教育伙伴所舉辦的焦點論壇是有必要的。我們需要更具體的實徵分析研究，才能夠確認佛蒙特州的教育廳在廣徵社會大眾意見時的成功程度。

的經驗呢？（Vermont Department of Education 1991, p. 18）

　　雖然決策的權威機制是一個非常複雜的過程，然而我們確信，佛蒙特州在議程制訂的方式上，確實因為它特別強調廣泛社區民眾和教育專業伙伴的參與，而有他們獨特的貢獻和特色。他們還有另外一個特殊的地方，就是在草擬文件的階段，就已經讓一般社會大眾參與制訂的過程。由佛蒙特州教育廳所設置的文件撰寫委員會〔他們稱它為共同核心小組（Common Core Corps）〕，總共包含了四十個成員，分別包含了學生的家長、學生、企業菁英和學校教育專業的伙伴等。佛蒙特州強調草根性的策略，同樣也以它那審查和回饋的歷程而著名，他們不僅讓焦點論壇的參與伙伴有機會發表觀點，同時在發展共同核心學習項目（CCL）的時候，也讓全州每一位老師都有機會發表他們的觀點。當然，我們必須承認，這樣的方式在一個民眾同質性相當高的小州實施，確實比較容易掌控每一項進度和內容的發展等等。

　　佛蒙特州採用社會大眾模式發展課程的權威意識型態，可以透過該州的教育廳所出版的小冊，具體說明他們發展共同核心學習項目的歷程如下：

　　　當我們和一大群佛蒙特州的州民在一起工作，並且也詳細地檢視全國和國際間最棒的課程標準之後，我們希望能夠建立最大的共識……我們不認為學校可以單獨完成這樣的目標（也就是要達到卓越的學習成就目標和持續終身的學習）。很明顯的一點，我們了解到，我們需要全州每一個人的群策群力，才能夠讓這樣的美夢成真。

> 我們深深地感受到要開啓這個歷程之前，必須先走入群
> 眾當中，讓他們來告訴我們，在一張白紙上應該填寫哪
> 些具體的目標，才能夠完成這項使命。我們非常想要對
> 他們的想法有所認識，而不是等到我們已經發展出一套
> 具體的想法之後，才聆聽到他們各種不同的反應（Ver-
> mont Department of Education 1991, p. 18）。

　　這種歸納式的方法，在佛蒙特州努力想要獲得課程合法的地
位時，是相當關鍵的一項措施，因為他們的州政府長久以來就是
以直接民主的運作和公民的參與而聞名。當州政府想要擴展他們
的影響範圍到教育圈的時候，這樣的作為顯得更加重要了。
　　其他的兩個州（也就是南卡羅萊納州和肯德基州）分別代表
修訂版本、混合型的發展模式，他們將社會大眾模式和專家菁英
模式加以整合。不過，因為他們在議程制訂方面有許多成分和加
州、佛蒙特州的課程架構發展有雷同之處，所以我將把焦點集中
在他們和其他個案有顯著不同的策略，也說明某些引人關注的替
代方案等等。

南卡羅萊納州

　　課程架構目前已經成為南卡羅萊納州推動教育改革時的一個
重要支點，這是由他們新任的教育廳長 Barbara Nielson 所提出的
整體策略當中的一部分，主要是希望將政策體制的焦點，由以往
我們強調基本技能的課程導向，轉移到比較高階層課程的渴望
（higher-order curriculums）。這些學科領域的架構具體說明課程

內容的標準，而後者也是未來修訂其他州階層與地方階層政策工具的基石，包含了教職員工的專業發展機制、教學材料的選擇、學生評量的方式和策略，以及教師在養成教育暨在職教育階段的在職訓練等等。在一九九二年的時候，該州的教育廳發表了第一份架構草案，包含數學、外語和藝術課程的課程架構，目前仍在審查和提供回饋意見的循環當中。就像是加州的課程架構一般，他們也採用優美文學的型態來書寫這份架構，也討論每一個學科領域當中的「主要觀念」（big ideas）。這些課程架構也針對學生的實作標準，依據不同族群的學生所設計的各式各樣的教學策略案例，和教學材料的選擇標準，繪製了一套粗略的輪廓。

議程的制訂

南卡羅萊納州在議程制訂方面和加州的模式非常接近，但是也有一些顯著的區別。誠如加州模式一般，課程架構的成員——也就是那些課程架構的書寫團隊——都是專業的菁英份子。更具體地說，他們都是州政府以統計的方式，確認他們是在「一到兩個標準差的差距領先同一個領域其他專業伙伴」的專業人士，他們在草擬出第一份文件和相關的課程標準制訂方面，都具有相對的權威。南卡羅萊納州和加州的整個體制結構比較接近，不過南卡羅萊納州的教育廳在指派課程團隊和課程審查的專家小組上，具有比較多的直接掌控，而這兩個任務小組的功能就非常類似加州的課程委員會了。

或許我們應該說，南卡羅萊納州在議程制訂的歷程中最獨特的一個觀點，也是它和專家菁英模式區隔開來的重點，就是它的

課程代表大會（Curriculum Congress）了。這是由教育廳所設置的顧問小組，目的是想要讓社會大眾可以持續參與課程的發展和審定，同時，它也是學校專業教師所組成的草根性團體。雖然剛開始的時候，它是一個精挑細選的組織，不過目前我們看到，這個課程代表大會已經開放給每一個有興趣參與的個人和團體了。成員可以加入一個學科為主的次級小組；或是一個在課程、教學、評量、教材或專業的工作領域；或者，他們也可以參與一個第三類型的團隊，也就是結合前兩個不同的次級小組的工作結果。例如，他們可以參與「自然科學的評量」，來結合前面兩個次級小組的工作結果。該州州內各地也有許多模仿州政府所規劃的課程代表大會的模式，產生了許多「小」的課程代表大會，他們和課程架構的書寫團隊經常有互動的關係，也以持續的方式擔任課程架構委員會的顧問工作。

南卡羅萊納州教育廳設置課程代表大會的主要動機之一，是希望在議程制訂的歷程中，讓持續的參與來培育一群核心的教師領導者，從改革一開始就投入新課程的推動。加州政府也做了類似的努力，設置了許多教師領導者的網絡，但是這樣的努力大致上依循著整個議程制訂的歷程進行著（例如，透過覺醒研討會、專門針對老師所設計的暑修課程，以及其他教師專業發展的相關活動等等）。

南卡羅萊納州和加州在發展課程架構的努力，還有一個重大的不同點，特別是在審查和回饋意見的提供機制上。南卡羅萊納州的發展過程，在這步驟相當戲劇化地開放發展的過程。在一九九三年的時候，教育廳積極投入一項大規模的宣傳活動，來宣導

他們剛草擬的課程架構，並且鼓勵公眾的參與。剛開始的時候，教育廳將他們所草擬出來的三份課程架構文件，分送四千五百份到相關單位去。但在那之後，他們發現分送出去的數量大幅度提升了十倍左右。他們將這些草擬的課程架構分別送到美容院、理髮廳、公共圖書館、電台和電視媒體等等。為了讓廣大的社會大眾能夠參與課程架構的修訂，教育廳甚至發行了一部電影，並且以循環宣導車的方式來推廣課程架構的重要性。他們也針對教科書出版商、教育界各階層的教育伙伴（包含課程指導者、行政人員、老師，以及大專院校的教授群等等）、課程代表大會、商業社群、學校改善委員會、一個小型的全國性組織，以及其他相關的組織等，做了各項可能的宣導活動。

肯德基州

在議程制訂方面，肯德基州規劃了一個長期、環環相扣的序列，每一個環節都精心地規劃，也都針對他們前面的步驟進行修訂的工作。該州開始進行它的第一份標準制訂計畫是在一九八九年，也就是在他們的州長剛形成一個臨時性的學校實作標準委員會，要設定學生應該學習的知識和技能時，才開始啟動這項任務。[5] 這個委員會創造了六個寬廣面向的學習目標，[6] 多數是以技

5 作者註：學校實作標準委員會回應一項具有標竿性質的法庭規定，他們指派一個委員會去創造一個「有效率的公立學校系統」。法庭定義這樣的系統為「在全州各地針對每一位學生都提供免費而充足的教育的一個機構」（Council for Better Education V. Willcinson, No. 85-CI-1759, Franklin Cir. Ct., Oct. 15, 1988; emphasis added）。針對「充分

能本位當作發展的基礎，這也說明了這套議程制訂方式強烈地反應了它那大眾取向的方式（請參見肯德基州的「議程制訂歷程」）。在肯德基州，社會大眾很明顯地寄望州政府能夠將學生在學校的學習，和工作職場所需要的知識和能力相互結合在一起。

在一九九〇年的時候，州議會（General Assembly）通過了肯德基州的**教育改革法案**（Kentucky Education Reform Act, KERA），這個法案授權委員會必須能夠找出方式來評量這六項學習的目標。這項法規啟動了一套整體性的改革計畫，他們確定了這些「珍視的學習成果」是建立在學習目標上，而這些學習目標可以讓我們在推動政策時，當作其他改革方案的基石。它特別針對州政府所發展的那套課程架構和學生的實作評量方案，提供完整的基石。委員會因此發展了七十五項以職場導向為主的寶貴學習成果。他們也將這些學生應該學習的知識和技能相關的重大構想，都條列在六項目標底下，以圖表的方式呈現。當然，在文件當中也提供範例，說明學生應該具備的能力，以及學生將由該項能力獲得哪些學習效益等等。特別值得注意的就是，在這項法規和課程架構中，都沒有具體討論教學法。近年來，肯德基州的教育廳開始將

的教育」這一項，法庭開放他們讓民眾參與制訂學校應該開設的課程內容。

6 作者註：雖然六項學習目標都提到學科訓練的重要性，不過它還是有特別強調這些學科的實用性（例如，目標二：能夠將一些學生從數學、自然科學、社會科、藝術與人文基礎生活課程，以及職業教育等方面的核心概念和學理，運用到他們即將在生活上所必須面臨的問題）（Council on School Performance Standards 1991）。

他們原先稱為「珍視的學習成果」改稱為「學習的成果」（learning outcomes），這樣調整的目的是要回應一些來自於宗教團體的訴求，因為他們抗議州政府強制民眾和學生接受所謂「政治上正確的價值觀念」（請參閱 Thomas 1993）。

才剛被州政府的教育理事會認可的課程架構草案，代表了這項標準序列當中的第三項構成要素。它進一步具體地指出該州所珍視的學習成果所代表的意義，也依據各級學校的課程階段提供更多的範例，說明學生應該具備的能力（也就是依據學生正在就讀的小學階段、國中階段及高中階段等三個不同的階段）。除此之外，它也注意到各式各樣的教學和評量的策略、跨越課程領域的教學活動，以及融合社區資源的各種構想等等。與加州和南卡羅萊納州不一樣，他們都針對每一個學科領域頒布一套個別的課程架構，肯德基州只提供一個單一、完整的文件。這份文件包含了五百多頁的文字說明，嘗試將它每一項學習目標和珍視的學習成果，都包含在不同的學科當中。這樣的作法有點類似佛蒙特州的第二個方式，因為佛蒙特州的教育廳將重要的技能整理在三個不同的學科領域的範疇中。肯德基州的課程架構和加州、南卡羅萊納州不一樣的另一項特點，就是他並不是以一種文學、敘述性的風格所寫出來的。相對地，依循著學習目標和珍視的學習成果的文件格式，整個架構將它的重點都依據各項標題的順序，前後條列每項重點的說明。

議程的制訂

肯德基州的議程制訂，在標準制訂的每一個步驟中，都相當

程度地依賴教育專業伙伴的意見。然而，和教育專業菁英體制也
有一個非常不一樣的地方（這也塑造了肯德基州隨後在教育改革
方面的其他努力）就是，他們的改革委員會的決定先送給一般的
社會大眾，尋求他們一起參與規劃學生最重要的六項學習目標。
委員會先透過州內各地的企業領導者、商業的雇主、家長和教育
伙伴的焦點座談方式，開始這樣的整體規劃。然後依據這些回應，
教育廳的工作伙伴再發展一套電話訪問的問卷，針對隨機取樣的
八百三十個民眾進行電話訪問。根據負責該項任務的主任的說明，
我們了解到社會大眾提出一項清晰的強制要求：他們希望將學校
的學習盡量能夠結合工作職場以及學校以外的生活經驗。然而，
那六項學習目標並不是由社會大眾所草擬出來的，教育廳將這樣
的工作轉移到委員會指派，由教育伙伴所組成的學習目標草擬委
員會全權負責該項作業的完成。州政府相當確定的一點就是，這
群草擬委員會的成員對於社會大眾的訴求都相當了解。在這歷程
結束的時候，委員會重新召集焦點委員會來針對這些目標提供實
質的回饋意見。

　　當肯德基州的教育改革法案指派該委員會進一步確認每一項
學習目標時，雖然在法規上沒有明確規定，要進行社會大眾的焦
點團體和訪談的技巧，不過，它卻詳細規範完成這項使命的議程
制訂所需經歷的過程。我們再一次發現到，他們從該州各地挑選
教育伙伴和學校行政人員擔任委員會的成員，也再一次召開焦點
團體的訪談。一旦他們確定已經產生了該州所需要的七十五項珍
視的學習成果之後，這個臨時編組的任務小組就解散了，他們也
沒有再規劃正式的審查和回饋歷程，以進一步檢討他們在制訂學

習目標時的優缺點。

　　依據這些珍視的學習成果，發展一套課程架構的任務，就轉移到肯德基州的教育廳了。教育廳委託十五位專業的教育伙伴擔任七份文件的撰寫團隊，分別包括教學指導者、老師、大專院校的教授以及學校的行政人員等等。類似加州和南卡羅萊納州的一點是，肯德基州希望確認這項任務是由該州最具有專業的人士擔任的。然而，肯德基州向來就受到該州長久以來偏愛重用親信或親戚的困擾（Dove 1991），所以在公開選拔適當人選的時候，就產生許多問題了（實際上，肯德基州的教育改革法案當中有一個目標，就是希望能夠擺脫教育體制上持續偏重親戚的問題）。所以肯德基州教育廳使用了一個匿名的申請程序，他們要求每一位申請計畫的人都要說明，他們對於該州的教育改革法案所使用的教育哲學可能衍生出哪些議題，例如，他們可能需要說明學習成果本位的教育策略可能衍生出哪些隨後接踵而來的議題。教育廳收到的申請案件總共有四百五十件，經過兩次篩選之後，再將最優秀的申請案件依據地理位置和其他多元條件區分為具有代表性的矩陣。

　　不幸地，針對草擬出來的課程架構，在徵詢廣泛的審查意見和回饋的建議時，卻受到削減預算的限制。所以，肯德基州的教育廳在分區座談的會議上，只能夠將三百份的資料分送給學區階層的課程專家審查。因為教育廳將這些人視為建構課程架構的主要對象，所以教育廳也給了他們絕對的優先權來審查這些資料。然而，教育廳同時也和大專院校，以及專業的組織社團建立一個課程聯盟（curriculum alliance），好讓這些專業團體可以提供他

們對於課程方面的觀點和回饋的意見。因為欠缺經費印刷這些文件，所以最後的結果是，每一個學區只能夠獲得一份修訂之後的文件。

⑨ 議程制訂策略和課程標準的設計

　　每一個州政府挑選議程制訂的策略具有多重的目標。當然，其中一個主要的目的，就是要創造一個設計完美、劃時代的標準，來促進體制的變革。為了達到整體性的改革目的，這些標準必須清楚地說明，並提供有意義的指引，來協助其他政策工具的發展。然而，這些標準也需要具備足夠的彈性，才能夠讓不同的學區和老師使用各種替代的教學方式，來達成政策所要求的目標。這個議程制訂的歷程還有另外一個目標，就是希望能夠讓這個新的課程標準，在老師、公益團體、大專院校的教職員以及其他人士的眼中，發揮槓桿平衡的作用，以便幫助州政府在領導課程發展方面，獲得必要的合法地位。最後一點，這個制訂的歷程對於真實的推動也確實具有潛在的影響力（請參見圖 6-2）。

　　這裡所提到的四州，分別說明了不同的議程制訂替代方案。當然我們也了解，在課程標準的制訂歷程上，沒有一套所謂的正確歷程可以依循。相對地，州階層的政策決策者最後的抉擇，必須回應他們自己在政治方面的考量、政策的目標，以及其他方面的連結性。在下一節裡，我將討論州政府在發展一套課程標準的策略時，所需要考量的議題。我也將討論在議程制訂的整個過程當中，會逐漸浮現出來的各種問題。

社會大眾和專業菁英的模式

　　決定誰應該參與議程制訂的過程，以及應該在哪個時刻參與，都是相當關鍵的決定。這樣的過程會影響課程標準制訂過程當中，兩個非常重要、卻經常相互衝突的目標，分別是：(1)創造廣泛大眾和專業伙伴都具有共識的課程標準；以及(2)創造一個可以帶領公立教育超越現況的劃時代課程標準。誠如 Deborah Lowenberg Ball 針對 NCTM 努力的方向所寫的想法一樣：

> NCTM 在發展學校的數學課程標準的歷程時，有兩個同時運作的需求相互交叉著：想要獲得共識的需求，以及促進改革的需求。在某一方面，如果想要讓這樣的標準成為社區的標誌，想當然耳，我們就需要讓這樣的課程標準反映出大家共享的價值和承諾。但是在另一方面，如果我們想要獲得真實的改革，那麼這些標準就必須超越目前大家對於教學實務工作的認識。所以我們認為，我們需要嶄新的構想，也就是說，我們需要一些和現存的假設和實務工作有所區隔的構想，才能夠真實地推動改革的工作（Ball 1992, pp. 2-3）。

　　想要建立社會大眾對於公立教育的共識，那麼，社會大眾的參與就是一個經常運用的策略了（Weiler 1981）。它是建立在傳統的民主智慧之下，也讓我們了解，民眾的參與將帶領我們走向更理想的政治結果和強勢的支持。這樣的信念也反映在佛蒙特州

教育廳對於共同核心學習項目的摺頁小冊中：「我們相信，佛蒙特州的民眾對於共同核心學習項目的關心程度和願意時所採取的行動意圖，頂多和他們參與這個關鍵項目的制訂歷程時所擁有的程度一樣高。」（Vermont Department of Education 1991）這樣的假設，當然就讓佛蒙特州的共同核心學習項目傾向於更偏向社會大眾與草根性的議程制訂模式了。

　　然而，傳統智慧還有另外一項觀點，是由自由主義的利益團體所支撐的政治理念，它告訴我們，當我們讓比較多的群眾參與制訂的歷程，也就需要比較多的協商和妥協的機制。不過在這種情境下的協商，很可能必須淡化決定性的領導核心，才能夠滿足爭議性議題的各個角度和支持者的觀點。很明顯的一點就是，這樣的作法只是一種權宜的措施，讓我們可以面對強勢的壓力團體和社會大眾在制訂課程標準的歷程中所施加的壓力；或在發展課程標準綱要的初始階段，可以滿足專家的影響力所不得不進行的權宜措施。加州在課程架構方面的努力，在最後一個階段，決定要在採行標準之前，儘量將專業人士的參與程度提升到最高的程度。南卡羅萊納州的議程制訂過程也相當類似，他們將初稿散發給廣大的群眾，徵詢參與課程代表大會的群眾提供審查的意見和觀點。肯德基州則建立了一套機制，讓廣大的群眾在文件撰寫的早期，就可以直接提供建設性的意見；然後再轉往專業團體，請求他們將這樣的草稿加以延伸，最後終於成為課程標準的基本架構。

　　不管是專業菁英的模式或社會大眾的模式，他們都具有一系列的優點和權宜之計。許多教育方面的文獻認為，如果我們採用社會大眾模式經常運用的方式，很可能是一項錯誤的抉擇。支持

採用社會大眾模式的人通常認為，只有當每一個受到影響的民眾，在改革剛開始的階段就支持改革，並且需要完全的參與，才能夠成功地落實改革的訴求（Fullan and Miles 1992; McLaughlin 1991; Fuhrman, Clune, and Elmore 1988）。不過這些研究報告卻認為，沒有民眾的投入和參與，或者即使發現民眾在改革初期有所抗拒，都不會讓隨後採用改革措施和對於改革的支持程度有所阻礙。

　　非常明顯的另外一點就是，建立支持的體制將不會因為我們已經採用課程標準而停頓下來。有些利害關係者可能在課程標準開始影響地方的實務工作之後，才開始關注到改革已經推動了。所以要獲得民眾對於改革的支持，必須採用「一個蘿蔔一個坑」的策略，才能夠獲得勝利，在採用最偏向社會大眾議程制訂策略的州，都還可能需要使用這種策略。有一部分原因是因為，在發展課程的整個歷程當中，要支撐草根性的參與，通常都相當困難，這也是南卡羅萊納州在課程代表大會的策略運用方面的經驗。許多南卡羅萊納州的民眾在要求變革的項目真的對於他們的生活有直接影響的時候，才了解到這套課程標準所牽涉的意涵（審訂者註：這樣的情形也發生在國內推動九年一貫的課程。從九年一貫課程剛要小組組成，其實我們就相當清楚這套課程勢在必行。不過許多社會大眾認為，九年一貫課程應該非常類似鄉土教學、開放教育、小班教學精神一樣，只有短暫的生命週期，過了熱潮之後，就會恢復原先的傳統教學／學習模式了。等到教育主管單位正式宣布九年一貫課程要推動的時候，還是有現場的老師認為應該很快就會脫離熱潮，所以等到九年一貫課程推動到他們的年級，才「赫然」警覺到九年一貫課程的真確需求）。在加州部分，我

們發現，他們的歷史／社會科學方面的課程架構在一九八七年就通過州政府的教育理事會的審查，而且這套架構也獲得州階層許多利益團體明顯的支持。然而，反對這些教學內容的現象仍然出現在某些學區裡，特別是當宗教信仰的問題包含在課程架構當中，這樣的情形就特別的顯著（Massell 1993a）。

雖然課程標準制訂的努力在我們所討論的大多數範例當中，最後的完稿文件都還在審查的階段，或還沒有真實地推動、執行，不過，即使是最粗略的評論家也會認為，加州境內所使用的課程標準架構，已經非常大幅度地將不同學科領域的現況推動到另外一個境界。許多老師和課程決策者都認為，加州的那套課程架構是他們那個學科領域當中最具領導地位的一項代表作。更進一步地說，這些嶄新文件的結構和內容，都提供了其他積極想要推動改革的人士在課程指引方面的一個傑出樣本（請參閱 Curry and Temple 1992）。他們也都想要重新複製一套這樣的課程架構。除此之外，Marsh 和 Odden（1991）針對學區和學校的研究報告指出，這些早期就參與州政府新課程的學校，將課程架構視為可信賴的文件，而且這些文件不僅擁有權威性，也同時具備了合法的地位，這兩項都是因為專業領導者和其他學科領域的專家高度參與才獲得的。簡單地說，就是透過專業菁英的參與模式，才能夠獲得權威性和合法的地位。

當然，在議程制訂的過程當中限制人數的參與，也可能讓發展出來的課程標準過度超越各領域的現況，或是太偏向於專業領域或公眾辯論時的某一個面向，以至於這樣的標準將窒礙難行（Massell 1993b）。讓我們再一次以加州的歷史／社會科的課程

架構當作示範的範例來說明吧。因為加州的課程架構涵蓋了類似宗教之類的爭議性議題，7 所以，加州政府在說服許多出版商發展適當的教材時遇到許多困擾。州政府也沒有任何正規的調查結果，來進一步審查共識的方向，或民眾對於加州課程架構的了解程度，反而是州內其他的決策者批評加州的課程架構具有十足的排他性，無法有效達成教育的實質意義。另一方面，在一個沒有具有統計價值的樣本範例當中，有一些相當著名的研究深入探索了一小群老師在執行數學架構的過程時，發現這群老師當中有許多人對於新的文件內容並沒有清楚的認識（Darling-Hammond 1990）。雖然我們無法由這些研究推論出一個通則出來，不過它們確實讓我們了解，加州的老師對於課程架構的認識程度相當不一致（審訂者註：其實國內在推動九年一貫課程到目前為止，相信還有許多老師對於各個領域的能力指標都還沒有涉獵，應該和加州所呈現的情況相當類似）。

　　南卡羅萊納州的課程代表大會希望能夠在發展專業網絡時就搶得先機，他們認為，加州的課程架構會獲得老師在推動新課程時的理解和認同，是由於教育專業伙伴的強烈參與所形成的（請參閱 Adams 1992; Lichtenstein, McLaughlin, and Knudsen 1991; and Lieberman and McLaughlin 1992 等人對於教師網絡的功效研究）。結合往外擴展的審查和回饋機制，南卡羅萊納州（類似佛蒙特州的情形）在逐漸形成議程的過程中，就建立包容的能量，也提供

---

7 作者註：我們在這裡提議，如果您想要針對老師在課程標準上的意識與支持程度，可以參考 Weiss（1992）與 Zollman 和 Mason（1992）在 NCTM 方面的課程標準的研究成果。

機會協助民眾和老師認識新的課程架構。

　　事實上，偏向社會大眾模式的最強勢觀點，或許是認為廣泛的參與可以協助我們創造一個有助於變革的環境。由國家科學基金會在四十年前所贊助的大規模課程計畫，包含數學課程、自然科學課程以及社會科課程等方面的改革計畫，都反覆地說明，我們需要在更廣大的社區舖設更堅實的基礎工作的重要性。在這些早期的改革計畫當中，家長根本就不了解改革的意義，當家長和民眾詢問課程改革的意義時，學校的行政主管也無法為課程改革進行辯護的工作。這樣的混亂結果，就是這些團體會施加強大的壓力，要求學校繼續執行老舊的課程（Massell 1993c; Carlson 1992）。如果我們想要準備一個適合改革的環境，就需要和廣泛的社區民眾進行持續的對話，以及分享我們所獲得的資訊。誠如 Kingdon 所言，這絕對不是一件簡單的任務：「如果你想要讓民眾看到新的問題，或是採用一種不同於以往的方式來看待老舊的問題，這將會是一項重大的概念或政治成就。」（Kingdon 1984, p. 121）

　　專業菁英和社會大眾的廣泛參與，至少以審查和提供回饋意見的觀點來看，可以警惕政策制訂者了解到，剛提出來的課程標準將會遭遇到哪些政治或實務方面的困擾。然後，政策制訂者就必須決定是否應該透過文件的修訂，或發展教育相關或其他可以建立能量的策略，來創造支持的體制，以便進一步解決這種具有爭議性的議題。這樣的決定就像是 Ball 所闡釋的，像極了走在共識和變革之間的緊繃鋼索上面。如果爭議性的元素仍然沒有改變的跡象，政策制訂者所制訂的議程很可能就因此受到社會大眾的

忽略（或更糟糕的情形就是引爆政治風暴）。當然，廣泛的審查也非常可能讓新的文件遭受到廣泛的批評。不管如何，審查的結果很可能會帶來強大的壓力，要求政府修訂剛出爐的文件，而修正的方向卻正好是專業領導者或政策制訂者認為非常不智的抉擇。也因為如此，所以這個歷程的公正性必須加以維護──州政府必須具有「說不」的能力，來回應許多團體或個人想要加諸在新構想上的意圖。提供一個機制讓議程制訂有可能可以由政治面直接掌控，也可以協助州政府進行這樣的回應工作，就如同強勢的領導風格一樣。加州和肯德基州使用參與者的挑選歷程，讓他們的課程架構可以和政治的協商以及妥協獲得緩衝的空間和時間。除此之外，加州的民眾告訴我們一件事情，他們認為學區的教育局長（superintendent）主動領導的風格，以及他的工作伙伴，都協助社會大眾在面臨許多政治鬥爭時，帶領大家度過險惡的航道。

　　在這整個歷程剛開始運作的時候，如果有社會大眾的參與──在課程標準發展時，將協助我們在學校和工作職場常見的落差之間，架構起溝通的橋樑。而這樣的橋樑也正是我們想要激發學生學習的動機時，在遭遇到困難點所必須具備的溝通能力。傳統的課程強調抽象的知識，而不是運用的知識（Powell et al. 1985）。令人關注的一項發現就是，在佛蒙特州和肯德基州，他們讓廣泛的社會大眾參與課程標準的制訂，所以，他們所制訂出來的課程標準相當具有特色，也相當程度地反應了他們職業導向的趨勢。特別是當我們將他們這套標準和加州以及南卡羅萊納州的課程標準相互比較時，就會發現後面兩者因為讓專業人士掌控原先草擬的文件構想，所以會出現幾乎完全不同導向的課程標準。

發現制訂歷程和產出的學習結果之間具有關聯性，是我在這些樣本當中發現的意外巧合。如果想要進一步了解所有的州在制訂標準的歷程，和制訂出來的產品之間，是否有這樣的關聯性，就需要更廣泛而且深入的研究才能夠證明了。

這些技能為主的課程標準，可以提供我們在不同學科領域發展課程架構時的標竿，當然也需要更專業的伙伴提供他們的建議。

技能和學科領域為焦點的課程標準

有一個值得討論的相關議題是：「到底課程標準應該以技能和能力當作結構的骨架，或者應該確認某個特定學科領域的情境所具備的個別元素呢？」州政府如何回應這項嶄新的改革中時，有一個關鍵目標：跨領域的學習。這也是隨後各個州政府必須面臨的挑戰。不過，對於跨領域的知識到底應該具備哪些條件？我們又可以如何進行教學活動，才能夠有效地達到跨領域的學習？這方面的見解確實有許多不同的詮釋和觀點。有些人認為，跨領域的知識就像是在相當穩固的獨立學科之間「建立橋樑的工作一樣」，他們會認為，學生從傳統學科所學習到的探詢（inquiry）技能，就是一項必備的基礎，可以協助學生在原先的學科領域和其他領域之間建立連結的關係。學科為主的課程架構如果安排了和其他領域之間的交互參考資料（cross references），就很有可能會成為這種觀點合宜的一個「容器」吧！

其他的人則認為，我們在跨領域的學習方面的努力，需要「重新組合」知識呈現的模式，也就是需要改變學科本身的特質。另外一些人則斬釘截鐵地認為，非學科領域，而是應該以技能導向

的課程標準，提供我們達到組織知識的新方法。不過，當我們沒
有清楚地將這些技能和現在我們正在使用的學科領域之間的連結
關係加以組織，我們就很難在其他政治範疇進行協調一致的改革
動作。這一點是非常重要的，因為我們目前所使用的評量方式、
教師認證和在職訓練、大專院校學分要求，以及其他政治部分和
學校的組織結構，都是採用學科領域的方式來進行的。改革如果
沒有考慮這方面的連結關係，當然就會讓改革的理想無法有效達
成。所以，如果沒有說明這些限制，在這個體制的其他部分可能
帶來的影響，那麼只辨認出技能和能力的州政府，不太可能會有
許多重大的成果可以展現出來的。了解這一點之後，肯德基州決
定修正原先的課程架構，將他們原先以技能導向的學習目標和珍
視的學習成果，融入各個學科領域當中；類似的觀點也讓佛蒙特
州選擇了學科為主的課程架構。

議程制訂的方式所具備的彈性

　　想要在學科領域為主的課程標準，設定課程內容的綱要所進
行的努力，將會產生許多因應學科本身所具備的獨特議題。每一
個學科領域都具有那個領域獨特的範疇和歷史，這樣的獨特性和
該領域的一般原則，以及該領域在某個特定州的情境所呈現的現
況，都有相當的關係。如果我們能夠了解學科領域[8]的內部爭議、

---

8 作者註：在這方面有一個非常有趣的嘗試，請參考 Gehrke、Knapp 和
　Sirotnik（1992）。他們針對社會科、語文科、數學與自然科學進行了
　完整的「學校到底確實地教導了哪些內容」的研究。

利益團體的政治意圖、教學實務工作的現況，以及該領域曾經發生過哪些變革的努力，都將協助我們設計和管理議程制訂的策略，以及隨後必須進行的能量建立等。每一個州政府都需要準備在議程制訂的歷程中，進行某些程度的修訂，來配合各個不同領域的差異性。例如，加州政府在制訂歷程當中，就做了許多追加的工作，希望在歷史／社會科這樣具有高度爭議性的領域中，尋求專業人士的共識。

　　除此之外，了解一個領域的範疇和架構，對於我們在接下來需要推動的某些變革，也提供相關的決策概念。我們認為，創新的計畫應該先由那些已經具備全國或地區性高度共識的學科領域開始進行。因為數學這個領域已經由全國數學老師委員會奠定好基礎工程，所以它提供給我們一個合乎邏輯的起始點。我們也發現，數學領域和其他領域具有不同的焦點，就是它並沒有其他領域因為包含高度相互競爭的學科領域所擁有的內部分歧意見，而且它也不會企圖引爆社會大眾對於社會議題的強烈激辯（Massell 1993c）。州政府應該決定自己的專業社群在制訂課程標準的哪個步驟建立共識的基石。南卡羅萊納州優先發展出來的一個課程架構是表演藝術，這是因為他們的州裡面有一個長期進行的研究計畫，將藝術教育的伙伴經常連結在一起。當然，即使是在擁有相對共識的領域，我們也可能隨時會看到爭議性的辯論浮現出來。但是我們強調的一點就是，建議各州應該先由他們具有最強勢的領域範圍，開始進行課程架構的發展，這樣的發展過程可能將會比較平順地向前邁進，也比較可能在社會大眾與專業社群之中建立信心，才能夠更有效率地推動隨後的各項工作。

最後，我們也必須聲明一點，我們認為沒有一個單一的模式可以適用於每一個領域範圍來發展課程架構。雖然就某種程度而言，課程方面的文件可以由整體的系統目標來加以塑造，不過想要重新整理文件的架構，就會帶來某些困擾。在一九八〇年代早期，加州政府發展了一套綱要，原本是希望所有的課程架構都會依循這套綱要的方向進行的。後來工作人員指出，這樣的方式對於課程架構的作者會形成綁手綁腳的現象，所以他們不得不放棄這套綱要的文件。同樣地，全國專業教學標準委員會（National Board of Professional Teaching Standards）——一個想要建立不同學科領域專業標準的組織——要求每一個課程內容的團隊，必須圍繞著一套既定的核心建議來發展相關的文件。他們的重點是要發展一套「老師應該具備的知識和技能」。然而，文件的撰寫委員會發現，這樣的綱要限制太多，對於各個學科領域的技術性要求也不見得妥當，即使他們認同核心建議所提倡的每個項目，卻無法依據這樣的綱要，循序漸進地發展必要的文件（Bradley 1992; Pence and Petrosky 1992）。所以我們認為，如果有些州是依據技能發展一套比較寬廣的目標和標準，在進一步引導學科領域的課程架構時，就可以考慮這些項目。刻板的要求可能無法讓我們將整體的結構、順序和文件的設計加以重新修正，去適應不同學科領域的獨特教學法和他們的特質。

邁向改革的旅途

在美國的政治情境中，因為教育改革關心教育流行的風潮和快速解決方案的特色而受人矚目。依循這樣的一個模式，許多州

都急著想要發展標準和相關的文件，來引導整體性的學校改革措施。但是州政府可能很快地誤以為，他們需要同時獲得全民的共識和高品質的課程標準，當然就更不必提到落實這些構想時所犯的錯誤了。解決全民共識和高品質標準方面可能犯的錯誤不太可能快速地完成。找尋方法來緩衝政治上短暫週期的各項相互衝突的努力，是非常重要的學習項目（Fuhrman and Massell 1992; Fuhrman 1993）。誠如我們在前面所提到的，加州政府花費了一到兩年的時間修訂每一項課程架構，但是這段時間並沒有涵蓋變革最前端建立共識的過程。另一方面，如果像是佛蒙特州採用的那種比較趨向歸納的方式，那麼，議程制訂的歷程將會花費更長的時間才能夠完成。發展專業的共識確實需要我們花費足夠的時間才能夠完成（Massell et al. 1993）。此外，雖然加州在發展課程架構方面已經有相當長時間的規劃，以及八年為一期的審查週期，在這段時期想要在各地方階層確實地執行教育改革的訴求，卻還有相當的困難。而且，各地方的學區和老師因應改革的能力也受到限制，即使他們已經具備了一個審查的週期，學區的課程指導人員和小學老師每一年卻必須回應一個不同學科領域的全面性變革（Marsh and Odden 1991）。另外一方面，我們也體認到，發展許多政策性的工具，例如評量的工具、教師專業發展的機制和學校運作績效的審查，以及其他相關的項目，都需要足夠的時間來回應改革的訴求。

當各州開始規劃嶄新的課程改革計畫時，他們在建立變革的共識，以及建構有意義的課程標準方面，都將遭遇前所未見的挑戰。我們可以很清楚地從這個研究發現到，議程制訂的策略和設

計的選擇，對於最後的產品將會有非常顯著的影響，當然就會影響到整個文件和過程的品質。我們發現，他們也會影響州政府在改革領導地位上的合法性，以及當我們想要將政策轉換為工作實務時是否平順。終究，州政府的決定必須考慮他們獨特的政治和政策環境，以及整個變革時期所面臨的配套措施。

最後，州政府必須確實地了解，共識的建立其實是一項長期的歷程，不會因為我們已經完成議程的制訂而終止。後續的策略必須依據各個社群所提供的審查意見和回饋的建議來設計。即使老師同意這樣的變革，也支持這樣的變革要求，他們對於變革的真實訴求或許沒有獲得「深入的理解」：

> 我們很清楚地發現，如果一大群人都能夠對某些新鮮事有深層的擁有感，其實就相當於真實的改變了。不過我們也了解到，想要讓民眾獲得擁有感，並不是那麼容易的一件事情。而且，當民眾很明顯地偏好某一種變革的時候，他們很可能不是以一種真實理解和擁有某些技能的感覺一樣擁有這項新的變革措施。換句話說，我們應該說，他們可能不知道他們到底在幹什麼。如果想要民眾以一種清晰、技能和承諾的方式去獲得擁有感，就應該是一件逐漸進展的歷程吧（Fullan, with Stiegelbauer 1991, p. 92）。

雖然議程制訂的策略可以協助我們和全民的共識相抗衡，其他政策的過程和領域也都具有關鍵的重要性。我們發現，其中最

關鍵的一個領域，就是在州政府的政策當中經常出現的快速轉換的短暫週期項目，也就是地方的學區和老師回應高標準的能量。所以我們認為，專業的訓練和後勤支援，將會成為這些標準的改革想要開花結果所必須具備的先決條件了。

第七章

整體性的學校改革：
州教育廳所面臨的各種挑戰 [1]

✳ *Susan Follett Lusi*

譯者：台北縣瑞芳國中教師　吳芳蕙　✳

　　美國境內的許多州，包含了加州、肯德基州、紐約州、德州和佛蒙特州等，目前都正在努力從事一項名為「整體性學校改革」（systemic school reform）的活動。這項活動的意圖是為了增進州內教育體制的一致與整合，以便能夠「支持學校進行改善教室裡的教學與學習所做的每一項努力」（Smith and O'Day 1991, p. 233）。「整體性學校改革」的目標是要帶領每一位學生的學習，這樣他們才能夠學習具有挑戰性的課程內容，以及更高層次思考的技能。

　　各州的教育廳在這些州階層的教育改革上扮演著相當關鍵的角色，他們有責任去執行由立法院和州議會所通過的法規和政策，以及在某些方面需要去修訂這些教育改革的議程。州教育廳是否能夠接受這次的挑戰，以確定各項政策之間的一貫與整合，進一步協助學校進行教與學的重新設計，將會決定這次的教育改革是否成功的絕大部分。

　　我在這裡特別強調此次的「整體性學校改革」帶給各州教育廳的挑戰，迥異於以往在那些州層級所發動的改革。我注意到這些新挑戰的存在，主要是因為成功的整體性學校改革，需要各州的教育廳在本質上改變他們內在與外在的工作關係。透過與州教育廳的傳統工作關係的對照，我將說明這些新的工作關係的本質，

1 作者註：非常感謝 Richard F. Elmore、Michael Barzelay 與 Mary Jo Bane 等人針對這篇文章提供非常有建設性的建議。同時我也要感謝在州政府與地方政府所提供的創新計畫，包含福特基金會與甘乃迪政府學校（Kennedy School of Government），他們對於我的論文研究非常慷慨地提供經費補助，這篇文章就是我論文研究的一部分。

特別是州教育廳對外與他們對學區之間的關係，以及州政府教育廳在整個州政府機構內的互動關係。在建立這個對照比較上，我所引用的文獻和文件，除了先前在佛蒙特州和肯德基州所推動的改革以外，也引用了學校改革的文獻、公共管理的文獻、創新改革的文獻，以及我和一些參與教育改革的學校所獲得的經驗。

◎ 政策制度上的改變

目前我們所使用的教育政策制度是一九八〇年代，甚或更早以前就存在的改革範例，它的特色就是在從事教育改革政策的時候，是採用失序的策略、零碎片段的方法進行改革的工程（Cohen and Spillane 1992; Smith and O'Day 1990）。在某一個教育領域的既定政策（我通常稱它為因素政策）（審訂者註：原文為component policies，國內目前似乎並沒有這個原文的統一翻譯，有點類似國內目前正在推動的生命教育或是能源教育，就屬於這種既定的政策，它的推動是否會奪走其他教育領域的訴求呢？），常常企圖損害另一個領域上的改革企圖。讓我舉個範例說明這個互動現象的影響吧！當許多州政府在一九八〇年代想要提升高中生畢業的要求時，他們的目的是要提高學生的學習成就，卻鮮少有人注意到，當時根本就缺少一個合適的課程來帶領出這樣的改革訴求；更沒有人發現到，就算有這樣的課程存在，許多老師根本就沒有具備這種新課程所必須具備的教學技巧和相關知識（Clune with White and Patternson 1989）。

一般而言，當人們處理這些剛察覺到的教育問題時，通常是

利用州政府和學校體系能夠取得，也都相當熟悉的既存技術和行政安排，以相對「快速解決」的方式處理這些問題（Firestone, Fuhrman, and Kirst 1989）。這些解決問題的方式，因為特別強調剛發現到的教育問題，所以能夠回應短期的政策需要，不過，不見得能夠符合更寬廣的州政府所頒訂的教育目標，也就是希望能夠改善學生的學習成就。例如，在整個一九八〇年代，各個州政府為了提升學校的經營績效，也就是提升學生的學習成就，當時也確實達到這項州政府的要求了；不過，測驗所評量的項目只是基本的技能和零散的知識，而不是州政府、企業界領導者以及教育改革的伙伴們所提倡，能夠呼應未來社會需求的複雜能力。

除此之外，也沒有任何專家學者或社會大眾針對這些項目對於學校政策制度上的額外影響，進行詳細的檢視（Cohen and Spillane 1992）。例如，州政府經常依據學生在重大測驗（*審訂者註：例如，美國的SAT或者是其他針對特定年級所施測的評量考試，相當於國內主要的基本學力測驗的學生表現。國內一些學校的校長就經常因為他們的學生在基本學力測驗，或者多元入學管道的成就，而有機會到更有名望的學校去經營學校*）時的表現，來給每個學校重新排名，卻沒有提供學校任何誘因，教導他們的學生更高層次的思考技巧，以及深具挑戰的知識，因為這些項目都不是考試測驗所能量測出來的。很類似的現象也出現在老師認證的測驗上面，因為這些測驗也都只在測驗一些基礎的能力，這樣的測驗也沒有提供老師任何誘因，去重新思考以及重新設計他們的教學方法。這些政策制度的額外效應，對於學校的改革既沒有提供協助的機制，也沒有真實鼓勵學校在教導學生具有挑戰性

的課程時，所應該表現出來的作為。這樣的現象就算在這類型的教學活動已經獲得一般學校的採用時，也有類似的現象。[2]

　　整體而言，一九八〇年代的教育改革，也就是目前所使用的政策制度特色，讓學校裡的教與學本質沒有實質改變的跡象，對於學生學習成就方面的影響，也沒有預期的驚人改善效果（Cohen 1988; Cuban 1990; Firestone et al. 1989）。這些事實讓一些研究人員深信，我們需要一個嶄新的政策制度，才能夠改善學生的學習成就，到達我們對於他們所期望的高水準（Smith and O'Day 1991）。

不一樣的項目

　　整體性的學校改革計畫與我們以前所熟悉的政策制度下所嘗試的改革，至少有兩個主要的不同點。首先，整體性的學校改革是希望以一個系統化的方式，整合政策下的每一個項目，達到一致的要求，這是過去那種零碎片段的政策方針所無法完成的理想。當我們設計一個因素政策來改革某個領域方面的教育訴求時，其他領域方面的因素政策就必須搭配這個嶄新政策的訴求，並且能夠支持這個方案的推動。例如，如果州政府教育廳選擇一個具有挑戰性的課程的教與學，以及更高層次的思考技能為政策的主要

2　作者註：有些州政府在改善學校實務工作方面的努力，例如麻州的卡
　　內基學校，鼓勵學校進行組織再造的工作，並且重新設計和規劃學習
　　和教學的活動。這些計畫通常在規模上相當小，但它們確實也讓少數
　　學校達到改善教學實務工作的目的，不過，不會全面性地影響政策對
　　於學校的整體面。

訴求，並且依據這項訴求發展了完整的課程架構，那麼州政府的
評量方式也就需要依據這項訴求，重新考慮這個架構所提倡的知
識和技能來發展評量工具，而且老師也應該為這些訴求所必須具
備的技能和知識做好準備的工作，這樣才能夠讓學生依據這樣的
訴求獲得嶄新的學習效果。

其次，整體性的學校改革強調州政府支持學校在各方面所付
出的努力，他們重新設計課程的教與學，目的是要讓每個學生都
能夠學習到具有挑戰性的學科知識和更高層次的思考技能。當我
們從教育制度的最上階層（州政府），單方面單純地頒布強制的
要求，例如畢業標準的提升，是絕對不足的。這個系統的底層（包
含了學校和學區）必須獲得相關的支持，才能夠激發他們進行改
革所需要的教與學方面的變革。這也意味著，額外的政策制度對
於學校的影響必須經過詳細的檢視，才能夠真正推廣到學校，以
便進一步進行改革的工作。而那些基本上不要求學校改革，也不
支持學校重新設計課程的政策，都違反整體性學校改革的目標。

挑戰

州教育廳在領導和處理政策制度的改變上，將扮演一個非常
重要的角色。這種深遠透徹的改變是整體的教育改革史上，所未
曾出現過的。我們目前還不很了解的項目，就是這類型的改革是
否真的能夠實現。然而我們很確定的一點則是，州教育廳單獨推
動教育改革是絕對不可能成功的。我們也很清楚地了解到，學校
在教學的重新設計和定義上，也將會扮演一個很重要的角色，而
且州教育廳必須和其他各式各樣的外在機構（例如國會上下議會、

州議會、企業界和大專院校）一起籌畫、設計一個可以提升、支持學校改革的一貫政策制度。要能夠成功地達到整體性的學校改革，我們就需要整合在這個制度上無數參與者的共同智慧及能力。

　　當我們要將這個共同的努力整合在一起，和完成這份群策群力的工作時，將會要求州教育廳針對他們對內和對外的工作，改變某些長久以來所習慣的工作關係。我在這裡強調兩個類型的關係——州教育廳的內在工作關係，以及州教育廳和學校及學區的外在關係。這些工作關係在改變學校的教學與學習時，是最具有影響力的。其他外在關係的改變，例如州教育廳和立法機構、其他的行政機構、一般社會大眾和其他各種組織團體，雖然對於成功的整體性學校改革都具有同等的必要性，但是他們和教學實務的改變比較沒有直接的關係。

外在的工作關係

　　進行整體性學校改革的學校與州政府教育廳之間的關係，必須要從三個方面著手改革的工作：州教育廳的任務說明文件、州教育廳運作的機制及州教育廳的基本假設。

　　下面的討論，將把傳統的州教育廳和從事整體性改革的那些州教育廳對照比較，以說明兩者之間的差異。不過真實的現象告訴我們，許多州教育廳對外的工作關係，不能夠歸類為單純的傳統教育廳形式，也不是單純的整體性改革的那一類型。很有可能，許多州教育廳在某些對外的工作關係正在進行變革的過程，然而在許多面向，卻仍保持相當傳統的作為。我們在這裡所提到的傳

統對外關係，不管是整體性學校改革的教育廳或是傳統的教育廳，都還相當依賴 Campbell、Sroufe 和 Layton 等人在一九六七年所提出的研究報告。要比較一九六七年這份報告所說的教育廳，與現今正在推動整體性學校改革的州教育廳，是非常困難的，主要是因為我們在這一方面欠缺最新的詳細研究報告，可以具體說明現今各州的教育廳所推動的活動。不過根據最近獲得的資料來源，得到的結果是，州教育廳在某些方面的活動真的已經有所改變了，另外一些則正在改變當中，但還是有許多方面仍舊維持原狀。任務說明就是許多活動中的一個例子。

任務說明

　　進行整體性學校改革的州教育廳需要肩負起的一項任務，就是將重點由規範學校對於政策的順從，轉換到教育體制的轉型。傳統上，州教育廳的任務之一就是：

　　1. 建議（advising）州政府，在該州整體的教育體制當中，可以要求和可以期待的條件；並且，以文字清楚說明創造這些條件所必須搭配的各項公共政策、優先順序、標準、準則及所需採取的行動。
　　2. 確定（ascertaining）每一所學校、學校系統或其他州政府管轄範圍內的機構，確實達到州政府所規定的條件要求。
　　3. 擔保（assuring），採取合宜的行動，隨時隨地修正他們找尋出來不很滿意的情形（Friedman 1971, pp. 16-17）。

　　然而，進行整體性學校改革的州教育廳的任務，看起來會比較像是佛蒙特州和肯德基州的州教育廳的任務說明。佛蒙特州的

教育廳所採用的任務說明這麼寫著：

> 我們的任務是以持續改善教育系統的方式，引導和支持
> 教育機構的轉型。

> 我們和教育領導者、當地的決策團體一起合作，以確保
> 每一位學生都能夠成為有能力、有愛心、有創意及負責
> 任的個人和公民，並且承諾他們將持續一輩子由生活中
> 體驗學習的樂趣（Vermont Department of Education 1991）。

而肯德基州的教育廳所呈現的任務說明，則是這樣寫著：

> 當作全國教育機構轉型的觸媒，肯德基州教育廳的任務，
> 是要確保每一位學童都享有全世界最優秀的教育，也要
> 透過有遠見的領導、強烈的服務心以及優質的服務經驗，
> 連結學校的學習、學區的要求以及其他的相關伙伴，讓
> 學童達到喜愛學習的境界（Kentucky Department of Edu-
> cation 1991）。

機制

為了要完成傳統的任務要求，州政府教育廳需要與學校先建
立主要的相關規範——也就是需要建立規定，才能夠讓學校有所
遵從，更需要確定學校會遵循這些規定，或者在需要的時候，協

助學校達到規定的要求。形塑傳統教育關係的主要機制，應該就是這樣的規定、以及少部分的獎賞制度。

傳統上，州政府教育廳都是依賴訪視和督導的活動，來確定學校的運作正常（Sroufe 1967）。老師的資格（主要是他們的人事紀錄文件，另外還有一些，則是他們參與教師認證的測驗成績）在核發教師證之前，都需要經過詳細的檢視。學校所提供的各項報告也都要加以審查。這些報告包含諸如在學校所任教的科目種類，以及每一科目的教學時數等等。

州教育廳仍繼續在審查每一位老師的資格。根據一份在一九八三年針對全國五十州的調查報告指出（Council of Chief State School Officers, CCSSO）：

> 州政府在頒訂教師證的權威過程當中，如果不是審查老師資格是否符合某些特定的證照要求，就是盡可能提供師資養成教育的大學文憑。有些州可能同時涵蓋這兩項要求（CCSSO 1983, p. 111）。

州教育廳也持續規範學校的教學計畫，同時評鑑他們的優劣（Campbell, Cunningham, Nystrand, and Usdan 1985, pp. 65-69; CCSSO 1983, p. 47; Murphy 1974, p. 5）。

傳統上，視導（審訂者註：supervision，它的前身稱為督學或督導，目前的發展已經成為協助教師專業成長的主要機制之一）都是在教育現場的訪視時進行的。「視導的訪視，雖然是法律上的要求之一，也確實提供一個機會，讓我們可以討論現行規範或

最低標準的合宜性，以及讓我們運用一些非懲罰性的方法，來確定學校運作的正常。」（Sroufe 1967, p. 20）在這些視導的訪視時，也就是各州為了確定學校確實執行了州政府的相關要求，州教育廳的官員通常審查學校的硬體設備和教學計畫。然而根據Sroufe 的研究報告，我們發現視導的運作受到相當嚴重的限制，主要是因為州教育廳的工作人員太少，而學校的數量遠遠超過這些視導人員所能涵蓋的範圍。讓我們舉個範例說明，就可以清楚了解這個現象了，各校校長的人事布達每三到四年才舉辦一次（審訂者註：換句話說，州政府教育廳的官員是這些校長布達公告時的主持人，那麼各校校長每隔三到四年才布達一次，就顯示州政府教育廳的工作人員太少，無法經常例行的布達）。

　　然而，我們卻有某些證據可以顯示，當各州持續透過州教育廳來規範學校的運作時，有些州已經開始跳脫傳統規定的投資項目——例如，規範學校必須使用的最低教科書數量（審訂者註：美國國民中小學所使用的教科書，是由學校，乃至於學區統一採購，借給學生使用，所以各校必須採購比學生人數稍多的教科書，才能夠符合教育廳的要求）以及教學的時間，與過程方面的限制——例如，教師資格的認定。有些州開始使用不同的方式撤銷傳統的規範，這些方式涵蓋的範圍，從逐條的撤銷規範，到以包裹式的方法全面撤銷相關的規範；而開始強化以結果為訴求的規範，不再強調傳統上對於學校的投資與審查的過程（Consortium for Policy Research in Education 1992）。各州也開始採取個別差異的策略來對待各個學區的運作，這已經是這個推動模式嘗試為學區和學校解放規範，邁向以學習成果為主的主要趨勢了。這些新

的個別差異措施包括了以實作表現為考量的評鑑,依據實作表現的層次給予適當的回饋和懲罰,針對實作表現不良的學區提供目標性的協助,以及彈性支持各種改革的計畫等等(Fuhrman and Fry 1989)。

　　州教育廳也曾經使用各種誘因(包含經費的補助與各項服務的提供)作為一種機制,以便引發學校達成州政府所期待的教學活動。在這些個案當中,符合教育廳各項條件的學校就獲得適當的誘因(有些時候,還可以獲得聯邦政府的經費補助或是它的認同)(審訂者註:國內的綠色學校、金安獎和能源有功學校等「教育」政策,也都採用經費補助或獎賞等誘因的方式,鼓勵各級學校達到政府希望學校達到校園永續經營、注重交通安全與有效運用能源的政策目標)。這些以誘因為主要訴求的範例有教育廳主導的教學活動,鼓勵學校提出學校重組改革計畫最具有創意的構想,著名的個案就是在麻州所推動的「卡內基學校計畫」(Carnegie Schools program),以及在佛蒙特州進行的「重新發現佛蒙特州學校教學計畫」(Reinventing Vermount Schools program)。

　　傳統的州教育廳也提供某些服務,鼓勵州內的學校及學區達到州政府所期望的行為,以便進一步協助學校改善教學活動。州教育廳所提供的這類服務活動,包含「課程的諮詢,教育媒體素材的準備……統計資料的提供,學校調查及相關活動,法規的報告及建議,以及一些依據研究研發出來的教學活動」(Layton 1967, p. 13)。州教育廳提供的服務項目,主要的目標是要改善教學,然而課程諮詢專家是州教育廳的主要服務項目(Sroufe 1967, p. 21)。課程諮詢專家通常有自己的學科領域方面的專長(例如

英文、數學或自然科學），通常是在訪視學校的過程中，因應某個老師或一小群老師的要求，才提供這類的服務（Sroufe 1967）。例如，一個自然科學的老師可能要求州教育廳的自然科教學諮詢專家到她的班級，觀察她是如何實踐州政府所頒訂的自然科學課程，並且提供回饋的意見，讓她可以教得更好。然而，實地的訪視在成效上還是相當有限的：

> 規劃專業人員到校訪視是絲毫沒有意義的，這是我們由現場訪談所得到的了解。因為我們真的有太多的學校、太多的老師必須去實地的訪視，然而合格的專業人員根本就不足夠。一年一次，由專業人員到校進行兩個小時的訪視，怎麼可能會有成效呢？（Campbell and Sroufe 1967, p. 85）（審訂者註：國內許多教育政策還停留在「到校訪視」的作為。但是，各級學校也經常採用「書面資料」和簡單的迎賓活動，來淡化原先訪視的重點）

州教育廳仍然持續提供各式各樣的服務給各個學校及學區，這些服務包含了「全州各級學校的調查報告、在職進修研習的活動、規劃相關的協助和課程綱要暨建議」（CCSSO 1983, p. 47）。目前針對學科專家所扮演的角色，以及各個學科領域進行專業發展的機制和方向，都還相當混雜。Murphy（1974）針對麻州地區的學校回應聯邦政府教育部所頒布的第五條款（審訂者註：美國政府為了協助低收入的民眾也能夠獲得均等而且公平的教育機會，在一九六五年頒布相關的國民中小學教育法規，總計有九個主要

的項目：條款一，協助每一個孩子達到高標準的要求；條款二，
學校教與學的改善；條款三，擴增學習的機會；條款四，安全的
校園生活；條款五，公平與公正的學習機會；條款六，原住民的
教育；條款七，雙語和移民的教育；條款八，突發狀況的協助；
以及條款九，一般通則。目前這樣的教育條款已經修正許多次了，
目的是要提供更公平、公開的教育機會，給全美境內的每一位學
童）所進行的研究發現，在運用學科專家方面，如果真的有老師
會運用的話，在他們自己的教學實務工作上的改變也相當少。在
麻州的教育廳，針對第五項教育條款需要許多新的教育人員，才
能夠滿足這個教育條款的要求，但是最佳狀況也是將學科領域專
家的位置填滿而已。在南卡羅萊納州的情形則是：

> 我們發現有些拒絕改變的跡象存在。例如，有些高階官
> 員提議把個別到校訪視的諮詢服務，轉為學區領導者透
> 過州政府教育機構所舉辦的會議進行協調的工作，以及
> 增加區域性的工作坊（workshop）即可。毫無疑問地，
> 和六年前的情況相比，現在教育廳所提供的到校訪視愈
> 來愈少了，但仍有許多實地的訪視是州政府教育廳所沒
> 有記載的。許多學科領域的諮詢專家不願放棄與學校老
> 師及孩童面對面的機會，且堅持繼續他們長久建立下來
> 的程序（Murphy 1974, p. 102）。

最近有許多證據顯示，學科領域的專家持續維持到校訪視，
目的就是要對學校進行視導的工作和提供服務，不過這樣的視導

和服務愈來愈趨向於管制學校的措施為主。Dowling 和 Yager 在一九八三年針對全國各州的自然科學諮詢專家的調查發現，「地方性的諮詢是他們的主要活動，幾乎占了他們 30% 的時間；其次則是撰寫計畫或是發展新的計畫書，這個工作則占了他們 20% 的時間」（p. 774）。同時這兩位研究者也指出，這些書面資料很可能在區域性的諮詢服務時，提供給每一位參與的老師。他們更進一步指出，自然科學諮詢人員的工作在本質上已經比較趨向於對學校的管制，也就是說，「他們已經由輔助諮詢員的角色，逐漸轉變為指導、監督的角色。州政府自然科指導者的地位已經不再回應地區的需求，沒有任何彈性變化的空間，也沒有進一步發展的空間了，這就是自然科學諮詢人員的轉變」（p. 774）。

　　有些州的教育廳，已經將他們的專業發展和訓練活動予以區域化。舉例來說，加州有五十八個郡的教育機構（Little, Gerritz, Stern, Guthrie, Kirst, and Marsh 1987, p. 47），而肯德基州也在最近設立了八個區域性的服務中心。在這個講究專業發展的時代裡，州政府的角色正在緩慢地改變中。Little 和他的研究伙伴（1987）發現，「雖然有些由加州所提出的改革計畫，強化了州政府的決心，發展和支持教師的專業發展，並且嘗試將教學工作轉換為一項專業的領域，同時也希望將學校轉變為一個學術的重心」（p. 62），但是，「絕大多數在加州所研發出來的專業發展資源，通常用在以下這些方面：強化現存的教學模式、學校傳統的組織文化，以及長久以來民眾對於教學這個行業的認識」（p. 61，我們引述他們文獻的時候，已經將原先所強調的文字刪除掉了）。我們再一次發現，州教育廳對於教師專業發展的方向，以及他們所

提供的服務，通常涵蓋了兩極化的可能性：從很傳統的教育廳方式，一直到整體性的學校改革方式，都有可能性。

基本假設

　　除了那些已經修正的任務說明以及機制以外，各州的教育廳和學校之間的運作關係，在基本假設方面也會有所改變。州教育廳與學校間傳統的運作關係，是根基於一些明確的假定。而州教育廳的功能就是要提供各種解答。在一九八○年代，州教育廳（及州議會）所採取的措施如下：

- 他們知道學校裡有什麼問題——學生學習時的低成就表現。
- 他們知道如何解決問題——強制要求改善教學的設施。
- 他們確實有能力去推動這些解決方案。

　　因此，政策的制訂是根據這些經過簡化的問題和解答來設計的。它的基本假設是認為，為了改善學生的學習成就，我們就需要促使學校教導更多的學科科目，以及雇用更多具有能力的教師。它同時假設州階層對於各級學校畢業的要求，以及對於老師的測驗，是領導這些改變時所必須具備的技術，而且他們深信各州的教育廳有這樣的能力，可以執行這樣的強制要求。我們發現，以上所提到的第二及第三個假設有部分是正確的——各州的州政府確實有技術及能力，要求州內的每一所學校提升學生畢業的必要條件，及要求教師必須通過測試才能夠進入教育的範疇。然而這樣的作為有待商榷，因為我們發現提高學生畢業的條件要求，及教師通過測試，是否就是學生成就低落這個問題的正確解決方案呢？我們了解的是，我們期望的改善並沒有真實地在任何一所學

校發生過。

　　整體學校的改革訴求強烈質疑這種過度簡化問題的解決方法。雖然學生低落的學習成就仍是問題的主角，造成這個問題背後的學校本質問題和政策的情境，需要我們更進一步的檢視。這些問題的解決方案，勢必需要透過州教育廳與當地的學校及學區共同合作，才能夠達成。

　　也因為這樣，州教育廳在參與整體性的學校改革時，和學校的合作關係是，假設州教育廳無法預先清楚地辨識出學校必須進行哪些改革，才能夠帶來預期的學生學習成就。另一方面，因為期望將學生的學習成就提升到某個水準，也應該伴隨著教室裡的真實教學本質，所以州政府教育廳也沒有技術和能力，來確定每一所學校都達到他們預期的水準。雖然州教育廳也許知道改進學校教學的某些方向，然而不管州教育廳或是其他任何人，都無法確實知道這些改變應該涵蓋哪些實質的作法，當然更沒有人知道在一個整體性改革的策略上，這些作法要如何推動。這種不確定性包含了學校需要做些什麼，以及如何帶領出這些活動，都讓我們得到一個重要的結論，那就是學校必須為自己的改變負起規劃和管理的責任（審訂者註：最近幾年國外學者提倡的系統思考、複雜理論和渾沌理論，對於整體性的學校改革都有深遠的影響）。

促進及支援學校的改變

　　所以，州教育廳面臨到新的問題，就是要如何促進及支援學校追求這些問題的解答時的渴望感受，也需要確保每一位學生都能夠學到這種具有挑戰性的課程知識，以及更高層次的思考技能，

更需要確保我們能夠要求每一間學校都可以讓他們的學生達到這些學習成果。透過這個問題的推理，再看看州政府在過去和目前改進學校的努力，我們似乎可以推論，州教育廳至少有五種不同的機制來增進及支援學校進行改革的工程。[3] 我們應該注意到的是，有些州已經使用或開始使用這些機制的不同組合了。然而，因為其中有許多州才剛開始推動這些機制，所以州教育廳完成這項使命的能力仍待考驗。這五種機制分別是：

1. 州教育廳可以提供相當的誘因，例如，運用州政府的經費贊助創新的教學計畫，協助，以及縮減管理負擔，以進一步鼓勵改革的計畫和實行。例如，州教育廳可以採用經費補助的方式，協助和免除管理方面的壓力，來協助學校推動學校組織再造的計畫，透過全校教職員工的群策群力共同發展規劃的過程，以便清晰地將學生學習的成就改善計畫連結到預期的方向。可能因為獲得這方面的經費補助，讓學校有誘因可以參與規劃的過程，也在他們執行的階段提供進一步的支持和援助。

2. 州教育廳也可以在學校進行改革工程的過程中提供意見，這些意見可以採用課程架構的形式呈現，或者整合目前的研究報告成果，以及由哪些成功與不成功的改革工程所萃取的學習策略。這種知識雖然都要透過州教育廳的散播，

---

3 作者註：機制的討論主要是因為我確實觀察到，有些州政府嘗試進行整體性的學校改革計畫（特別是在佛蒙特州和肯德基州），當然也發生在當我還在布朗大學的核心學校聯盟時，與相關工作人員的閒談之間。

不過其中有許多知識可能就來自於教育現場的智慧，有些則是來自於州教育廳和現場所彙集的專業知識。肯德基州的課程架構與佛蒙特州的共同核心課程，很顯然就是這種合作的產品，是屬於教學現場的專業和州教育廳伙伴關係的共同結晶。

3. 州教育廳可以將學校的注意力集中在他們所期望的學習成果，並且透過有意義的評量模式，提供學校資訊，了解他們在邁向這個期望方向的表現程度。一個有意義的評量系統可以測量學生解決問題和實作表現的能力，這就能夠告訴我們，這些學生是否已經達到我們期望他們到達的成就水準，也可以提供學校和老師許多有用的資訊。[4] 建立這樣的一個系統將會是一件非常重要的事情，特別是當州教育廳期望每一間學校都能夠為他們的學生成就擔負起責任，而不是要求學校去記錄學生選修了多少學分、讀過多少本書籍，或學校裡有多少合格的教師等等。定義和發展有意義的評量方式，也會成為州教育廳的伙伴和現場實務工作者所共同合作完成的。佛蒙特州所使用的絕大多數評量系統，顯然就是現場實務工作者所設計出來的。

4. 當學校有意圖重新設計教學的計畫以改進學生的學習時，

---

4 作者註：佛蒙特州正在發展一套評量的系統。這個系統主要是採用實作評量的模式為主，分析判斷學生的檔案。當老師在分析判斷學生的檔案時，主要是考量許多相關的條件，然後個別給分數，而且這樣的分數並不會簡化為一個單一的數目字。也因為這樣的努力，所以這種檔案評量的模式提供老師更進一步認識每一位學生的優缺點。

州教育廳可以提供恰如其分的協助。整體性的學校改革要求學校必須進行前所未有的驚人改變。學校重新設計課業的本質是非常不確定的任務，而且學校也正試圖達到這樣的成果（也就是高標準的教與學），這是他們在以往任何時間都未曾在廣大的規模達成的訴求。綜合以上這些理由，我們了解到，他們很可能需要來自州教育廳伙伴及其他外界資源的協助。

接下來，州教育廳的一項重要課題，就是要確保高品質的協助，是每一所學校都能夠隨時隨地獲取的，只要學校有這樣的需求。「有效率的協助是要符合當地學校的需求，是一種強烈而切題的協助，也富有多元變化、持續的」（Louis and Miles 1990）。任何實質的協助都需要在學校及學區內建立協助機制的能力提升，這是因為州教育廳仍將面臨數量龐大的學校人員，以及人數非常有限的專業服務人員的問題。這類型的協助可能包含針對學校地區性的問題或／和議題，而特別設計的持續性教師專業發展機制。這種協助的提供或許也可以包含現場的訪視（on-site visitations），但是它可能也需要搭配整體學校的特定需求，因為在一個學校裡面特別針對一到兩個個人的協助，早就已經證明是沒有效率的作法了（Campbell and Sroufe 1967）。這種協助在意圖和風格上，可能和傳統的教育廳在學科領域方面的協助有非常大的差別。因為我們了解到，教育廳是不可能確實知道學校想要帶領學生到預期水準的真實需求，所以教育廳的伙伴也就沒有辦法在訪視的時候，

告訴學校的教職員工應該如何改善教學的運作模式了。替代的方式顯然是我們急需的了。

對於州教育廳人員或其他人而言，一個推動和支持學校改革的替代方式，就是藉由詢問有意義的問題，以及協助學校裡的每個人自我詢問那些問題，並且共同尋找答案。州教育廳人員將扮演「諍友」（critical friend）[5]的角色：一位有見識的旁觀者，能夠詢問重要的問題，以及幫助學校找到答案。這位諍友可以看到潛在的問題，以及即將面臨的挑戰，帶來新的展望和掌握可預期的後果。一位諍友可能詢問，並且協助學校尋找答案的問題，包括：我們在這個學校正在試著實現的是什麼？我們關心學生的哪些學習成果？在幫助學生達成這些成果中，我們交出什麼樣的成績單？在這領域中，我們需要做哪些改變，才能夠改善我們的成績？我們應該如何找尋到這些問題的答案？我們如何能夠了解這些改變是否成功了呢？[6]

以這種方式和學校運作，州教育廳在從事整體性的學校改革上，將扮演提問問題的角色，而非答案的提供者。同時它也鼓勵共同的學習，讓州教育廳的伙伴和學校教職員工分享他們的專業和觀察的結果。

---

5 作者註：Rodney L. Reed，澳州墨爾本維多利亞省教育廳資深政策分析師，引進「諍友」一詞給參與核心學校聯盟學校的成員。

6 作者註：這些問題和行動研究的循環有雷同之處：從計畫、執行到評估成果。

5. 州教育廳可以某種程度地規範學校的運作。[7] 整體性的學校改革意味著，我們將大幅度縮減規範的要求，甚至完全取消對於學校的規範，取而代之的是評量系統，是一個可以讓學校為他們的學生學習成就負起責任的評量系統。然而就算有這類系統的存在，我們仍會質疑這些教學計畫的足夠與否，以及它們的公平性——我們是否提供每一個學生均等的機會，學習具有挑戰性的知識內容和技能呢？以及，每一所學校是否都鼓勵他們的學生達到類似的表現水準呢？[8]

　　參與整體性的學校改革的教育廳，在考慮他們和學校之間的工作關係時所需要伴隨的改變，也就誠如這裡所條列的需求，我們應該要先質問教育廳本身可以達到哪些期望的改變，以及他們對於其他的組織或機構的依賴程度有多高。誠如稍早所提到的，我們清楚了解教育廳是無法單獨成功地推動整體性的學校改革措施的；相對地，成功的推動必須依賴整個系統裡面許多角色的群策群力的結果。

　　州教育廳和其他的成員如何分工，無疑將依各州的特色而有不同的作法。州教育廳重視工作分配的需要和價值，可以由佛蒙特州和肯德基州的努力來說明。這兩個州在課程和評量的努力，

---

[7] 作者註：此規範的討論多數引自我與 Richard F. Elmore 在一九九二年九月三十日對此主題所做的討論。

[8] 作者註：州立評鑑系統可以用來評定專案的足夠性及學生成就。例如，佛蒙特州正嘗試藉由檢測學生的學習檔案內容，來判斷該校的數學及作文教學是否有效。

是透過實務工作者的參與所雕塑出來的。這兩個州的教育廳伙伴均認為，需要在學校和學區裡建立自己的訓練能力。這兩個州也依賴外界的團體（大專院校、財團等）提供學校協助和訓練的管道，有時候由外界的團體自己經營，有時候和州教育廳共同合作。

整體性學校改革措施的其他成分，也可能由其他機構或代理者分擔一部分或完全掌握。例如，肯德基的州議會研究委員會底下所設置的肯德基教育績效辦公室，就負責追蹤該州教育改革的執行情況。事實上，我們也可以創造其他的實體，以便承擔州教育廳體系針對整體性學校改革所增加的工作量。

這些任務上的改變，也就是潛藏在教育廳和學校之間的機制和假設，將會深入地影響教育廳的工作伙伴如何思考他們的定位，以及他們對外與學校的合作關係，或者對內與各處室協調的策略。在下一節，討論的主題將轉換到因應整體性學校改革所必須進行的教育廳內部作業關係的改變。

◎ 州教育廳的內部工作關係

州教育廳的傳統工作大部分是大家所熟知的，也是可預期的例行性公事。州教育廳的工作人員知道如何頒發老師的證照，以及如何管理學校，其實他們都有經年使用的機制來處理這些事情。然而，當州教育廳參與整體性的學校改革時，他們工作的本質就會改變。新的工作要求對於教育廳的伙伴而言，是比較接近創新的階段——這是一項無法確實掌握的工作，以及需要大量使用腦

力的工作，更有一段坡度頗大的學習曲線等著他們去挑戰（Kanter 1988）。在提升教與學的重新設計方面，沒有任何一個州政府曾經成功地建立起一個一致的系統，好讓學生學習更具有挑戰性的課程內容。不管是教育廳的伙伴或是其他任何人，沒有人知道如何完成這項艱鉅的使命。

當我們在操作一個不確定性質的工作時，就需要持續地以伙伴的關係進行學習。州教育廳的人員將需要努力地邁向聖吉（Senge 1990）所提倡的「學習型組織」（learning organization）——一個具有生產性學習的組織——超越個人範圍能力可及的學習境界。

為了能夠看到這個持續性的學習，州教育廳的內部工作關係將需要沿著三個方向進行修正：結構、機制及管理這些關係的規範。

誠如前面章節對於教育廳對外工作關係的討論，我將對照比較傳統教育廳的內部工作關係，以及參與整體性學校改革系統的教育廳在內部工作關係上的差別。實際上，在內部工作關係方面，有些教育廳可能已經轉型了，或者正在轉型的階段。因為欠缺這個題材的最新文獻（或者稍早之前的文獻），我們這裡討論的許多重點，來自於官僚的傳統文獻資料所推論出來的可能性。這些推論由我過去在教育廳的經驗看起來，大部分是真實的，但是有可能無法很精準地描繪個別的部門情形。

結構和機制

傳統教育廳的工作，也就是哪些「大家所熟知的、可預測的

例行公事」，相當適合官僚的體制和機制（Perrow 1986, p. 142）。傳統州教育廳的結構是講究階級體制的，由主要的州立學校官員主導，通常包括一些副部長及其他委員、負責各部門的主任、各部門底下的專職人員，和相關的後勤人員等等。這種階級體制底下所區分的層級，依據特定的教育廳大小而有所不同，但是通常依循這樣的模式或是類似的模式（CCSSO 1983，附錄B）。

州教育廳的工作關係，進一步由各部門清楚分工的機制形塑，也有一些規則來管理雇員的行動，以及內部資訊流通的動向，絕對不可能跨越階層的限制去運作。教育廳裡面的每一個部門、辦公室，以及個人的角色和責任，都清晰地分配工作。例如，在一個典型的州裡，教學的部門負責所有教學相關的活動和計畫；而課程服務辦公室就在教學部門底下，負責提供課程相關的服務；而課程專家，也就是哪些在課程服務辦公室工作的人，就需要負責到學校去訪視和協助老師的工作。

各種規範管理了教育廳員工的行動。特殊教育中心的主任知道聯邦政府補助經費的報告要怎麼撰寫，也會依據條文認真撰寫。負責經費補助的部門主任知道有些程序一定要遵守，才能夠將補助款送給學校。一個教師認證的部門員工了解到，任何一個申請者都需要完整地填寫所有的表格，通過所有的考試，符合所有修課的要求，才能夠將教師證書頒發給申請者。人事室的主任則非常了解州政府的人事任命系統一定要能夠遵循，才能夠合法地雇用新的員工。管理階層的人員也需要知道，他們管轄的員工都遵守適當的規矩和程序，而不是由工作的結果來判斷員工的實作表

現。9

　州教育廳裡的資訊是上下流通的，不可能跨越階層到其他部門去，傳統州教育廳的官僚體制結構，既不鼓勵、也不要求跨越部門的溝通。每一個辦公室都有特定的勢力範圍，以及他們在那個勢力範圍內的權威。辦公室的上司有義務要被告知或寬恕辦公室所進行的活動，卻沒有平行的責任，或不需要去通知組織裡其他辦公室的相關活動 10,11。

　傳統的州教育廳可以說是一個「零散的」組織：

　　我們這裡有許多隔間，將我們彼此隔開……在分割的邊緣只有極少數的交流曾經發生過……分割主義的支持者認為，當他們把問題分割成一小片、一小片的時候，然

---

9 作者註：這是因為州教育廳是 Wilson（1989）所提及的程序性組織（procedural organizations），這些組織即是指在組織內，主管會觀察員工正在做什麼，而非觀察他們努力後的結果。根據Wilson所言，假若主管不能讓操作者單獨進行工作，並且在適當時機處理突發狀況，那麼管理者就需要說服他們的上司，所有州政府要求的工作都一五一十地遵循著……實際上在程序性組織裡，管理階層已經成為工具導向的性質了（p. 164）。

10 作者註：此種描述可能是傳統州教育廳中某種極端的溝通策略。因為州教育廳就像其他組織機構一般，有著正式和非正式的溝通網絡。而重點是在大多數的情況下，沒有正式的規定讓員工遵循。

11 作者註：這個州教育廳內部機制的描述（包含對角色及任務的清晰認定，規範雇員行動的條例，官僚系統中訊息傳遞的方式），與 Kanter（1983）對零碎型組織的行為描述是相似的，也就是那些抑止創意和創新的組織。

後將工作分配給專家，就能夠孤軍奮戰地解決問題
（Kanter 1983, p. 28）。

傳統州教育廳的結構和機制，並不鼓勵官員跨越部門的創意。
每一個部門的工作幾乎都是自給自足的。

執行整體性學校改革，將會要求跨越傳統州教育廳藩籬的工
作和學習。因此，參與整體性學校改革的州教育廳的結構及機制
需要轉變，讓州教育廳成為更能夠鼓勵及支持創新工作的組織。

創新的工作最好能被組織結構所支持──不管是正式或非正
式的，這樣的組織結構和典型的官僚體制有實質上的區隔。

主動擁抱改變的整合式思考，比較接近那些具有整合式
文化和結構的公司，他們鼓勵員工以整體的方式對待問
題，考慮行動的寬廣層面的運用。這樣的組織可以減低
怨恨衝突和組織間彼此的疏離，創造跨越組織間交換訊
息和新構想的機制，確定在下定決策之前都會考慮多元
的觀點，提供整個組織一致的行動和工作的方向。在這
個以團隊導向的合作環境下，創新必然欣欣向榮（Kanter
1983, p. 28）。

因此，參與整體性學校改革的州教育廳將需要發展多一點團
隊導向、少一點階級管理的制度。團隊合作的方式便利資訊的自
由交換，並且將許多個人的專業帶進現場去解決問題（Kanter
1983）。一個鼓勵團隊合作的組織架構，可能、也或許不可能反

映在正式的組織架構中。例如，佛蒙特州的州教育廳已經重新組構，所有的工作都分別由三個不同類型的團隊去執行。各校校園團隊（Home teams）負責某些任務的執行（例如教與學、學生及家庭的支援、核心服務），並且分享一個任務和主要的顧客（Vermont Department of Education 1992）。創新團隊（Initiative team）——由各校校園團隊抽取部分成員——則著重在教育廳特定部分的策略計畫〔例如發展學習的共同核心（Common Core of Learning）〕（Vermont Department of Education 1992）。專題計畫團隊（Project teams）專注於短程的任務，也就是前面兩個團隊都無法執行的工作項目。相反地，修訂後的肯德基州組織規程則保留階級制度的結構，但是該州的教育廳卻發展出跨越部門的小組，來推動各種不同的創新工作。例如，評量辦公室及課程發展部門的幕僚，共同合作發展肯德基州的評量制度及課程架構。以上這兩個範例均有潛力建立一個組織架構，邁向組織再造的可能性。

　　然而，在各個案例中，階級制度的扁平化，通常需要參與整體性學校改革工作的教育廳面對不確定工作的挑戰：

　　官僚體制的活動運作不確定的程度愈大，階級制度就顯得愈扁平化。當不確定盛行的時刻，我們就幾乎不能夠精確地預測一項工作中可能的成分之間的潛在關係。因此，任務不可加以切割成許多小部分，再分配給專家去解決，除非這些專家經常彼此溝通，也能夠在獲得更多知識和資訊之後，持續修訂他們的關係。這個要求最好是由一個扁平化的階級制度來處理，因為它可以提供每

位官員更大的權力，也更強調直接的平行關係。這些因
素都非常重要，因為：

1. 每位官員需要以不可預測的方式，自由地和許多人聯繫，
   所以正規的管道是無法預先建立的。
2. 官員彼此間需要對話，也需要經常重新定義工作的內涵，
   這樣的作為就會讓以前我們經常透過第三者仲介的溝通方
   式，顯得非常沒有效率。
3. 身分相當的官員間的溝通，比身分地位不一樣的官員的溝
   通，更有發展的空間。
4. 處理極度不確定的任務，需要極有天分的專家處理，如果
   能給予他們相當高的身分地位和對等的關係，他們就能夠
   繼續留在組織裡。而這樣的作為是和許多層級的階級制度
   不相容的地方。
5. 在沒有嘗試過的狀況下，這些具有天分的專家對於工作的
   協調，遠比他們的上司知道得還要多（Downs 1967, pp.
   57-58）。

　　引導州教育廳內部作業的機制也需要改變，因為整體性的學
校改革所帶來的不確定性，正是州教育廳所要做的工作。所以一
個最優先的工作，就是要獲取意見的產生及學習新的構想。

　　……當我們廣泛地定義工作的範圍時，就比較有幫助；
而在狹義定義的工作範圍工作時，就不是這個樣子了。

當人們有各種技能可以使用，也有許多任務可以執行時，
當他們對整個組織的全貌有所了解時，或者當我們著重
達到的結果，而不是必須遵循的遊戲規則或程序時，就
很容易產生新的意見了（Kanter 1988, p. 179）。

執行整體性的學校改革，必須搭配深思熟慮的持續探索
（groping along）——當想要達成的行動愈來愈清晰的時候，才能
夠做出明智的判斷和調整修正。[12]

從事這些工作的方法和推動的情形，暗含著州教育廳的幕僚
官員在工作中所必須具備的彈性和自主權。我們幾乎無法預先知
道期望達到的成果所需要的行動有哪些，當然也就無法管理他們
的行動，以及判斷他們的實作表現是否依循規範的要求了。取而
代之，是州教育廳的幕僚官員的行動必須以共享的信念、價值和
目的加以管理。不管這套共享的理解是稱做「願景」（vision）
（Senge 1990）、「任務」（mission）（Wilson 1989），或者
「文化」（culture）（Burns and Stalker 1961），在引導人們無法
預先詳細描述狀況的行動下，我們都清楚地了解到它非常重要。
「共享的願景有助冒險的探索和實驗」，以及長程的允諾（Senge
1990, p. 209）。對於任務的感受「允諾機關的領導者更具信心，
而且作業人員在特殊的案件中，也將採取領導者可能會採取的行
動方式，如果他們能夠交換身分的話」（Wilson 1989, p. 109）。

---

12 作者註：有些證據顯示，在其他創新人力資源服務專案中，也以此方
法進行。請參閱 Golden（1990）。

而且就像是在那些不斷創新的公司裡，非例行性的決策反而是規準一般，我們也可以預見州教育廳即將處於蛻變的陣痛中。

> 必須依賴一個「共同文化」的發展，它屬於一個可靠的恆常制度，可分享他們對於這個工作社群共同享有的興趣上的信念，以及用於判斷成就、個人貢獻、專業，以及可以使用的標準和條件，還有評量一個人或是一組人的其他項目等等（Burns and Stalker 1961, p. 119）。

儘管員工的角色和工作性質相當模糊不清，但是分享個人的理解，就可以讓他們在一致的情況下工作，並向相同的方向推進。

如果人們的角色和工作是模糊不清的，而且人們也期待他們採用一套穿透整個組織的共享信念、價值觀和目的來行動，我們似乎就應該給予他們合理的權力去處理相關的事宜。賦予組織裡每一個人都具有權力去運作，意味著資訊、資源必須廣泛而公開地分享，這樣的作為恰好與上層階級者擁有所有的權力（**審訂者註：也就是這裡所提到的「傳統的教育廳角色」**）是背道而馳的。州教育廳的員工必須在有突發狀況時，彈性地回應這些需求。彈性的回應是可以做到的，只要我們廣泛地提供 Kanter（1983）所稱的施工的工具（power tools）（資訊、資源和後勤支援）。根據 Kanter 的觀點（1983），「公司提供給員工有效運用權力的機會到達某個階段，是那些遲滯公司與創新公司之間最主要的差別」（p. 18，原出處的強調符號已刪除）。

科層體制規準

在州教育廳中，決定所執行的工作是否稱得上可以接受的範圍規準也將會改變。官僚體制的規準，或者將這樣的定義延伸到傳統的州教育廳，促使雇員必須戒慎恐懼地進行工作。這樣的規準有部分要歸咎於環境使然：「當任何人的行動都涉及到政策的含義時，也必須在事後接受政治批鬥，人們在採取這些行動時，將會有一種謹慎的傾向。」（Wilson 1989, p. 41）這些規準同時也是官僚體制的架構本身所必須具備的一項共犯結構：

> 官僚體制結構中不斷地給官員們施加壓力，要求他們務必「條理分明、謹言慎行、紀律嚴明」。如果官僚體制要能夠成功地運作，對於官員的行為必須有高度的信賴。一個和預先期望的行為模式有高度一致的表現（Merton 1980, p. 231）。

這個強調謹言慎行的現象，更加強了對規矩的依賴程度：

> 這樣的強調導致於情感的移轉，人們的注意力將從組織的目的，移轉到由規定所要求之特殊行為的細節。這些行為的細節原本只是附加在規則上而已，原本只是將它視為一種方法，卻轉變為要求的目的本身。在這裡就發生了我們熟悉的「取代目標」的過程，也就是說，它已經「由一個工具性的價值轉變為最終的價值」（Merton

1980, p. 231）。

在州教育廳發生這種取代目標的現象，可以由 Sroufe（1967）的論述看出：

> 爲了符合規定的活動要求，州教育廳面臨一個核心的問題。這個核心的問題就是，它讓許多人以爲規定的條件可以決定哪些行爲是可以接受的，而且這種觀念很容易讓大家很快、也很頻繁地接受，這樣的行爲就應該是工作人員應該有的真實表現。有一陣子，當我們要求回覆者說明在他們特殊的工作中，他們想要完成的是什麼時；我們期待的答覆是學校制度、教室或學生的表現。然而，卻讓我們失望地發現，鮮少有回覆者採用這樣的方式來看待他們自己的角色，大部分回應的說法都是那些用來監控實作表現的規範（p. 20）。

當我們發現人們以爲，跟隨著規定和程序已經成爲他們的目的時，我們就很難要求他們去違反謹慎的規範了。說得明白一點，在傳統的州教育廳體制下，冒險是不會受到獎勵的。

然而，在參與整體性學校改革的教育廳裡，冒險是主要的要求項目，因爲沒有任何人確定地知道應該如何邁向創新的階段。強調謹慎行事及遵守規定的規範，在執行整體性學校改革時，將失去它的功能。

取而代之地，州教育廳的規範必須支持雇員，執行精明的判

斷和創新的工作。[13] 除非州教育廳的規範明白地告訴他們的雇員，創新將會獲得獎賞，否則創意性的問題解決將受到抑止（Kanter 1988）。

州教育廳的雇用人員必須對州教育廳和它的整體性目標有所承諾，而不是僅僅在他們狹小的領域範圍內遵循既定的規則而已。Burns 和 Stalker（1961）發現到，有機體的組織（organic organizations）——也就是那些能夠適應改變的組織——通常具有的部分特色，就是責任的分攤。他們「將『責任』進一步區分為更小範圍內的權利、義務和方法等等……以及，對於共同關懷項目的承諾也需要加以分攤責任，才能夠超越任何技術方面的定義」（p. 121）。

最後，在新的州教育廳裡，必須要有一個新的規準，就是要尊重每一個個人和他們的能力去處理不確定的狀況（Kanter 1983）。透過規則來控管員工，其實有一部分是因為我們對於員工的不信任感（Gouldner 1980）。除非州教育廳的規範提倡對個人的信任，否則我所說過的那種彈性工作環境，就不可能存在了。

州教育廳對內、對外的工作關係改變，如果成功地執行，將會意味著他們將遠離這些組織的傳統結構及功能。我們將會要求幕僚人員採用不同的概念來看待他們的工作，通常我們會先問的

---

13 作者註：在 Barzelay（1992）第四章關於「文化和結果的再造」一文中，有對於此種改變在其他機構的討論。

問題是，如何促進及支持學校重新設計教與學的進行，才是最好的呢？而不是強迫學校符合州內的規定。我們也會要求他們採用不同的方式進行他們的工作，我們希望他們能夠協助學校定義執行的項目，並且隨著各項進展重新定義工作的內涵，而不是去執行一套事先定義好的例行性公事。最後，我們將採用不同的條件來判斷州教育廳人員的實作表現，也就是說，我們將採用他們所創造出來的成果，而不是他們所遵循的例行公事，來判斷他們的表現。

　　強化這些在州教育廳工作關係的改變，將是一件非常困難的工程。這種會深遠影響的改變，在官僚體制中是不會被支持的。「所有的組織根本上都是改變的敵人，至少到達某種程度；政府機構是特別反對冒險的，因為他們早已經陷入一個非常複雜的限制陷阱。這是如此的複雜，任何改變可能都會引起一些重要機構的憤怒」（Wilson 1989, p. 69）。

　　官僚體制所支持的改變比較接近一九八〇年代的改革，也就是那種大多數雷同的改革策略：「政府組織一直在改變，最普遍的改變是額外添加上去的改變，新的計畫附加在舊的任務編組上，卻沒有改變核心的任務或改變組織的文化。」（Wilson 1989, p. 225）[14] 整體性學校改革的要求，遠比官僚體制通常遵循的要求還要更深一層。

　　除此之外，支持這樣深遠影響的改革，可能需要歷經一段時

---

14 作者註：Downs（1967）也闡述：「組織如同個人一樣，不願意接受環境中的任何改變……假如接受改變需要對既有的行為模式做顯著的改變時。」（p. 174）

間，而州教育廳目前的工作環境是不太可能支持這種改變的。這些不穩定的環境，包括財政、計畫的不穩定，經常受到高層領導者的更替，而加深了這種不確定性，這些領導者包含了州立學校的主管人員、州的委員會或州長等等（Louis and Corwin 1984）。建構一個整個系統共識的願景和目標，誠如Smith和O'Day（1990）所提倡的，是非常重要的。支持整體性學校改革度過整個體制改頭換面所需要的時間，是非常重要的課題。

這種改變所面臨的困難還有額外的項目，就是當我們以長期的觀點分析那些對於學校改革有實質功能的技術協助和相關策略，根本就無法在短時間內獲得支持（Louis and Corwin 1984）。短時期內只能針對少數學校提供協助，我們是無法達到大規模的策略，例如，全州同時舉行的測驗，而且即使這樣的協助結果是成功的，也需要耗費時間才能夠讓大家明顯地看到結果。而且，這樣的結果也常常「被視為……很困難去追蹤特定學生的成就結果」（Louis and Corwin 1984, p. 180）。

參與整體性學校改革的各州所進行的經驗研究，例如肯德基州和佛蒙特州的經驗，將擴散這個改革的多樣性及可行性層面。整體性學校改革也將進一步回答一個最重要的問題：「這些州層級的改革是否能夠促進及支援各地區在新設計教學及學習的努力，而這樣的努力是希望每一個學生都能夠學習到具有挑戰性的知識內容和更高層次的技術？這個問題的答案是，整體性學校改革的結果將可以讓我們去判斷它最後是否成功。

第八章

「這題會考嗎？」
公立學校課程領導的省思

──✳ *Richard P. Mills*

譯者：台北縣瑞芳國中教師　吳芳蕙　✳──

　　「這題會考嗎？」每個高中老師都曾經聽過，也曾因此而困擾過。這也顯示了青少年所抱持的懷疑：「是否你所教的真的是他們所想要知道的呢？」如何回答這些問題呢？我總這麼說：「是的，它很重要！」但他們知道，不是每個問題都會出現在考題上。當有任何人提出這些問題時，教師則按照他們的方式來回答。這些不但是錯誤的問題，更常在不適當的時機出現。

　　教師不應該獨自回答這些問題，而且也無此必要。各州正以更嚴謹的態度去重新設計課程的架構以及指引綱要，就是要回覆類似的問題。在迎向一個快速創新以及分享知識的世界裡，我們正面對一個基本的人性化問題：「什麼樣的內容是值得我們追求的呢？」然後，我們必然再追問：「我們該如何學習呢？」

◎ 尋求解答

　　本書的第六章及第七章裡，對一些正在執行教育改革的州，分別檢驗了他們探尋的過程。透過這些章節的分析，我們獲致下列三點必然的結論：

- 各州如何發展課程指引的綱要——每一州是否應該選擇一個專業菁英的團體，或是聽取一般社會大眾的意見，來設計一個課程的指引綱要呢？對於這兩者，我們都需要雙方的建議，但是如果傾向於採用一般社會大眾的模式，則將更易於改變學校的教導與學習的方向。雖然這是一個簡單的公式——讓每一個人都不斷地參與，以及嚴格地提高標準——但是實際執行時卻是相當複雜的。

- **學習情境脈絡的關聯事物**──只有在全套教育政策和諧地運作之下，才能順利地執行課程指引綱要。全州的教育目標、課程架構、評量、教師專業成長、教育實習、學校財務管理以及學校的績效責任，全都必須邁向相同的方向：為了每位學生都能夠獲得最高的學習技能──我們沒有藉口、也沒有例外。
- **舊式的州教育官僚體制無法完成這些工作**──一個傳統州教育廳在處理課程指引綱要時，就像是在制訂一套法規，他們希望使用這套法規來規範學校，以便讓後者有遵循的方向和規則。首先，這樣的規範在刻畫現代課程指引綱要時，是無法建立一個伙伴合作的關係，它也無法確保這套課程能夠被學校廣泛地使用。當一個州的州政府想要策劃大規模課程指引綱要時，最好先進行該州教育廳的深度改造工程。

州教育廳的角色

當州教育廳聯合州政府各部門修改課程架構時，他們應有何作為？在第六章「達成共識」中，Diane Massell 提出各州在議程制訂的過程，進行教育改革時可能採用的兩種策略分別是：

- 專業菁英團體的方式（professional elite approach）將課程指引綱要的設計依各領域的專業知識，區分成幾個任務小組。加州便是專業菁英策略的典範。
- 大眾的策略（populist strategy）是一種基層群眾的努力，盡可能包涵所有個人。Massell 認為，佛蒙特州即屬此類策

略的運用。

除此之外，我建議另一種方式：綜合的策略（mixed strategy）。我認為，佛蒙特州是屬於此一混合策略；Massell 認為，肯德基州及南卡羅萊納州也是此一混合策略的代表。

該選擇哪一種方式才是比較正確的選擇呢？因為各州必須達成高品質以及廣泛的接受度，而兩種方式各有其優劣，所以選擇必須考慮各州的特色。最後，Massell 選擇了大眾的策略，因為這樣的策略創造了一個可以適應改變的環境，但是他警告各州不要對倉促的設計及實行有所期待，特別是當他們採用大眾策略的模式時。輿論是未曾終止的，讓人們去同意這種設計是一回事，但是讓他們「深入了解」卻又是另外一回事。

整體性的學校改革

在第七章「整體性的學校改革」中，Susan Follett Lusi 指出，整體性的改革包涵了課程的改革、州教育廳強制性的基礎改變——內部及外部的結構改變、規範及工作關係。這一種嶄新模式的整體性改革，需要一個不同類型的教育主管機構才能夠勝任。

她提醒我們，整體性的改革不像早期教育改革所投入的方向，而是要尋求教育體系前後相互連貫的改變，並致力於支持校園內教學及學習上的改變，以便讓每一位學生都能夠獲得熟練的技能。而這個工作是大量的、複雜的，也是不確定的。單靠教育主管機構的單打獨鬥是無法實現的。

那麼，州政府能做哪些改革的措施呢？Lusi 從她就佛蒙特州以及肯德基州的觀察，製作了一個有用的條列說明如下：

- 提供誘因——諸如獎勵以及取消管制。
- 貢獻所學——例如，透過課程架構的建立或是一般學習的核心課程。
- 集中注意力在所期望的結果——意義深遠的評估。
- 對正在重新改造的校園提供協助——當他們持續扮演著朋友以及提供者的角色時，州政府便需有此作為，加強訓練。
- 持續某些程度的管制——管制結果而非管制過程。

Lusi 發現，政府內部組織的關係需要做更大幅度的改變。這組織必須反應出一個任務導向以及分享的組織文化。這樣的作為可以將這些傳統組織裡原先無法做到的項目，進行相互連結的工作，並將資訊透過這些組織連結分享出去。人們必須學習團隊合作，教育機構必須獎勵這些深具創意、終身學習及致力於社會公益的團體。

這些建議發展州立課程架構的章節，給了我們哪些啟示呢？可以確定每一個人及每個環節得到適當定位，以便不再重蹈傳統州立教育機構的覆轍，對於第一點，我有不得不說的意見，因為它對我來說是最複雜而且最不可忽視的項目。

⑨ 群策群力

採取綜合的策略似乎是最佳的方式。州政府採取一個專業菁英的策略，可以操控一個高標準，但是這樣的作為將永遠無法落實於真實的教學實務工作。如果一個州政府僅依靠社會大眾的意見，它僅能複製現有狀況。而解決這些矛盾對立的策略就是：堅

持讓每一個人都參與，也同時兼顧高品質的教育。我們也需要持續以新的設計及新的證明，讓同樣在思考這個問題的人們都能夠了解我們的努力。

　　或許在這裡提到我在佛蒙特州的經驗，將會是一個不錯的點子。Massell對佛蒙特州所採用的步驟，有不完整的看法──這樣的批判是她可以預期的結果，特別是當她發現這樣的過程正在每一州迅速地展開，甚至早已超越她所見到的。雖然佛蒙特州的策略是一個比較具備草根性的作法，但我寧可認為他們是採用一種綜合的策略。

　　佛蒙特州所採用的步驟中有一個關鍵的特色，就是它在建構「學習共同核心」的過程中所具備的互動性。它是先撰寫教育目標，然後透過二百五十人協助撰寫這樣的文件，而那份文件當中的第一個教育目標，引導我們討論什麼才能夠稱得上是具有挑戰性的課程所宣稱的勝任能力和精熟程度。

　　我們也邀請四百位專業的教育伙伴一起來考慮這種挑戰性課程的本質──「我們教些什麼，我們如何教，學生學了什麼」。這樣的努力讓我們形成了一個持續往外擴散的焦點討論團體，大家的共識是要創造一個「學習的共同核心」。我們有四千多人在撰寫「學習的共同核心」時貢獻了他們的理念。我們寄送數以千計的首稿影印本給佛蒙特州的民眾，並且敦促他們提供意見。當時的設計小組要我在頁邊空白處寫些評註，然後將這樣的評註和原始首稿加以印製，他們的期望是每一個收到文稿的人都會拿著筆修草案。當評註大量湧入的時候，我們挑選一組老師菁英去研究它們。我們將焦點集中在最需要改革的建議，同時協助準備第

二份的修正稿件。我們也要求設計委員會，針對其他州在同一件
事件所採用的觀點，做出適當的回應。我們這樣做的主要原因是
因為，首版的文字說明似乎是一點挑戰也沒有。然後我們分送一
萬四千份的第二版草案出去，再次以溫柔的堅持要求收信者提供
建議。州政府教育委員會和我都希望有更多的參與者，並持續施
壓，以便讓這樣的教育標準更具挑戰性。

　　對於佛蒙特州而言，這種課程發展的過程又已經邁入另一個
階段，就是州政府的委員會已經採用「學習的共同核心」的另一
個局面。而我們也開始搭配著發展出一個更詳細的課程架構。這
個架構將會需要大約一百多人的合作，我們會依據他們的專業挑
選參與的人選。無庸置疑地，他們努力做出來的成果也勢必要轉
交給社會大眾，尋求每個人的關懷和評註的意見。我們認為，讓
每個人都參與是不可能過分強調的：

- 讓教師參與是因為課程就在他們的手中。讓我們想想教師們
  將會如何去實際地運用這些資料。要讓這樣的觀點繼續保
  持在最前端的最佳方式，就是確定成千上萬的教師從一開
  始就是這份工作的一部分。

- 讓學生參與是因為他們可以是教育改革中的最主要力量。沒
  有任何一個作者曾經提過學生在課程設計中的角色。當我
  每兩週到學校訪談的那一天，我會問學生一個問題，我會
  持續不停地以各種方式問這個問題：「你認為現在的學習
  具有挑戰性嗎？」每個月即將結束的時候，這個答案總是
  「不！」在每次的訪談後，我告訴家長們、委員會、教師、
  新聞界──任何一個願意聆聽的人。我們用互動式的電視

與學生一起審查「共同的核心課程」的草案，也為所有的
學生編輯舉行記者會，以便公開談論它。學生們似乎認為，
依據「共同的核心課程」所發展出來的課程，將使他們在
學校的學習更具挑戰性，更有趣味。但是他們強烈懷疑，
我們真的會跟著這樣的理念繼續推動。所以我告訴大眾這
樣的互動結果。

- 讓商業社群參與是因為他們擁有許多關於課程有用的東西。
在商業社群中的人控制著最終的誘因——一份工作。同
時，每次他們面談一位畢業生的時候，也對學校的體制進
行了一次的評估。在佛蒙特州，我們一開始就邀請他們參
與，他們也持續獲得修正的草案。他們當中有許多回覆都
具有詳細的建議。

確定每一件事都相互結合得相當完美

我們在整體性的改革意義，以及前後一貫進行少許重大工程
修繕方面所可能帶來的重要性上，都可以找到許多有用的文獻。
這些忠告應該可以引起那些撰寫課程指導方針的作者的注意力。
這樣的觀點是如此明確，所以我們在這裡只需要少許的提醒，就
應該足夠了。舉例來說，當我們看到在教學評量的實務工作者、
教學專業發展者以及師資培育者之間，產生了對話的時候，課程
指引就能夠生根。學校挑選課本的過程應該先拋棄過去習慣的挑
選清單，拿起課程標準，然後仔細察看這樣的付出將帶出什麼類
型的學生作品。

現場的教學實務工作者也以平實的語文表達同樣的訊息。在回應任何提議的時候，我最常聽到的問題是：「這些東西如何相互搭配呢？」他們不會以華麗的修辭來推卸責任。他們堅持要清楚看到一個能夠整合每一項改革要件的概念模式。課程綱要的設計者應該確認，他們的努力是來自於這樣的架構；如果州政府的決策過程欠缺這樣的課程架構，他們就應該想辦法彌補這個缺漏的可能。

我們至少可以由另外一個方面了解這樣的相互搭配是很重要的。當課程標準的善意設計逐漸向前邁進時，我們偶爾需要停頓一下，仔細思考學生將如何體驗這樣的課程架構。當每一個科目都攜帶著它們個別的議題以及核心的概念進入學校的教學時，每一個項目所需要的時間需求也逐漸升高；在這種情形下，我就非常好奇地想要了解，這樣的一個學年對一個學生而言，將會有什麼樣的感受呢？我們真的認為學生應該了解、也應該有能力去完成我們提議的每一個項目嗎？我們真的認為它是可行的嗎？

⑨ 不要嘗試採用傳統的州政府教育廳的方式

一個傳統的州政府教育廳應該不太有可能支持，更不用期望他們會去創造現今學校所急切需要的課程綱要，沒有任何一個州政府的部門可以擁有這項任務所急切需要的專業及經驗。如果以順從上層意見的觀點來監視現代化的課程綱要，就會失去它的意義了。

綱要的發展者在複製課程架構之前應該先仔細思考。州政府

以不同的階段，在邁向整體性的改革演化中，每一州都處在完全不同的階段（審訂者註：作者的意見是看到美國各州都有自主權，所以各州的進度不一樣。如果在課程發展比較落後的一州，想要複製其他先進的課程架構，將可能因為跳過幾項關鍵的階段，而無法達到真實的改革所企盼的完整架構。這一點在國內九年一貫課程的發展方面，也有類似的表現，一些學校只企盼能夠獲得改革優勢學校的完整架構，卻疏忽了許多心智習性的改變，所以無法達到教育改革的能量）。課程綱要是各種不同類型的州政府教育機構努力的產品，目前各州也都處於他們轉型中的各種不同階段。

　　課程改革不能等到州政府教育廳完成他們的內部組織重整。我們認為，課程改革和州政府教育機構的轉型，應該同步進行，兩者都是長期不斷的進展工作。這樣的同步發展將會使課程綱要的設計變得很不確定。有關部門把每一個課程綱要的草案都當作是舊體制下的產品：「這是一項強制要求嗎？」答案是「不！──如果你是以傳統的觀點看待這項要求的話。」但是，當我們有四千多人協助我們撰寫這項課程綱要，同時我們也看到企業的雇主非常贊助它，並且說，當畢業生來面試工作時，會要求這些畢業生展示這方面的勝任能力，那麼「學習的共同核心」的強制性，就會比傳統州政府機構所推動過的任何一項強制要求，要來得更有效果了。

第3篇

課程改革時學區和學校的角色

第九章

訂定課程標準當作更新
中等學校數理課程的策略 [1]

✱ *Andrew C. Porter, John Smithson, and Eric Osthoff*

譯者：台北縣瑞芳國小教師　程士眞　✱

國家卓越教育委員會（National Commission on Excellence in Education）在一九八三年出版的研究報告《一個危機中的國家：教育改革之責任》（*A nation at Risk: The Imperative for Educational Reform*）指出：「中學教育的課程已經相當的同質化、稀釋，而且課程分散，不再有整體的核心目標了⋯⋯這種課程分散的方式，以及我們允許學生有廣泛選擇課程的權力，都為我們今日所看到的學校表現做了清晰的解釋。」（p. 18）

這份當頭棒喝的報告總結出，我們只有極少部分的高中學生認真選修那些具有挑戰性的學科。這份報告建議全國各地的高中必須提升畢業生的課程要求，每位學生至少需要選修三年的數學和自然科學的課程。這份報告也以通俗的文字指出，這些課程必須反映出某些特質出來。其中有一項要求就是要針對每一個學生，每一個學科的教學都需要反映出學生對於課程的理解和運用課程內容的機會。

在這份報告發表的三、四年之後，我們發現有許多州政府依

---

1 作者註：這一章節的研究是由教育政策研究中心（Center for Policy Research in Education）從國家科學基金會所補助的一個研究計畫所產的（研究計畫 SPA-8953446）。另外，本章也有一部分研究是透過威斯康辛州教育研究中心（Wisconsin Center for Education Research, School of Education, University of Wisconsin-Madison）所補助的部分款項完成的。我們在此要特別感謝 Mike Kirst 與 Steve Schneider 兩位，他們是這篇文章資料蒐集小組的成員，主要負責在亞歷桑納州、加州與賓州等地方的資料蒐集。不過這篇文章所表達的意見只是作者群的意見，不見得反應了國家科學基金會的觀點，或是贊助我們研究經費的伙伴團體例如教育政策研究中心，或是威斯康辛州教育研究中心的觀點。

據這份報告的建議，提升他們對於高中畢業生的學分數要求。許多專業的團體也幾乎在同一個時間回應這份報告對於教育改革的要求，紛紛提出他們的構想。在一九八九年，就有三份針對數理科課程進行改革的報告出爐：

- 「人人有責：一份關於我國數學教育未來發展的報告」（*Everybody Counts: A Report to the Nation on the Future of Mathematics Education*）：這份報告是由國家研究委員會（National Research Council）所出版。

- 「美國全體民眾的自然科學」（*Science for All Americans*）：這份報告是由美國自然科學促進會（American Association for the Advancement of Science）所出版。

- 「學校數學課程與評量的標準」（*Curriculum and Evaluation Standards for School Mathematics*）：全國數學教師委員會（National Council of Teachers of Mathematics, NCTM）出版。

在一九八九年出爐的這三份報告想要特別強調的是，概念的了解（conceptual understanding）、推理（reasoning）與應用（application），反而比較不想特別強調填鴨式的記憶以及例行公事的學習。它們的特性是，讓每一位學生都能夠有機會接受「具有挑戰性的課程內容」（hard content for all students）（Porter, Archbald, and Tyree 1991）。這樣的內容變革及課程呈現方式，是針對每一位學生的學習改革，而不是單純為了那些學業表現特別優異的學生所設計的。

以下的討論是一份研究報告的結果，它帶領我們深入探討各

州的州政府、學區及學校的課程更新計畫，是如何回應這種改革
訴求的措施。這份報告特別著重在教育改革政策與它對於高中數
理課程的影響。新的政策要求學校必須提高高中生畢業學分數的
要求，也要發展課程架構與指引，還要使用各種方式評量學生的
學習，以及提供教師專業成長的機會。這樣的政策是否能夠大幅
度提升學校教學的品質呢？各種課程方面的政策對課堂的教學活
動，將會有什麼樣的影響呢？各項政策之間將會有什麼樣的交互
作用呢？它們將如何和其他的因素共同塑造課堂的教學實務呢？
我們的分析指出，如果我們要提升政策的效率，就需要在制訂政
策時，特別強調政策的清晰程度、連貫程度、權威和相對的權力
關係。

我們也研究了一項學校特有的資料，也就是分別由學校老師
提供以及學生所體驗的數理科課程，探討數理課程的本質及品質。
我們也參考過各個專業社團所提出的創新研究計畫，例如，由全
國數學教師委員會所出版的「**課程標準**」（*Curriculum Standards,*
1989），以及聯邦政府的計畫，例如艾森豪數學和自然科學教育
計畫（Eisenhower Mathematics and Science Education Program）；
不過我們還是要聲明，我們討論的重點是在州政府、學區與學校
層次的創新計畫，以及這些計畫之間的互動，和它們在各個正規
教育層級的交錯關係；最後就是要討論教室裡面的教學實務，與
學生的學習是如何受到這些現象影響的。

我們很清楚地了解，諸多的教育政策制訂在過去那段時間通
常是以零碎的方式（piecemeal）出現的，每一個小部分都具有不
一樣的目的。但是如果我們從課堂的觀點來看，這些零碎的政策

就顯得毫無關聯，更是零零落落的，沒有傳達一致的訊息。因此，雖然我們採用理性及線性的方式，來描述和分析政策的創新計畫以及它們的影響；我們卻也很清楚地了解，到目前為止，教育政策的制訂絕對不是理性和線性的關係所能決定的（雖然在未來，當我們運用整體性的學校改革時，可能會改變這個現象；請參見 Smith and O'Day 1991）。

　　本章稍早提到各年代的政策創新計畫，著重的是我們通常稱為第一波與第三波的改革（Firestone et al. 1991; Murphy 1990），這兩波的改革直接強調教室裡面教學與學習的本質。而所謂第二波的改革和課程就比較沒有直接的關聯，重點放在學校與課堂上的重新調整，以及教師工作的本質（Firestone, Fuhrman, and Kirst 1989）。基本上，第二波改革是想要挑戰一九七〇年代「由上而下」的中央集權，透過政府主控權來控制課程的策略，希望能夠運用「由下而上」的權力下放的策略，取代課程的控制（Rowan 1990）。即使第二波改革和本研究沒有直接的關聯，這三波改革在我們進行研究的時刻同時並存，且第二波改革也提供我們詮釋研究結果時的額外背景資料。

　　解讀本研究報告的結果時，第一波與第三波改革的時機和特色都非常重要。我們的研究在一九八九到一九九一年間進行，所以應該可以觀察到第一波改革的成果，但是可能因為沒有足夠的時間，而看不到第三波改革的效果。這樣的現象即使因為第三波改革的時機，正好在一九八三年提出《一個危機中的國家》之前已經存在，也已經可以在許多州政府的課程架構中看到端倪。其中最著名的課程架構，應該就是加州政府所頒布的「加州幼稚園

到高中的數學課程架構」（Mathematics Framework for California Public Schools, Kindergarten Through Grade Twelve, 1985）。

⑨ 以政策作為控制課程的工具

截至目前為止，以政策來控管課程，是眾所皆知的事情（McDonnell and Elmore 1987）。這方面的控管包括州政府和學區關於課程、教材及學生測驗等方面的要求。這樣的要求是希望預先規劃政府想要獲得的教學實務作法，然後透過彼此具有一致性的各式政策工具，監督這些教學實務的落實。政府機構透過獎勵和懲罰的制度，以及政府在法規方面的權威，影響教學實務的改革。而這樣的政府權威是以學校的常模，以及專業素養的基礎和魅力的宣導而建立起來的（Porter, Floden, Freeman, Schmidt, and Schwille 1988）。很明顯地，我們了解高中畢業最低學分要求符合課程控制的策略。

相對地，賦權增能（empowerment）的政策就是一個比較沒有清楚定義的政策工具了。然而一般而言，這樣的作法是要將改革的主控權由教育高層轉交到教師的手中。這種政策工具是以學校本位的管理為主，希望解除政府對學校的管制。如果我們從一個績效的觀點來看，第二波改革是想要以學校的學習成果要求，取代原先政府對於學校學習過程的要求，特別是針對學生學習成就的成果提出嶄新的要求（Porter et al. 1991）（審訂者註：原文為 output requirements，也就是國內目前教師研習的流行趨勢之一，通常我們稱它為產出型的研習活動，所以如果將這樣的概念

轉換到學生的學習上面，也可以稱爲產出型的學習效果。有些人採用outcome based的概念，也就是我們希望學生最終學到哪些概念、技能，我們在評量時就要依據那樣的訴求，進行評量的工作，當然，教學也要依據那樣的訴求進行教室的教學活動）。

我們分析政策的方法和典型的分析方式不太相同。大部分政策分析的焦點集中於教育體制階層的某一階層的活動，卻使用寬廣的視野檢視那個階層的活動。有些政策分析著重某一項政策工具，譬如課程架構的分析，這些分析的方式對於釐清政策的制訂與實行有很大的功能。相對地，我們的分析採用縱剖面的方式，來檢驗政策對於高中數學及自然科學課程的影響，將我們的焦點集中在某個教學成果的縱向探討。我們穿越層層的教育階層，到教室實地了解現場教學實務方面的改革，以確定老師對於這些改革訴求的觀點，也想了解這許多政策工具對於教學實務工作的相對影響力。進行這項分析時，我們蒐集大量質量並重、豐富實徵的資料庫，來探索政策、教學實務與它們之間的關聯。我們會這樣進行政策分析的方式，主要是因為我們發現，這種嘗試將政策和教學實務工作結合的分析方式非常少見，也是目前最急切需要的分析方式（Stecher 1992; McDonnell, Burstein, Ormseth, Catterall, and Moody 1990）。

研究說明

本研究總共包括了六個州、十二個學區、十八所高中（九年級到十二年級）（審訂者註：美國的國小、國中和高中的教育制

度和國內的不相同，通常採用五、四、三的分段方式，所以高中的年級相當於國內的國中三年級到高中三年級）的數理科教師。在每個州裡挑選一個都會型的大學區，以便和一個郊區或鄉村的小型學區相比對。在每一個大學區當中，我們選定二所高中，這樣才能夠比對學區內的差異性；不過在每個小學區，我們只挑選一所高中進行研究。在每一所學校，我們會挑選兩門數學、兩門自然科學的課程進行廣泛的探究。我們在一九八九到一九九〇學年度開始蒐集資料，並於一九九〇到一九九一學年持續進行研究。由於經費補助的時間限制，所以在此處所言的學年度，在加州、佛羅里達州、密蘇里州與賓州是指一九九〇年的春季班，以及隨後的秋季班兩個學期的時間；而在亞歷桑那州及南卡羅萊納州則是指一九九〇年的秋季班，以及隨後的一九九一年的春季班兩個學期。

　　在州的層級上，我們訪談了公共教育廳的關鍵人員，以便了解州政府的政策與高中的數理科課程標準設定的相關事宜。至於在學區的層次上，我們訪談了學區的行政主管，想要研究他們對於州政府政策的了解程度，以及他們是如何將這樣的政策推行到學校去；當然，我們也想要了解學區的政策如何配合數理科課程的更新計畫。而學校層級的資料則來自兩方面：針對學校主管的訪談，這是想要了解學校數理科的教學狀況；另一個資料來源則是在每一所參與的高中，針對每一位數理科的教師進行問卷調查。針對教學實務方面，我們從目標樣本的課程獲得所需要的資料。我們也透過教師的訪談、教學日誌（包含教學內容和教學法的紀錄），與每週針對教師所參與的教師研習及特殊的教學歷程所進

行的問卷調查。我們在前測時獲得老師的人口基本變相資料。此外，針對每一位教師，我們也到他們的教室進行一次以上的課堂觀察。

資料群組相當龐大、豐富、複雜，包含以下幾個項目：

- 六十二位教師每一天的教學紀錄。
- 針對七十五位教師進行一百一十六次的教學觀察。
- 與八十一位教師面談。
- 三百一十二份數理教師的問卷調查。
- 與七十六位學校行政人員面談。
- 與四十四位學區行政人員面談。
- 與十八位州教育部門的行政官員面談。

我們在挑選參與研究的州時，各州在課程更新及標準設定的本質和重點方向的比對，是我們進行研究考量的依據。在本研究進行當中，佛羅里達州及南卡羅萊納州正採行課程控制的策略，以達成基本技能的目的，所以是這方面的具體範例。相對地，加州及亞歷桑納州已經使用許多不同的策略，想要進行高標準的課程內容，反而比較不想要依賴課程控制的策略。密蘇里州和賓州則是介於這兩個極端的中間，他們幾乎沒有任何一種形式的課程更新計畫。我們的研究設計也同時比對都會的大學區和郊區／鄉村的小學區，以釐清學區在執行或詮釋州政府的政策時，可能扮演的各種角色。在整個研究計畫進行過程中，我們將焦點集中在具有比較多低成就學生的學校，因為這樣的學校與學生是這一次課程改革計畫的重點。至於在數學及自然科學兩個領域的對比，讓我們這項跨越科目領域的政策分析可以探索一般化的極限。在

挑選教師與班級的參與時，我們使用的標準是在州政府提升數理課程的畢業要求之後，選修課程的人數有增加的對象為主。這樣的挑選過程，讓我們最後所獲得的研究樣本，主要是以這兩個領域的基礎課程和大學預修課程居多。我們原先挑選了七十二個科目選項，最後確實獲得的樣本只有六十二個科目，也顯示了科目樣本數變小了。

數理科課程的標準制訂

　　在課程標準的制訂及改革方面，有時候，很難在政策和教學實務方面獲得一份完整的清單。某些政策將會有突發狀況，不過通常是負面的突發狀況居多；其他政策（例如提升教師的薪水）可能會有影響，但這些政策卻和高中的數理科教學實務相距太遠，以至於我們幾乎無法追蹤它們對於教學實務的影響。所以，我們在這裡討論的重點，是那些會直接影響高中數理課程教學實務的政策和實務工作。

提升高中畢業資格的要求

　　圖 9-1 整理了這六個州對於高中畢業生的最低學分數要求。從這張圖當中可以獲得幾項資訊。首先，在一九八七到一九八九年間，每一州都提升他們對於高中生在畢業之前需要選讀的數理科學分要求。在這六個州當中，只有賓州和佛羅里達州是依據《一個危機中的國家》的建議，訂定了高中畢業生都需要在數學與自然科學方面選修三個學分。佛羅里達州增加的學分數要求最高，

在數理方面都要求三個學分。根據 Meyer（1990）指出，只有三個州要求三個自然科學方面的學分（這三個州也要求三個數學學分），而只有十個州要求三個數學學分。

雖然在圖 9-1 沒有指出，但是佛羅里達州提供了經費方面的誘因，以便確保他們的自然科實驗課程至少需要有 40%的時間進行自然科學實驗的課程。而南卡羅萊納州雖然也要求實驗課程，但只要求至少要有 20%的實驗操作時間。南卡羅萊納州也允許學生可以使用一學分的電腦課程取代一個數學的學分。佛羅里達州、南卡羅萊納州及密蘇里州也頒發一個和一般高中畢業證書有所區隔的學術證書。以佛羅里達州為例，該州要求學生要有四年的數學學分（需含代數、幾何、三角函數）和四年的自然科學分，才可取得這項證書。

在每一州裡，他們的大學入學標準通常比高中畢業資格還要嚴格。在亞歷桑納州，大學的入學許可要求三個數學的學分和三個自然科學的學分，包括兩個實驗學分。在加州，大學的入學許可要求三個數學學分和兩個自然科學的學分，包括一個實驗課程的學分。密蘇里州內的大學入學許可在學分數的要求上，與高中的畢業要求相同，但是兩個數學的學分必須是代數或更高階層的數學課程，而兩個自然科學的學分必須包含實驗課程。相同地，南卡羅萊納州和佛羅里達州的情況與密蘇里州相同，大學的入學許可在數理課程方面與該州高中畢業要求相同，但三個數學學分必須是代數或更高層級的數學，而且一到兩個（各大學自訂）自然科學的學分必須有實驗操作的課程，必須是實驗學分（請參見「州政府與學區制訂課程標準的影響」那一節，以便了解州政府和學區的標準對於課程選擇與選修人數的影響）。

州及以往的學分數要求	新的學分數要求	日期	學分數的改變	核心課程的要求a				高中生的畢業比率	
				科目b	以往的要求	新的要求	變化	高中畢業的比率	全美排名c
加州 各學區	13	1987	13	英文 數學 科學 社會科 核心 其他 總和	各學區 自訂	3 2 2 3 10 3 13	3 2 2 3 10	66.7	41
佛羅里達 州各學區	24	1987	24	英文 數學 科學 社會科 核心 其他 總和	各學區 自訂	4 3 3 3 13 11 24	4 3 3 3 13	62.0	50
密蘇里州 20	22	1988	2	英文 數學 科學 社會科 核心 其他 總和	1 1 1 1 4d 16 20	3 2 2 2 9 13 22	2 1 1 1 5	75.6	22
賓州 13e	21e	1989	8	英文 數學 科學 社會科 核心 其他 總和	3 1 1 2 7 6 13	4 3 3 3 13 8 21	1 2 2 1 6	78.5	14

（承上頁）

亞歷桑那州 18	20	1987	2	英文 數學 科學 社會科 核心 其他 總和	3 1 1 2.5 7.5 10.5 18	4 2 2 2.5 10.5 9.5 20	1 1 1 0	63.0	47
南卡羅萊納州 18	20	1987	2	英文 數學 科學 社會科 核心 其他 總和	4 2 1 3 10 8 18	4 3f 2 3 12 8~ 20	1 1 2	64.5	43

圖 9-1　六個州對於高中畢業的要求

參考資料來源：

1~8 欄的資料來自：

Belsches-Simmons, G., P. Flakus-Mosqueda, B. Lindner, and K. Mayer. (March 1987). *Recent State Educational Reform: Initial Teacher Certification, Teacher Compensation and High School Graduation Requirements*. Denver, Colo.: Education Commission of the States.

Education Commission of the States. (August 1987). *Minimum High School Graduation Course Requirements*. Denver, Colo.: Author.

Goertz, M.E. (1988). *State Educational Standards: A 50-State Survey*. Princeton, N. J.: Educational Testing Service.

National Center for Education Statistics. (1988). *The Condition of Education: Elementary and Secondary Education*. Washington, D.C.: U.S. Department of Education.

9-10 欄資料來自：

U.S. Department of Education. (February 1988). *State Education Statistics*. Washington, D.C.: Author, Office of Planning, Budget and Evaluation.

（承上頁）

備註：「以往的要求」是指一九八七年以前每一州所要求之總學分數。

「新的要求」是指一九八七年以後每一州所要求之總學分數。

「日期」是指新要求的生效日期。

「變化」是指要求總學分數的改變。

在加州與佛羅里達州兩個欄位的各學區，指的是新要求生效以前各地區選擇。

a 這裡所指的要求是，學生要獲得標準的高中文憑所需取得的學分。

b 社會科課程包含了美國歷史、公民、經濟、州歷史等相關科目。英語則包含語文課，與溝通技巧等科目。

c 全美的排名包含了華盛頓特區的第五十一名。

d 密蘇里州在核心課程部分額外增加必須分兩年選修的要求。

e 一九八九年賓州的學生在高中最後三年至少需要選修十三個學分；或者在高中的四年內修完二十一個學分。

f 南卡羅萊納州要求三學分的數學，可以包含一學分電腦科學。

　　除了畢業學分的要求之外，六州當中有兩個州要求畢業考試。在佛羅里達州，高中畢業生必須通過語言和數學基本能力的測驗，但不包含自然科學。相似地，在南卡羅萊納州十年級的學生必須通過閱讀、寫作、數學方面的考試，但不包含自然科學。在這兩個州，這些考試是用來評量學生的基本能力，而且學生必須通過這些考試才能夠畢業。

課程架構

　　在這六州當中，有兩個州採用課程架構當作首要的政策工具，以便影響並支持學校教學改革的品質。加州一九八五年的數學架構影響全國數學教師委員會（NCTM）對於「學校數學課程的評鑑

與標準」的發展；而今，加州正在修定它的數學架構，希望能夠讓它與 NCTM 的標準並軌。加州一九八五年的自然科學課程架構，在一九九〇年再次修訂，主要是受到「**全美民眾的自然科學**」（Science for All Americans）的影響，也正逢我們進行這次研究的時間。

　　加州對於課程架構的探究方式偏重於領導與說服，而非處方與強制要求。這個課程架構著眼於課程改革的原理，以及一些重大觀念的轉換，而非詳述學校必須要教導哪些特定的數學或自然科學的主題。自然科學的架構有四十個主要的科學概念，而數學架構下則有七大「走向」。不管是自然科學或是數學領域，加州的課程架構都反映著一九八九年的課程改革運動，也都是要邁向較高層次的思考與問題解決的能力，而非強調單純的認知和低層次思考的能力。這套架構所描述的課程，只是建議的性質，而非強迫式的要求。

　　亞歷桑納州也採納課程架構為其首要的政策工具，不過他們將課程架構稱為「核心技能」（essential skills）。他們的數學核心技能始於一九七二年，然後在一九八八年重新修訂。自然科的核心技能，是在我們進行此研究時修訂的，他們是依據「**全美民眾的自然科學**」進行修訂的。這兩套修改過的課程架構，都將重點集中在較高層次的思考與問題解決的能力。然而，這樣的修訂工作太接近我們的研究時間，所以無法從教室所獲得的資料中找出顯著的影響。

　　提出課程領導的其他兩個州，即南卡羅萊納州和佛羅里達州，都有強調基本技能（basic skills）的課程架構。南卡羅萊納州的架

構「教導與測驗我們的基本技能目標」（Teaching & Testing Our Basic Skills Objectives, 1982）依據課程等級提出教學目標與相關活動。自然科學的基本技能在一九八五年重新修訂，要求 20%的實驗操作課程。佛羅里達州的「學生傑出的實作表現標準」（Student Performance Standards of Excellence for Florida Schools, 1984）則說明了幾個年級（三／五／八／十二年級）的學生在數理課程的預期學習成果。佛羅里達州還有一個針對九到十二年級的課程架構，文件上清楚條列了每個科目所需具備的二十到四十項目標。所以在這兩個州裡，這樣的課程架構很明顯地不是首要的政策工具，測驗才是。然而在我們進行研究當中，這兩州的課程架構都強調基本技能，也都正在考慮修改他們的課程焦點，他們也都期望能夠反映一九八九年的課程改革精神。

一九八六年密蘇里州的「密蘇里州的核心能力與關鍵技能」（Core Competencies and Key Skills for Missouri Schools, 1986，1990 年修訂），則包含了四到十年級的數理課程目標。然而在我們進行本次研究時，該州並沒有多大作為，進一步促進這些能力的養成。在研究進行中，賓州根本就沒有課程架構可言，雖然他們確實有一套「推薦給賓州各級學校的自然科學能力」（A Recommended Science Competency Continuum for Pennsylvania Schools, 1987，1991 年再版），以及一套「數學內容目錄」（Mathematics Content Lists, 1987），對數理課程有所建議，但那也是我們唯一找到的相關資料了。書寫本文時，賓州已經開始考慮一套以成果為主要訴求的課程策略，以便與 NCTM 標準接軌，但仍在決定課程架構的特性當中（請詳見「州政府及學區設定標準的影響」之

章節）。

州測驗

　　雖然在南卡羅萊納州和佛羅里達州，是以測驗當作州政府帶領、掌握各級學校課程的政策工具，不過這樣的要求比較經常出現在較低的年級，反而鮮少出現在高中階段的教育歷程。這兩州的全州統一測驗在高中階層也只測驗十年級的學生，並且只測驗閱讀、寫作和數學三個領域。這兩州的測驗都與其課程架構同軌，也就是說，都聚焦於基本技巧和最低能力的測驗。佛羅里達州的測驗始於一九八六年，而南卡羅萊納州的測驗則始於一九八五年。

　　在佛羅里達州，如果學生在三／五／八／十等年級沒有通過州政府的測驗，學校就必須提供補救教學的方案。而在南卡羅萊納州，則有一個始於一九八五年的學校獎勵計畫專案（School Incentive Reward Program），也就是提供現金獎賞給學生成績表現有進步的學校。[2] 這兩州的學生都必須通過十年級的州測驗，才可以從高中畢業。在佛羅里達州，學生儘可如其所願地參加許多次由州政府舉辦的測驗；而在南卡羅萊納州，學生頂多只有五次考試的機會。

　　課程目標反映一九八九年的課程改革訴求的兩個州都在修訂他們的測驗。亞歷桑納州正在更換對十二年級學生的測驗計畫

---

2 作者註：學生的成長是這樣決定的，首先我們將學生依據學校來源，區分為五個區塊，這是依據學生的社經地位與老師教學年資來排定的，然後在每一個區塊當中，我們再從原先預估的成長與真實成長之間的差別來區分學生的成長。

（TAP），並將在二到十二年級仍在使用的愛荷華基本能力測驗（Iowa Test of Basic Skills, ITBS），以一個新的亞歷桑納州測驗計畫（Arizona State Assessment Program, ASAP）取代原先的測驗。原先使用的 TAP 與 ITBS 測驗，均未能與州政府所頒訂的核心技能接軌；但是，新的 ASAP 測驗將反映州政府對於核心技能的要求，包括較高層次的思考與問題解決的技能。從一九九二到一九九三年開始，ASAP的測驗對象將是三／八／十二年級的學生，將有實作評量的部分，也針對數理課程進行測驗評量的工作。同樣地，加州評量專案計畫（California Assessment Program, CAP）在本研究進行時，也正在修訂當中，想要強調學生的實作評量，也想要將他們在評量的焦點儘量與州的課程架構銜接同軌。在我們進行研究時，五和十一年級的學生已經接受過數學的測驗，但尚未接受自然科學方面的測驗。在每個學校進行研究時，我們採用母群體抽樣（matrix sampling basis）的方式，但是研究的結果則是採用學校的層級說明，對於表現優良的學校，我們提供非現金方面的獎勵，肯定他們經營學校的成果。加州在一九九一到一九九二年度時，暫時中斷了它的測驗方案。

　　密蘇里州和賓州都有基本能力導向的測驗方案。密蘇里州所使用的測驗方案（Missouri Mastery and Achievement Tests, MMAT）始於一九八五年，要求各學區對二至十年級進行四次測驗，但並不要求學區需要回報成績。MMAT與州政府的核心能力或關鍵技能相接軌，而且在數學和自然科學方面都需要進行測驗。在賓州有個測驗方案叫做 TELLS（Testing for Essential Learning and Literacy Skills），每年針對三、五、八年級的學生進行閱讀與數學的

基本能力測驗。他們並沒有進行自然科學方面的測驗，也沒有對高中生進行測驗。自從我們開始進行研究，賓州的測驗方案也更改名稱為賓州評量方案（Pennsylvania State Assessment Program, PSAP），也擴展範圍來包含十一年級的學生在內。每一年針對州內三分之一的學校進行施測的工作。[3] 在我們進行研究時，州測驗的重心仍停留在基本技能與最低能力等兩方面的測驗。

從這些州政府進行測驗的方式，可以得到幾項發現。首先，我們發現，採用測驗的這項政策工具比較常出現在小學階段，高中反而不常出現。數學測驗也比自然科學的測驗更為常見。雖然在強調基本技能的州政府，測驗是主要的政策工具，但是在我們進行研究時，這兩個州政府的主要政策工具強調的是，一個導向較高層次的思考與解決問題的課程。在那個時候，具有課程改革議程的州政府所使用的測驗方案，和這樣的議程並沒有相互接軌。所以我們就會看到州政府努力進行老舊的基本技能測驗的修訂或取代，希望新的測驗方案和州政府新倡導的課程架構能夠相互呼應。

雖說這六州都以測驗當作政策工具，但是其中的四個州政府鮮少賦予這些測驗方案任何權力。加州對成就優異的學校所提供的誘因相當薄弱；亞歷桑納州和賓州則是針對各校的成績排列順序之外，沒有其他相關作為；密蘇里州則未蒐集成果。相形之下，南卡羅萊納州和佛羅里達州對其測驗方案均賦予相當的權力。

---

3 作者註：這是採用輪流的方式進行的，所以每一所學校每隔三年就會被測驗一次。

教師專業發展與教科書的選用

　　說起來有點讓人驚訝的是，積極採納一九八九年課程改革的這兩州（亞歷桑納州及加州），都沒有一套資金充足、前後連貫的教師專業成長方案，來支持老師邁向改革的方向。在我們進行研究時，這兩州就像其他州一樣，都接受聯邦階層的艾森豪數理教育計畫所補助的經費，其中大約有三分之二的經費將會撥發給各學區，進行教師專業發展的計畫。這兩州都沒有想要針對這筆路過的經費加以運用，使他們在推動州政府的課程改革工程上，可以發揮四兩撥千金的功能。雖說如此，加州確實要求各個學區提出計畫，並且要求各學區將這筆費用運用在符合州政府的課程架構上。[4] 不過一般說來，這筆艾森豪基金通常是運用在那些自願從事短期進修的教師身上（Knapp, Zucker, Adelman, and St. John 1990）。

　　加州的「數學 A」計畫，是州政府對於教師專業發展的一項努力，這是一項老師自己設計，但是由州政府倡導的課程，是針對九年級學生設計的數學課程。學生也可以選修普通數學的課程來取代這門課程的要求（詳見「州與學區設定標準的效果」）。這門課程的用意是要讓這些學生學習一些和州政府新頒訂的數學課程架構相互符合的數學課程，它可以引領學生銜接未來幾年比

4 作者註：在一九八八到一九八九年之間，愛森豪基金會贊助了一億兩千四百萬美金，換算成全國每一個老師平均分配到三十元的經費補助（大約有一百五十萬在亞歷桑納州，還有一千三百五十萬在加州）。

較進階的數學課程。該州要求每一位「數學 A」的新進教師都必須參加暑假期間所舉辦的五天研習活動。甚至有好幾個學區已經把這項暑期進修的時間延長為四週，並在學年期間增添額外的在職進修計畫，目的都是要讓老師具備這項新課程的教學能力。

　　我們發現，只有佛羅里達州在教師專業發展方面投入大量的經費。該州在我們進行研究的這段期間，花費近千萬美元來贊助暑假期間，為期六十小時的數理科教師研習活動。既然有法源依據，這項方案也因為州政府提升高中畢業生的數理課程要求，而需要處理比較多合格教師的核發事項。這些暑假期間的研習活動，也讓老師能夠在數理相關的議題上隨時更新教學智能。雖然是由州政府提供經費資助研習活動的進行，但是研習的結構與研習的內容則是由地方的學區負責管轄。

　　在這六州當中，州政府對於教科書的採用是一個相當少被運用，也很薄弱的課程指引策略。在我們進行研究期間，賓州和密蘇里州完全沒有教材遴選政策可言；亞歷桑納州和加州有教材遴選政策，但只對幼稚園到八年級的教材加以規劃而已；南卡羅萊納州和佛羅里達州有影響高中教科書遴選的政策。舉例來說，佛羅里達州對每一學科遴選三到五種教科書，四年一輪進行教科書的遴選工作。雖說如此，這兩州都未曾運用其教科書的遴選政策來制衡出版商。因為這兩州的教科書遴選清單包含可能的選項，也因為教科書無法具體說明課堂教學的實務，所以州政府的教科書遴選政策對於教學實務的影響仍是非常有限的。

　　誠如州政府的課程架構政策所描述的，在一九八九到一九九〇及一九九〇到一九九一年期間，州政府更新課程的方式都是零散

地進行，許多政策並不是很緊密地結合在一起。雖然州政府想要
將課程改革的方向與專業團體所推薦的內容相符合，不過相當可
惜的是，他們所採用的測驗方式通常與課程目標無法銜接。此外，
本研究進行時適逢過渡階段，六個州當中有四個州正企圖從基本
技能，轉向比較高層思考與問題解決的方向。

　　為了避免我們過去在課程、教學和測驗的改革上採用零散式
的策略進行，Smith 和 O'Day（1991）提倡一種整體式的學校改革
方案。這種方式必須先具備清晰、具挑戰性的標準給學生學習。
政策工具也必須結合這些標準，彼此相互連貫，這樣的作法才能
夠讓學校和教師具有連貫的教學指引。在目標清晰和政策一貫的
環境之下，學校將具有彈性可以發展他們想要的策略。

　　本研究所涵蓋的六個州當中，我們並沒有找到堪稱為整體性
學校改革的優良範例，可以邁向一九八九年的課程改革目標：讓
每個學生都能夠接受挑戰性的課程。雖然加州和亞歷桑納州似乎
正邁向這個方向，而且加州有領先的感覺，但是當我們在進行這
項研究時，這兩州的努力仍然嚴重不足。加州的課程架構堪稱是
個絕佳的起跑點，它可以提供每一個學生具有挑戰性的課程，然
而該州的測驗仍在修訂當中；而且，加州在教師專業發展的努力
與課程指引方面，並沒有相互結合，所以通常無法達到它的課程
架構所規劃的願景。同樣地，亞歷桑納州正在修訂它的測驗方案，
但是在我們進行這項研究時，州政府所舉辦的測驗與州政府想要
推動的核心技能之間，成了顯著的對比。

◎ 對州政府計畫的反應

在我們的研究當中，我們發現在學區及學校層次服務的人，對於州政府所倡導的專案計畫做了各種不同的解讀和詮釋；除此之外，教師們對於州政府倡導的計畫應該或必須影響他們教學實務的解讀，也都不相同。所以，他們通常傾向某些獨特的反應，而不是對於教學實務的標準化觀點。雖說如此，我們還是發現一些重要的趨勢。

學區的反應

州政府在課程更新和標準設定方面的計畫，在各個學區通常會激發出更多的創新計畫。即使州政府的計畫不具威力，也沒有詳細的規劃，各學區仍相當關注這些計畫；而且，各個學區通常會超越州政府的要求，額外增添他們本身因應州政府計畫所延伸和強化的計畫。

州政府和學區的課程架構可以很清楚地說明、詮釋這樣的觀點。亞歷桑納州的都會型學區採用州政府的核心技能，當作發展每個學科領域的課程綱要時的基礎，所以學區在各個學科的綱要，都要比州政府的核心能力更加詳盡。在加州則是另外一種情形，不論是都會區或是鄉村地區的學區，在發展課程綱要時，都以州政府的課程架構為基礎。都會區甚至還會超越這項要求，額外添加「數學A」計畫，這是和州政府的數學架構相符合的作為之一；另外，在自然科學綱要的修訂方面，則是在州的課程架構內進行

跨越自然科學領域的統整工作。密蘇里州在其整套核心能力與基本技能的簡易定義下，都會和鄉村的學區都因應這套課程架構發展出自己的課程綱要，並且做了詳盡規劃。南卡羅萊納州和佛羅里達州的都會學區更提供了良好的範例，他們參照了州政府頒訂的課程綱要後，延伸為詳細的規範文件，包括學生的學習目標以及老師的教學活動。

各學區在運用州的測驗時，也遠遠超越州政府的建議。佛羅里達州的都會學區採用州的測驗來評鑑學校的經營。密蘇里州的鄉村學區則是對全州的二到十年級都舉行州的測驗，雖然該州要求各學區只需要針對某四個年級進行測驗的施測。而密蘇里州的都會學區則將州的測驗當作學校經營是否成功的指標；校長相信，如果學生成績沒有改善的話，他們的飯碗就不保了。然而我們需要了解的是，密蘇里州的州政府並沒有要求各個學區將測驗的結果呈報給州政府。

在佛羅里達州和南卡羅萊納州，由於高中畢業生需要通過州政府的考試，所以都會和鄉村的學區都發展了補救教學的課程，讓原先沒有通過考試的學生，有機會可以接受課業輔導，然後通過這樣的考試。

一般而言，州政府層次的課程更新和標準設定愈多，那麼學區層次所衍生的課程更新和標準設定也會愈多。佛羅里達州和南卡羅萊納州的學區擁有最完善的整套學區計畫，而密蘇里州和賓州的學區計畫不管是在數量和質量方面都是最少的。當然，加州和亞歷桑納州的學區計畫就落在這兩個極端之間。至少就課程事宜而言，學區似乎顯得比較不樂意去填滿州政府課程規劃時所留

下的空白，反倒比較傾向接受州政府所主導的行動。

　　另外一個發現就是，大都會的學區在標準設定和課程更新上，比起郊區或鄉間的小學區活躍得多。南卡羅萊納州的都會學區已經針對每一個學科發展出詳細的課程綱要。除了州政府對一／二／三／六／八／十年級的學生所進行的測驗施測之外，每個年級的學生都還需要參加史丹佛學力測驗（Stanford achievement testing, SAT），以及針對初階代數（Algebra 1）和普通數學（General Math）所發展出來的期末考。他們在理化方面也正在規劃類似的學區期末考。相形之下，南卡羅萊納州鄉下的學區則成尖銳對比，因為他們強調校長領導的政策，所以一定會符合州政府測驗的要求，但是學區所主導的測驗相當薄弱，而且正在削弱它的影響當中。亞歷桑納州的都會學區已經發展出課程綱要，它的要求遠遠超越州政府在核心能力的範圍。他們也已經在二十三個數學科目和九個自然科學的科目，創造出一套自己制訂的效標參照測驗（criterion-referenced tests）。這個學區正在嘗試刪除學生的能力分流措施，而且已經在九年級的普通數學科刪除能力分流的措施。他們還擁有全學區效率創新計畫，要求每個學校都要有改革團隊。相對地，亞歷桑納州偏遠學區運用高中人員擔任雙職的方式，也就是說，他們同時也是學區的工作人員。舉例來說，高中數理科的學科主任同時也擔任學區的課程專家。所以偏遠學區在課程架構、測驗或教師專業發展上，都沒有自己的獨特計畫。

　　大都會學區在課程更新和標準設定上，比郊區或偏遠的小學區更加活躍，可能有幾個原因可以解釋。首先，大都會的學區會具有比較大的行政層級，可以執行州政府所倡導的計畫，或額外

依據該學區的特色增添其他的創新計畫。其次,大都會的學區通常比較會相信改變是必要的措施,他們對於變革的訴求通常比偏遠學區的動機強烈多了。第三,大都會的學區對控管班級的教學實務比偏遠學區有較多的承諾,這或許也可以解釋都會的學校通常比偏遠學校少受到家長的指示而有所影響。

學校的反應

我們發現,最重要的標準設定和課程更新發生在學校的層級。有一個學校已經刪除所有的補救教學課程,並且要求每一位新生都需要選修大學預修課程。比較沒有這麼戲劇化,但仍相當有看頭的,就是學校在輔導學生選修大學預修課程的努力,是有史以來最多人數的時候。

在州的層級上,要求學生儘量選修具有挑戰性的學科,是不可能單純從州政府的計畫文件上看得出端倪的。雖然州政府要求提升高中生畢業的學分數,卻無法規定學生一定要選修具有挑戰性的課程。就像前面所說的,亞歷桑納州的都會學區正在刪除普通數學,但是該學區的某一所高中遠遠超過該區模糊的計畫,一方面刪除所有的普通數學和自然科學概論的課程,一面要求每一位新生都需要選修代數和物理/化學。這個學校希望這樣的要求,可以提升學生在未來選修更專業的數理課程。同學區還有另一所高中採取比較軟性的方式,刪除許多低階的數理課程,同時增添一些進階的課程。他們還提供一個暑修的課程計畫,協助學生快速地在課程上有所進展,以便能選修一些比較高階的課程。賓州的偏遠學區都已經刪除了基礎的自然科學和數學課程。其中有一

所學校要求每一位學生修完基本代數之後，必須選修基本幾何學。而且他們發展出「數學9A」，就是希望能夠協助學生進行補救教學的功能，而只有程度比較好的學生才可以選修進階的優等代數（honors algebra）。儘管如此，在八門開給新生的數學課程當中，仍有六門基本代數。

在廢止種族歧視的誘因下，都會學區創造了磁性學校（magnet schools）（審訂者註：國內在這方面的翻譯多以磁性學校為主，有些翻譯為特殊才能的學校，相當於國內熟悉的某個學科領域的資優班學校）的設立。在亞歷桑納州和密蘇里州的都會地區，這筆專款多數用來支持磁性學校的運作計畫。在賓州的都會學區，某個學校的自然科磁性運作，卻不幸地將其他學校最優秀的學生都吸收到他們那所學校去了。所以在非磁性的學校裡，優等生的課程都被刪除了。老師經常抱怨他們的學生已經不再有足夠的訓練，可以完成數學和自然科學方面的進階課程了。這樣的抱怨也常得到密蘇里州的都會學區其他老師和行政人員的迴響，他們認為，這樣的「虹吸效應」（siphoning effect）將最好的學生都帶走了，讓他們的教學產生嚴重的無力感。

即使在採用高度控制課程的學區，我們也發現各校之間有極大的差異存在。在佛羅里達州的都會學區有一所高中，學校本位的課程管理是個高度受到重視的議題，所以由教師組成一個團體，對攸關學校運作的種種議題進行投票表決。行政部門特別重視學校的團隊精神和學生卓越的學業表現。同個學區的另一所學校則是以行政單位和師生互相敵對著稱。這樣的對立顯然源自於該校特有的「校中有校」，所以這所學校分別有兩派教師團體以及兩

個行政的運作單位。在南卡羅萊納州的都會學區，這兩所高中的差異在於，他們想要將學生推向具有挑戰性課程的程度。其中的一個學校在進階課程上，老師偏好能力比較好的學生，而會排斥低成就的學生選修這樣的課程。另外一所學校的承諾則是，鼓勵學生儘量選修大學預修課程，所以他們的教學一方面照顧學生的能力差異，也鼓勵每一位學生勇於向前嘗試。

　　許多聚集低成就學生的學校，不管是在都會區或是鄉村地區，都鬧窮了，使得他們更難適應州政府與學區的政策，像是提供更多課程讓學生選課，以及聘用合格的教師。一九八九年的課程改革著重學生的主動學習和真實世界的應用，這樣的訴求卻讓教師經常在購買儀器和學生的戶外教學所需經費之間掙扎著。在賓州和佛羅里達州的都會學校，像是取得教科書的基本用品都是個問題。雖然如此，一些都會學校還算比較幸運。亞歷桑納州的一所都會型高中，每年從法院針對廢止種族歧視法令的要求下所徵收的財產稅收，獲得將近兩百萬美元的額外經費。同樣地，在密蘇里州的都會區，每個部門如果能夠配合州政府廢止種族歧視的法規規定，每一年就會收到州政府的經費補助。不過他們這項經費補助不像亞歷桑納州的都會區高中一樣，可以無限期地獲得經費補助，密蘇里州的這項經費補助預期在一九九二年中止對於學校的補助計畫（我們在一九九三年八月份打了一通電話，追蹤結果顯示，在一九九二年法院對於廢止種族歧視令的方案和經費補助的計畫，給予兩年延期的寬限）。

教師的反應

　　相對於 Rosenholtz（1987）和 McNeil（1988a, 1988b, 1988c）的發現，我們發現，幾乎沒有任何證據可以證明，老師對於州政府和學區的課程標準設定有任何不愉快的感受或抗拒的反應。幾份由老師所撰寫的報告顯示，州政府與學區對於課程的控管得宜，而且都有正面的成效。舉例來說，最強力且最具有規範作用一項政策，也就是南卡羅萊納州都會學區的聯合考試，教師們通常將它視為「不可避免的惡魔」，反而用它來協助他們掌握課程標準的規範。至於在老師的抱怨方面，大致上分為以下幾個類別：

- 州政府／學區的要求對某些學生而言太艱深了。
- 州政府／學區政策的行政層級要求老師提供太多書面資料。
- 州政府／學區主導的計畫不能提供落實政策所需要的資源（例如：教材、實驗室的空間、教師專業發展的機會等等）。

　　也許教師沒有抗拒州政府／學區的標準設定和課程更新方面的政策，是因為他們在這些政策的形成過程，有機會提供他們在這些方面的意見。所以，如果老師能夠在政策計畫當中看到他們所提供的觀點和專業，就比較可能支持這些政策。

　　通常在州或學區的層級，老師都參與了課程架構的發展及教科書的遴選。同時在學區的階層，他們也參與課程指引的修訂，以及發展新的測驗計畫等等，就如同亞歷桑納州和加州的情形一樣。提升老師參與這些重大的教育改革計畫，多少可以反應學校和教室重新改革的第二波變革。顯然學校決策過程的分享和學校

本位的課程管理方式，和教師在學校體系內其他層次的參與是一致的。

　　儘管學區已經提升教師參與教育改革的活動，但是我們仍然發現州政府與學區的標準，以及這些老師預期學生能夠達到的能力之間，產生了一個張力。這樣的現象在那些參與課程標準制訂和課程更新程度最高的學校和學區最嚴重。最常出現的抱怨就是，老師抱怨選修大學預修課程的學生根本就不屬於那樣的課程所需要的學生。有一位南卡羅萊納州的教師這樣陳述著：「我是有五門大專預修的生物課，以及三門普通生物學，我想實際上應該反過來比較好。」

　　教師的期望有時會變相地鼓勵學生不要去選修具有挑戰性的學科。當很多教師發現，教室裡盡是低成就、缺乏學習熱誠的學生時，就認為他們必須採用高壓控制的教學方法。偏偏在一九八九年的教育改革訴求當中，最重視的就是學生的協同合作、分組討論和獨立研究的專題計畫，反而都普遍被老師們視為讓他們無法完全掌握學生的教學方式。

　　至少有以下三個似乎合理的解釋，可以說明為何老師們都已經參與課程標準的設定，但是仍然會有教師覺得，部分的學生無法達到這樣的標準要求：

- 因為 K-12 的學校體制是屬於一種扁平化的組織運作方式（特別是從施行的觀點來看，因為它通常必須依賴個別教師的決定），不過，並不是每一位老師都能夠感受到參與課程標準設定的代表性。
- 教師可能不會贊同已經設定的標準（不管他們在參與計畫

時的觀點為何）。

- 即使他們認為這樣的課程標準相當適中，教師仍可能認為，有些學生就是無法獲得必要的支持或動機（不論是由家庭層面或先前的學校經驗），以達到這樣的課程標準。

我們發現，不管是州政府或是學區所發展出來的計畫，都沒有提到這些老師所關心的項目。相對地，許多教師專業發展的研習活動、教材和評量的歷程，都強化了老師關心的對象，反而妨礙了老師想要邁向改革之路的決心。

❾ 州政府與學區設定標準的影響

探討政策對於教學實務的影響，絕對不是一件簡單的事情。我們必須同時記錄政策和教學實務兩方面的改變；而且更困難的應該是，我們需要完整地記錄政策更替前後的教學實務，才能夠真實了解教學實務方面的改變。不同的政策經常會同時更替，也會伴隨著其他方面的變革而有所改變，它們之間的因果關係就顯得相當模糊了。某程度而言，確實地記錄轉變過程中的變革，以及它對於政策和教學實務之間要如何建立連結的關係，是相當有幫助的。老師和行政主管所提供的訊息應該相當有所助益，不過這樣的訊息也可能不真實；甚至我們還可能發現，新的政策計畫會變成他們不想進行某些事情時，推託責任的方式之一（例如，很有可能教師會認為各項考試特別強調基本技能的熟練，所以他們才會在教學時特別著重基本技能的訓練；但事實上，他們這樣做是因為他們相信，基本技能的熟練是最重要的，也是他們最輕

鬆的教學方法）（審訂者註：美國從幾年前開始，有學者專家強調學生學習時的理解程度，應該比他們熟背課程內容還要重要，可是要如何評量學生對於課程的理解程度，而不是單純評量他們熟練技能的程度，卻成為更多專家學者爭議的議題）。所以綜合上面的討論，我們在這裡所謂的政策「效應」，其實還相當具有爭議性，也還相當模稜兩可。幸好根據我們的分析，我們仍然相當堅信它們的效度。

州政府與學區設定課程標準對於學生選課的影響

　　提升高中畢業的學分數要求，已經讓比較多的學生選修數理科的課程，特別是一些初階的學科課程。要求高中畢業考試的州（佛羅里達州和南卡羅萊納州），選修畢業考試會考的科目，也有更多重修的學生人數。而在沒有高中畢業考試的州，我們則發現學生選修大學數理科預修課程的人數增加了。我們的研究發現，大致上可以分為以下幾點：

- 從學生成績單的分析可以了解，在這六個州當中，有四個州（加州、佛羅里達州、密蘇里州和賓州）學生選修自然科學課程的人數大量增加了；特別是在初階方面的課程，我們發現選課人數增加的數量最大。選修數學課程的人數也增加了，而且也是以初階的課程獲得最多學生的選擇。平均而論，在自然科方面增加了一年或一年以上的選修時間，而在數學科方面則增加了 1/3 年的選修時間。不過我們發現，在高中生畢業的人數比例，並沒有因為這樣的要求而降低，或辦理退學手續。

- 有高中畢業考要求的州（佛羅里達州和南卡羅萊納州），協助學生通過高中畢業考試的重修課程選修人數有增加的現象。低成就的學生透過補救教學的課程，就能夠符合他們在數學方面的每一項要求。這種現象並沒有出現在自然科課程上，因為自然科學並沒有列在畢業考試的範圍內。因此，雖然佛羅里達州和南卡羅萊納州的低成就學生選修了比較多的數學學分，但是選修數學的範圍卻受到相當的限制。他們通常不會想要選修大學預修的數學課程，例如代數、幾何和微積分。

- 在沒有高中畢業考試的要求下（包含那些可以輕鬆通過考試的學生），選修大專預修數理課程的人數增加了。就如同一位數學老師所說：「當你要求一般學生和聰明的學生選修比較多的數學課程時，他們就會選修可以學到某些知識的課程。」這種實務運作的方式也受到大學入學許可的強化作用，因為大學不僅要求數理課程的數量，也會要求這兩方面課程的品質。

州政府與學區設定課程標準對於相關課程的影響

除了州政府和大學強制要求數理課程的數量與品質之外，學區與學校還更進一步決定，他們可以提供哪些相關的課程，以及規劃相關課程的內容等等，就像以下的說明所描述的一樣：

- 除了州政府和大學會主動要求學生必須增加數理科課程質與量的增加以外，一些學區與學校也採取了額外的措施。他們刪除了所有的數理科補救教學課程，或者要求每一位

新生必須選修某些特定的數理課程（例如代數、物理／化學）。很明顯地，這些計畫都改變了學生選課的形態，雖然這種現象不見得真的能夠改變學生從這些課程所獲得的實質學習內容。

- 就如先前所提，課程更新時有一項大有可為的策略，那就是發展數學的「橋樑」課程，例如加州的數學 A 課程。這套課程的原型概念是在一九八五年的加州數學架構形成的，數學 A 課程的設計是要給那些尚未準備好選修代數 1，但是已經可以選修九年級普通數學的學生，讓他們有個中介的課程可以轉圜。數學 A 課程強調小組合作以及實物操作，比較不強調老師的講課，而比較強調學生的參與；比較不強調特定的答案，而是比較偏重開放式的問題；它也比較強調學生書面的文字答覆，以及學習檔案的蒐集和整理。數學 A 的課程具有十三個教學的單元，都是由州政府經費補助，卻是由老師們發展出來的課程。每一個單元通常需要三到四週的教學時間才能夠完成。數學 A 課程並沒有包含在州政府的要求範圍內，但是一些學區、學校及老師會個別選擇這門課程，當作學生可以選擇的一個項目。而且，在任何一位教師進行數學 A 課程的教學之前，都必須接受五天的在職進修活動。有一些學區更將這樣的要求當作最低的進修研習的要求，有時候還會增加非常多的項目。

- 每位新生必須選修的課程中的三個範例，我們做了清楚的描述。不過我們發現這些課程的內容，看起來和那些具有

相同課程名稱，卻不在必修課程範圍內的課程，幾乎相同。[5] 賓州郊區的高中將代數 1 列為必修課程之一，但是它的內容看起來，和其他地區不是必修的代數 1 非常類似。對照其他數學領域的內容，例如算術、測量和幾何學，代數的內容占了 87%。幾乎每一門代數的課程，平均都花了82%的時間在代數的教學，標準誤差值為 0.11。在亞歷桑納州的高中，每一位高中的新生都需要選修代數，老師也投入 61%的時間在代數的教學；另外，還有 38%的時間是在教導算數和數字的概念。這門必修的代數 1 課程，看起來比較像是典型的代數課程，而不像是一門大學預修的代數課程（後者的教學平均花費 43%的時間在代數，標準誤差為 0.17）。亞歷桑納州都會學區的一所高中開設給每一位新鮮人的自然科學課程裡，老師教學的時間當中有 74%是花在物理和化學的教學。很可惜的是，我們並沒有其他自然科學課程方面的例子可以做比較。這些資料再一次讓我們確認，當這些大學預修課程被列為每一位學生都必須上的課程時，真實的教學內容不見得會讓人滿意。

- 雖然在一九八九年的課程改革是希望讓每一位學生都可以獲得挑戰的課程，各州的教育廳也將這樣的觀點放在州政府的課程架構當中，不過某種形式的能力分組仍然在我們

---

5 作者註：老師的日誌是我們這些資料的來源，也是我們說明學校真實運作的課程資料出處。老師們每一天都記錄日誌，不過每一星期報告他們日誌整理的心得，然後在一整年結束的時候，再以整體的方式表達呈現。

研究的每一所高中都看得到。許多學校的行政主管和老師都告訴我們，他們即將刪除這樣的能力分組措施，實際上已經有些學校往這個方向進行，但是我們發現這樣的結果相當令人懊惱。在賓州郊區的學校想要要求每一位學生都需要選修代數，最後妥協的方式就是提供學生一門榮譽課程，和一門大學預修代數的課程。在亞歷桑納的一所都會高中裡，每一位新生都必須選修代數和理化，但是在接下來的幾年裡，能力分組的現象就浮現了。

州政府與學區設定課程標準對於教學本質的影響

雖然課程更新計畫的推行，在學生選課數量和課程的種類有所影響，但是學生所能夠獲得的學習內容，不見得能夠反應太多課程改革的內容。我們知道課程改革的重點是，強調學生對於學習內容的深度理解和解決問題的能力培養，並且希望透過這次的改革，讓學生能夠對自己的學習有更大的掌控權力。

不幸的是，可能只有一個個案除外，沒有任何數理科的課程反映出一九八九年課程改革的方向，即使是在具有清晰架構的加州課程也沒有例外可言。就如同圖 9-2 所顯示，在數理科課程的教學過程中，超過一半的教學時間是花在課程講解與閱讀課文內容上。雖然州政府和大學會要求自然科學方面的實驗課程，但是實驗課程和田野調查加起來，只占了教學時間的 10%而已。至於在我們預期學生學習的成果上，多數的教學仍然過分強調課文內容的背誦、概念的理解，以及完成計算之類的例行性學習歷程。

策略及成果	數學	自然科學
教學策略		
講述、說明	.562	.644
模型圖解	.079	.146
具體模型	.065	.048
公式／方程式	.237	.046
曲線圖表	.038	.014
實驗課	.016	.095
田野調查	.000	.006
預期的學習成果		
背誦課文內容	.086	.310
理解	.295	.428
蒐集資料	.015	.078
排序／估計	.011	.050
例行性的程序	.392	.022
例行性的問題	.148	.049
解讀資料	.023	.040
特別的問題	.020	.017
理論／證明	.003	.003

註：上面的數字是涵蓋每一門課程一整年的教學時間平均百分比例。

圖 9-2　教學策略和學生學習的預期成果上所平均花費的教學時間比例

事實上，數學的教學幾乎沒有讓學生蒐集資料和進行資料詮釋的工作，也只有 2%的教學時間讓學生嘗試解決特殊的問題而已。就算是在自然科學方面，也只有 10%的時間是用在資料的蒐集與解

讀。

在這些發現中，唯一的例外就是加州的數學A課程。在我們所研究的班級裡，超過25%的教學時間是利用具體實物來進行教學——包括運算和操作。同樣地，在學生預期的學習成效部分，數學A課程的班級有60%的時間在提升學生對於課程內容的深度理解，是其他數學課程平均值的兩倍；而且，有14%的教學時間是在蒐集資料，然而在其他的數學課程時，老師只讓學生有少於2%的時間蒐集資料。即使如此，花在解決特別習題的教學時間，也只占了少於5%的教學時間；而且，即使是在數學A課程的班級，老師通常也花了將近一半的時間在課文的閱讀上。

最具影響力的創新政策

根據我們跨越六州、十二個學區、十八所高中，針對數理科教學所做的研究，我們發現，在推動課程標準設定與更新政策方面，有一個最能夠影響教學實務的模式正浮現出來。簡單地說，最具有影響效果的政策推行就是，清楚地說出目標，並詳細說明達到目標的細節，還要有當局者的背書。我們這項發現也確認了前人在政策推動上的發現，例如聯邦政府層級的計畫（Elmore and McLaughlin 1982; Sabatier and Mazmanian 1980），或是聚焦在小學數學的教學方面（Porter et al. 1988）。當政策計畫的清晰程度、焦點與權力降低時，參與影響的變數就會變得比較多，當然也就比較無法確實掌握政策的影響層面了。

高中畢業學分數的要求是一個很好的例子。州政府需要簡單

扼要，但是也要清楚地說明這些要求，以及無法達到這些要求的後果。學校必須要做的事情就沒有那麼確定，所以我們才會看到來自學校階層的許多各種反應。有些學校企圖要求學生選修比較高階的課程，有些則不。在某些案例裡，有些學校的確也獲得明確的指示，告訴他們需要改變的項目。例如，佛羅里達州和南卡羅萊納州特別強調自然科學的實驗操作課程。然而，這樣的實驗課程要求遠比學生選修的課程還要難以監控。在佛羅里達州，學校只需要向州政府保證他們達到 40% 的實驗課程要求；然而在南卡羅萊納州，則是完全沒有監控這樣的要求。州政府在自然科實驗課程的這類型要求，對於教學實務的影響比較小，差異性也比較大。

要求學生通過高中的畢業考，同樣也具有可以預期的效果：低成就的學生比較會選修針對考試科目的補救課程。我們再一次看到清晰的政策，以及沒有達到要求的說明對於課程改革的效應。學生知道他們應該做的事情。如同在高中畢業學分要求方面，我們不太清楚學校可以處理的事情有哪些，學校必須自己決定該如何為學生提供最好的服務。因為這些要求屬於最低標準，在高成就學生聚集的學校，要達到這樣的標準是輕而易舉的事情。簡單地說，最低的考試成績要求，只是針對某一小部分學生的規定，而且只限於考試的科目而已。

🕊 評估第三波的課程改革

雖然提升高中的畢業要求，以及要求學生通過考試的訴求，

在教育改革的政策上，是屬於具有企圖心的改革，但是一九八九年的課程改革訴求，是要讓每一位學生都能夠接受具有挑戰性的課程，並且強調概念性的理解和解決問題、較高層次的思考能力的培養，但是這樣的訴求和高中數理科的教學仍有一大段落差。學生的能力分組現象仍然存在，所以雖然有些州政府強化基本能力的教學，我們發現沒有任何一州嘗試以整體性的改革政策，來強調課程改革的整體目標。政策工具是否可以用來強化基本能力的教學，以便帶領出這些新的目標，仍待進一步的討論。不過我們很清楚地了解到，如果我們現在就宣稱課程改革是一項失敗的作為，就言之過早了（因為我們的研究是在課程改革剛開始的第一年進行的）。然而，我們非常確定的就是，教育改革需要一套更新穎、更有力的策略，來帶領學校進行課程改革的工程。

課程架構本身不是一個既有的規範，也不是一個可以強烈影響教學實務的工具。大家看到的是加州課程架構，呈現的是一種課程哲學，以及變革的大致方向，但是仍留給每個人許多詮釋的空間。毫無意外的發現就是，許多老師運用這個架構，為他們的教學實務進行辯解的工作。不過我們也發現到，仍然有更多的老師不很確定他們應該如何修正教學的方式，才能夠與課程架構的要求得到一致的結果（Cohen and Ball 1990）。

如果能夠將架構以比較明確的方式陳述出來（例如加州的數學 A 課程），那麼它們的影響就會比較深遠，我們也比較能夠預期它們的效應。但是，即使是數學 A 課程這樣優秀的計畫，也沒有提供完整、清晰的說明，更不用說在支援教學所需要的設施是多麼的欠缺了，當然也就無法獲得持久的改變。

　　不像在一九八〇年代中期的課程標準設定計畫,一九八九年的課程改革,在老師的教學實務和課程方面的要求之下,想要進行大幅度的變革。我們有充分的資料可以證明,絕大多數的教師都非常欠缺達成一九八九年課程改革時所必須具備的能力,至少在低成就學生聚集的學校有這樣的現象產生（審訂者註:美國的學者這樣真實地表達他們對於整體性教育改革的企盼,真令人羨慕;相對於美國學者提出來的真心話,國內在推動九年一貫課程時,是否也做到整體性改革的基本訴求了呢?）。

　　首先,教師、輔導人員和行政人員不知道該如何因應刪除能力分組之後所帶來的學生能力差異的現象,這個議題很可能是課程更新的政策所面臨的最大張力。因為在高中階段,有比較多的學生必須選修比較艱深的課程,所以老師也面臨了新的問題,而且這樣的問題相當緊迫,需要立刻解決才可以。其實他們所面臨的問題就是,如何與學生溝通、如何激勵學生的學習動機,以及在一個班級裡,學生以前的成就、學習態度和興趣差異非常大的情況下,要如何引導學生進行有效率的學習。

　　讓這個問題更加複雜的情況就是,我們也不太了解課程架構的意義,以及專業標準想要要求我們讓每一個學生都可以學到具有挑戰性課程的意義。這是否意味著每一個學生到高中為止,都要學習完全一樣的課程呢?或者這是說,我們要讓每一個學生都能夠精熟學習一套核心課程,而這套核心課程包含了均衡的學科知識和技能,以及較高層次的思考和解決問題／推理的能力呢?如果我們確實希望每一位學生都能夠精熟學習一套核心課程,那麼這套核心課程要如何定義呢?我們又要如何重新組織學校裡的

老師，才能夠最有效率地讓每一位學生都學習這套課程呢？因為
我們欠缺清楚的目標而導致困惑的問題時，學校和老師也都在嘗
試各種方法，不過，通常採用相當保守的方式進行這些嘗試。

　　教師的合格與否，在數學科的教學出現了問題，自然科學方
面的問題更大。這樣的問題在州政府要求我們必須提升高中畢業
學分的情況下，特別顯著。全國的資料顯示，大約只有三分之二
的高中自然科老師，具備了自然科學或科學教育方面的大學文憑
（Blank and Dalkilic 1991）。在我們的研究樣本中，每一州挑選
三個高中裡的數理科教師，發現在加州有 32%的老師具備自然科
學的大學文憑，而在南卡羅萊納州則有 38%的自然科學老師具備
這方面的文憑。同樣地，全美國的高中數學老師只有三分之二是
主修數學或數學教育的專業（Blank and Dalkilic 1991）。在我們
的研究樣本中，各州的平均是 70%，全部都超過 60%。

　　這些數據所不能顯示的，是這些高中的數理科老師在面對
NTCM 課程標準，以及加州和亞歷桑納州的新課程架構時，有多
少準備想要改變他們的教學實務，來搭配這些新政策所要求的願
景。這樣的改變端看教師對於改變他們的學科教學所必須伴隨的
彈性和責任，是否是他們所能夠勝任的工作。我們有許多證據可
以證明，老師相當欠缺某些知識和能量，所以無法帶領學生進行
深入的概念理解，或是協助學生進行解決問題和推理的課程。對
於這樣的不足，可能有以下這些解釋可以說明：

　　　• 提供每一位學生具有挑戰性的課程所需要的教學材料，可

能不容易獲得。

- 在州政府、學區和教室階層進行的測驗，通常與新改革的訴求相互衝突。
- 幾乎沒有任何機會接受優質且具體的教學模式。
- 與課程改革一致的教學模式，只是徒增老師們額外的工作而已。

令人憂心的是，我們很少看到州政府和學區預備花費必要的時間和金錢，來支持這類型的變革。除了那些從廢除種族隔離法規可以享有特別權利的都會學區之外，金錢在所有的都會區都將會是個大問題。即使是基本的教材，例如教科書，也是常常短缺；實驗室的空間在數量、概念和維修上都相當不夠。雖然我們看到有些州政府想要推動新的測驗方案，特別是在加州和亞歷桑納州，但是我們發現，沒有人認真想要解決缺乏適當教材的問題。

最令人失望的是，教師專業發展的質與量。雖然美國有大量的經費花在教師專業發展的項目上，一年大約幾百萬美元，但是，每一年花在每一位教師身上的金額都很少。當然，我們就毫無意外地發現，這樣的作為造成教師專業發展的零散化。通常都是由一些離教室很遠的人來決定教師需要什麼，並且由自願參與的教師，用半天的時間參加工作坊的形式（審訂者註：也就是類似國內目前熟悉的週三進修，每一次邀請一位學有專精的學者，來指導老師要如何進行教育改革的措施）。我們沒有看到任何跡象可以顯示，州政府想要使用艾森豪基金這類的聯邦基金，來支持教師在課程更新上的努力。我們相當確信，我們需要重新思考教師進修的模式，讓學校和老師可以主導並提供他們的專業發展機制。

學校以外的專家只有在必要的時刻才需要從旁協助，也唯有當他
們能夠由學校本位管理的策略改善學校體質時，才有需要召喚他
們。當然，發展這類的策略，就需要學校採用新的思維去檢視他
們的責任，而這也迫切需要額外的經費，來讓老師有多餘的時間
可以發展專業。不幸地，一九八九年的課程改革與該年的經濟不
景氣恰巧同時發生，使得原本吃緊的教育改革所急需的經費幾乎
蕩然無存。

　　我們的確看到課程更新方面一些令人興奮的計畫方案，但是，
它們常常只是一項增加的計畫方案，而不是主要計畫的一部分，
所以將會遇到不可知的未來。加州的數學 A 課程看起來相當令人
滿意，也在某些地區提供了嚴謹的教師進修活動。亞歷桑納州的
都會型高中妥善運用他們獲得的經費，完成課程更新的作業，並
且支持教師進修的活動。然而，我們鮮少看到有任何州政府想要
採用賦權增能的策略，取代傳統的課程控制策略，當作課程更新
時的主要機制（Porter et al. 1991），或者認真考慮政策及結構的
改變，然後帶領高中數理科課程邁向 NCTM 標準，以及「全美民
眾的科學」所提出的願景。

第十章

學區如何在州政府頒訂的政策與教師的教學實務之間取得平衡[1]

✱ *Jame P. Spillane*

譯者：台北縣瑞濱國小教師兼主任　黃振揚　✱

　　我們發現有愈來愈多的政府機構正在介入課程的事務與教學政策的制訂。在過去這十年當中，各州的教育廳開始比較能夠關心教學方面的管理。然而，這些州政府階層在管理課程和教學方面的付出，卻引出了一個非常重要的問題——傳統上只需要回應課程和教學政策的地方政府機構，在這關鍵時刻，需要扮演哪樣的新角色呢？當州政府的教育廳試著去管理、支配學校的教學和課程時，我們需要考慮，這些付出可能會影響到地方層級的學校和教育局對於課程與教學的管理計畫，或是受到相對影響的可能性。在簡短的歷史回顧之後，我將呈現一個經過這種努力的個案研究，以及它對於學區階層的影響。

---

1 作者註：我非常感謝 Deborah Ball、David Cohen、S. G. Grant、Nancy Jennings 與 Suzanne Wilson 等人在我原先的草稿提供建設性的建議。這份研究報告有一部分是由卡內基公司（Carnegie Corporation）、皮佑慈善信託（Pew Charitable Trusts）與教育政策研究財團（Consortium for Policy Research in Education）所贊助的——最後這個財團是羅傑斯大學、威斯康辛州大學麥迪迅分校、史丹佛大學、密西根大學等校的結合——主要是透過美國聯邦政府教育部的教育研究與改善辦公室所在住的研究經費所成立的臨時性研究團體，研究計畫為 OERI-R117G10007。這一章所表達呈現的意見只是作者的意見，不代表任何一個贊助單位的意見。這一章稍早的版本曾經發表在公共分析與管理年度研究會議上，那個會議是在一九九二年十月份在科羅拉多州的丹佛舉辦的。

⑨ 州政府管理課程的歷史觀

從一九五〇年代開始，美國的教育管理系統有了戲劇性的變革。州政府和聯邦政府增加了他們對於公立學校的經費補助。在一九七九年，州政府的經費補助超過了地方經費補助的範圍（Doyle and Finn 1984）。當學校與學區強化彼此的關係時，州政府在教育改革上的功能也隨之成長（Meyer, Scott, Strang, and Creighton 1987）。

隨後，聯邦政府和州層級所頒布的教育政策數量也跟著增加。州政府和聯邦的機構曾經推動一些著重在教育機會均等、提升學生學習成就標準和強化（高中）學生畢業要求，以及老師教書認證的要求等方面的政策。或許最值得我們注意的，應該就是聯邦階層和州政府階層的政策制訂者逐漸提升他們對於教學與課程的興趣，而這樣的議題通常是由地方的教育伙伴自己去考慮執行的。到了一九九〇年，有許多州政府對於學校的關懷範圍，從經費的補助擴展到課程及教學的領域（Kaagan and Cooley 1989）。因此到了一九九〇年，州層級的課程與教學方面的政策，已經不再是一個令人驚豔的新產品了。

這樣的發展使得許多教育評論家開始懷疑，地方教育人員對於學校課程的掌控與自主權已經大幅度地降低了（Cantor 1980; Wise 1979）。誠如 Cantor 的評論所言：

我們發現可能發生的事情，就是在許多州，州政府的中

央權威政府幾乎將會完全掌控它所管轄領域範圍內的教育……。我們會這樣推論，是因為學校所屬的學區如果不是完全的消逝，就是他們的權力逐漸消退到根本看不見了（1980, p. 30）。

依此觀點，當我們把教育政策的制訂和教育的管理程序，都集中在州政府的層級時，地方教育伙伴就只有遵循更高階層機構所頒布的命令了。

然而，卻也有許多教育研究人員質疑這樣的觀點。他們爭論，如果我們將教育的管理及政策的制訂，都集中在整個機構的某個階層，並不會同時減少其他階層在教育管理及教育政策制訂的活動（Cohen 1982; Berman and Pauly 1975; Berman and McLaughlin 1977; Fuhrman and Elmore 1990）。「權力和組織通常會先後成長，而不是某一個的成長會壓抑另一項的成長」（Cohen 1982, p. 476）。

另一個教育政策的趨勢帶來的問題，則是對於地區在課程管理及決策的質疑：在一九八〇年代後期，包含加州在內的許多州政府和聯邦政府的教育政策（例如「美國 2000」），開始進行根本的變革，要求改變學校老師的教學法以及學生的學習策略（California State Department of Education 1985 a, b; U.S. Department of Education 1991）。不像早期州政府層級的政策一樣，只著重在「學校教育在形式上的分級」；相對地，他們開始強調教師認證的要求、畢業學分，以及教師檢定等等的新方向，這些州政府新頒訂的政策開始著重在「學校教學的核心技術」教學（Meyer and

Rowan 1978）。州政府的教育政策開始要求學校必須提供每一位學生更具有挑戰性的學習願景，這也意味著，老師在教學的實務工作上，必須徹底改變原先的角色。這個趨勢對州政府而言，是一個全新的出發，因為這些都牽涉到學校課程的內容，和它提供給每一位學生的所有相關細節。大部分的改革計畫似乎都集中在州政府的階層，而學區在課程和教學改革的努力和角色上，幾乎得不到任何關注。

　　過去的研究告訴我們，學區在課程與教學改革時所扮演的角色相互衝突。一份研究加州各個學區的報告建議，雖然在一九三〇到一九七〇年之間，在州教育廳工作的人員增加了，每個人的職位頭銜也更加專業化，卻沒有特別關注課程和教學的運作（Rowan 1983）。其他的研究也指出，學區教育主管在和校長及老師互動時，也很少關心課程與教學的領域（Hannaway and Sproull 1978-79; Floden et al. 1988）。但有些證據顯示，學區可以、也應該在課程和教學改革上，扮演重要的角色。例如，學區教育局的人員在學校和教室層面的改革上，可以成功地扮演著改革仲介者的角色（Berman and McLaughlin 1977; David 1990）。

　　當州政府進入課程與教學管理以及教育政策制訂的領域範疇時，我們就需要重新考慮學區在課程和教學改革上，應該扮演哪一種角色。如果學區能夠扮演任何角色的話，那麼他們在課程與教學改革時，面對州政府嶄新的教育政策計畫，應該扮演的角色為何呢？

在這一章，我探究這個議題的方式，是分析一個學區回應州政府新頒訂的閱讀政策的措施，這個學區座落在一個以工業為主的大州。在這裡，這個學區對於課程管理的努力過程，受到州政府階級的政策影響，同時也影響這項政策的走向。而這個（閱讀教學）政策的設計，是要同時改變在每一間教室裡所進行的閱讀課程的內容和教學方法。我是從一份針對兩個學區在反應州層級閱讀政策所做的應對措施，進行初探式研究所抽取的資料進行報告。這份研究資料訪問了推動州層級閱讀政策的制訂和發展者、兩個學區的主管人員，以及每個學區有三所學校的校長和行政人員。

這章著重於單一學區——帕克武德學區（Parkwood，匿名）——的初步發現，研究進行過程當中，訪談了四個學區教育局的人員、四位校長、三位學校層級的課程專家和五位老師，以便了解他們學區對於州政府所頒訂的政策如何進行回應。此外，我也分析了這個州政府和學區在這項政策有關的所有文件，以及和閱讀教育有關的文件，這些原始資料提供了學區回應新政策的討論基礎。在此論文中出現兩個問題：州政府新頒訂的閱讀政策，如何塑造這個學區教育局的閱讀課程？而學區教育局對州閱讀政策的回應，如何塑造本身的政策？

州政府的閱讀政策

一九八五年，經過州教育廳的人員、州的閱讀協會，以及一些大學教授相當程度的初步準備工作之後，州的教育委員會核准

了一份修正後全州共用的閱讀定義。修正後的閱讀定義如下：

> 閱讀是在讀者、文字和閱讀時的情境脈絡，透過動態的
> 互動過程建構意義的一種歷程（州教育廳的目標和目
> 的）。[2]

　　州政府以往對於閱讀的定義，是「將視覺表徵的語言轉化成
意義的一個過程」；修正後的定義，建議州政策制訂者在想像教
室內的閱讀教學時，需要進行大幅度的觀念轉變。修正前的定義
著重在學生識字的能力；相對地，修正版的定義比較強調學生對
整體文章的理解能力。修正版的定義，建議學生應該有能力可以
從整篇文章當中建構意義，而不是只要去猜測字義。此外，新的
政策說明理解是一個師生互動的過程，是由學生既有的知識、正
在閱讀的文章，以及閱讀時的情境脈絡，綜合整理出來的。

　　當我們有了這套修訂版的閱讀定義之後，州政府的政策制訂
者開始修訂州政府的「閱讀教育核心目標」，來反映這項新的定
義。這套修訂後的閱讀目標，是以學生在三個標題下的學習成果
呈現的：

- 建構意義。
- 學生關於閱讀的知識。
- 學生對於閱讀的態度，以及他們對於閱讀的自我認識（State

---

2 作者註：在這個案例的研究中，來自於州政府、學區和地區的指引是
　匿名的，它們不會出現在參考書目中。

Goals: Reading at a Glance 1987）。

例如，其中有一個目標，包含了「（學生需要有能力）在文句中、在全文中、在字面資訊之外、從讀者的知識所獲取的資訊中，整合文章的訊息」（Reading at a Glance 1987）。州政府部門在閱讀協會以及一些地方教育人員的幫助下，針對州內每一位老師進行閱讀教育政策的工作坊。這些工作坊是從一個認知心理學的觀點來呈現這項新的定義，也提供認知心理學和閱讀策略方面的研究資料給老師和地方的行政人員（例如 KWL、DRTA）。3 研討會的主辦人發展具有幻燈片和講義的教學模組，讓參與者在自己的學區和學校裡，推動他們的教師專業成長機制時可以任意使用。

此外，政策制訂者也修正了四年級、七年級和十一年級的閱讀測驗計畫，來反應州的政策制訂者對於閱讀教育所提出的變革政策。修正後的閱讀測驗方式與舊有的測驗方式有顯著的不同。先前的閱讀測驗，完全著重零散的閱讀技能和字面的理解，也包括了學生在回答問題之前必須閱讀的短文。相對地，修訂後的閱讀測驗以學生理解文章的能力為中心，要求學生不僅要針對文章的內容回答問題，也要運用他們的先備知識和經驗所提出來的問題加以回答。測驗的文選變得更長（大約在五百到二千字），而

---

3 作者註：KWL（Know/Want to Learn/Learned，了解／想要學習／學會）、DRTA（Directed-Reading-Thinking Activity，指導—閱讀—思考活動）和 QAR（Question and Answer Relationship，問題和答案的關聯）都是從認知心理學和閱讀的相關研究所發展出來的閱讀策略。這些研究發現，好的閱讀者使用這些和其他方法去閱讀。

且都取材自兒童文學。測驗也要求學生必須了解敘述文體和評論
的文體等等。

　　州政府的閱讀政策相當具有企圖心。州政府的政策制訂者在
試圖改變老師教導閱讀的方式上，跨出非常大膽的第一步。這是
他們第一次在州政府的政策方面，超越閱讀課程的內容規範，嘗
試影響學校的教學活動；而且，政策制訂者想像中的閱讀課程教
學，要求老師在閱讀教學上有相當戲劇性的改變。以往多數的閱
讀教學都著重在零散的閱讀技能，幾乎都不理會學生理解文章的
能力（請參見 Durkin 1978-79）。相較之下，這個政策要求老師
揚棄教導學生認識孤立的字彙、發音及譯解（decoding）技能的
訓練。取而代之的，是鼓勵老師引導學生藉由積極參與文章的閱
讀，去主動建構他們的意義。政策制訂者將閱讀視為一個從文字
當中建構意義的過程，而非僅從印刷資料中抽取知識的過程而已。

　　到底學區對州政府階層所頒訂的閱讀教育政策做了什麼樣的
回應呢？學區教育局的人員又對他們既有的閱讀課程做了什麼樣
的改善措施呢？以下的個案研究，提供我們檢視這些問題的機會。

◎ 一個學區的回應：帕克武德的個案

概述

　　帕克武德是一個郊區的學區，學區內有十二所小學、七千多
位學生。只有 6%以下的學生是少數民族，其他多數學生來自於中
產或中上階級的家庭。這個學區教育局的規模是屬於中等規模大

小，包括四位專業的成員和一位助理局長，主要負責處理課程及教學的議題。

帕克武德社區的民眾十分支持這個學校的系統。民眾高度重視教育，而且當地的居民對於這個學區和學生的實作表現，都抱持著高度的期望。根據一位資深學區教育局人員的說法，這個社區「清楚了解到，唯有優秀的學校才能夠帶領出優秀的社區」（訪談，1992 年 5 月 7 日）。其他的指標似乎也支持這些說法。舉例來說，在一九九〇到一九九一學年中，這個學區有超過四分之三的高中畢業生計畫繼續接受大專院校的高等教育。這個學區的學生在 SAT 的測驗中，語文和數學的平均分數都高過全國的平均分數。在州的閱讀、數學和自然科學測驗中，當地學生的表現也超越州的平均分數。學區教育局和學校階層的行政人員表示，這個社區的民眾相當注重當地學生在官方考試上的表現。

帕克武德學區教育局的官員相當關心州政府新頒訂的閱讀政策。他們對帕克武德的教師做了許多的政策宣導，而且也改變了引導老師教學的系統（例如，使用新的教科書、課程指引、測驗等），目的就是想要改變教室裡的閱讀教學活動。社區民眾對於學區學生在州測驗表現出來的興趣，無庸置疑地提供帕克武德的學區教育局足夠的誘因，去主動關心州政府新頒訂的閱讀政策。畢竟，閱讀測驗計畫是州的政策制訂者為了整體改革閱讀教育的努力，所規劃的一部分。雖然這樣的情境因素具有影響力，但他們也只稍微解釋了帕克武德學區針對州政府新頒訂的閱讀政策的程度和本質所做的回應而已。帕克武德學區的教育局行政人員因為各種不同的理由而關注新的政策，也使用許多不同的方式回應

這些政策。對於閱讀教學的信念和知識，以及他們正面臨的改革議程，都塑造了他們對於州政府新政策的關注和回應方式。換句話說，學區教育局裡每一個行政人員的特質，以及這個學區的特殊情境因素交互影響的結果，主宰了帕克武德回應政策的方式。

　　仁笙是國小教育部分的主任，而羅伯特則是學校學習的專家，他們共同主持一個學區教育局的委員會，負責審查現行的閱讀課程。他們在帕克武德學區回應新頒訂的政策中，扮演了舉足輕重的角色（這兩個名字都是匿名）。接下來，就讓我們來討論他們學區教育局所做的努力，以及在引導老師教學時所做的變革。

變革的情境

　　在一九七〇年代後期以前，帕克武德並沒有一個學區強制使用的閱讀課程。事實上，在一九七〇年代末期之前，學區教育局幾乎沒有注意到教學的重要性，當然，在學區教育局裡也沒有人負責這項工作。所以在實際執行時，學區裡的每一所學校像極了一座小型的「孤島」，由個別的校長和老師自行負責課程和教學的課題（訪談羅伯特，1991 年 7 月 18 日）。這個學區推動許多不同的閱讀計畫，而大部分的閱讀教學是「基礎領域的學習」（訪談校長一，1991 年 2 月 19 日），那時候鮮少看到脫離這種傳統閱讀教學的方式。

　　然而到了一九七〇年代末期，學區教育局在課程的領導上開始扮演一個強勢的角色，新聘了三位專責人員負責課程與教學的事物，其中還包括一位新的教育局助理局長。首先，學區教育局為所有的老師選擇了一套整個學區適用的閱讀教科書。教師必須

在教完每個單元和整本書的時候,將他們的學生在學區整體規劃的閱讀基本能力測驗的成績,回報到學區教育局;而且,老師也要在每個年級執行學區所頒布的標準化閱讀測驗。在那段期間,學區也在整個學區開始使用一種全新的學生成績單,每一位老師也都必須參與瀚特女士所推動的「由教學原理到實務工作」(Instruction Theory into Practice, ITIP)模式的研習活動。在這段期間,學區教育局所推動的閱讀課程強調的重點是零散的閱讀技能(例如編碼或譯碼的運作)。也誠如一位校長所說的,這種作法是要回應當年全國風行的「回歸基本能力」的閱讀運動(訪談校長二,1992 年 5 月 8 日)。

當年有少數幾所學校支持更具有創新構想的閱讀教學方法,他們採用坊間出版的童書繪本教導閱讀課程,而不是回應閱讀的基本能力而已。但是在整個帕克武德學區,這樣的作法是屬於特殊個案,而非一般正常狀況。卻也因為這些學校已經進入這樣的教學環境,使得帕克武德學區在一九八〇年代中期,能夠快速地接受州政府新頒訂的閱讀政策。

政策的參與

在帕克武德學區,儘管州政府新頒訂的閱讀政策,與學區教育局當年正在大力推動的閱讀課程有明顯的差異,不過,州政府新頒訂的閱讀政策還是受到教育局人員極大的青睞。小學教育部分的行政主管——仁笙,急切地想要在帕克武德學區推行這項新的閱讀政策。州政府對於閱讀的新構想,對仁笙而言並不陌生,這些政策剛好符合她對教學的理念(訪談仁笙,1992 年 9 月 23

日）。在一九七〇年代，她擔任學校主管時，所鼓吹的許多教育實務工作，正好和州政府新頒訂的閱讀政策相互吻合（例如，重視閱讀的理解力，而不是訓練一些孤立的技巧，以及使用文學作品來教導學生進行閱讀的學習）。在一九八〇年代早期，她擔任學區教育局的工作，就希望在整個學區的小學推動她以往擔任校長時，曾經成功推動過的許多教學策略（訪談仁笙，1992 年 9 月 23 日）。而州政府新頒訂的閱讀政策，讓她在教學改革議題上有了適切的法源依據。仁笙推派了三位學區的代表，參加州政府教育廳所舉辦的課程審查研討會。根據參加研討會當中的一員，羅伯特表示，雖然提出的理想不很新奇，但還算相當合理。

　　羅伯特也將州政府新頒訂的閱讀政策，視為帕克武德學區教育局行政人員從瀚特強調基本能力的 ITIP 教學模式轉移開來的一項工具（訪談羅伯特，1992 年 4 月 11 日）。就羅伯特的觀點來看，州政府舉辦的研討會提供帕克武德學區一個改變課程與教學的機會：

> 我認為「州政府的定義」對我們的學區來說，提供我們一個大好機會，可以遠離那些抑制孩子進步的技能（訓練學生編碼的能力）（訪談羅伯特，1992 年 4 月 11 日）。

　　當羅伯特和她的同事從課程審查研討會回來時，他們鼓勵仁笙和其他資深的行政人員組成一個任務小組，根據州政府對於閱讀課程的創新見解，檢視學區的閱讀課程。

閱讀指引和閱讀的哲學

在學區教育局其他人員，以及一個由學區老師組成的委員會的協助下，仁笙開始針對學區教學指引的系統進行大幅度的檢視。學區教育局在一九八八年頒布一個修訂過的學區課程指引。至少在書面資料方面，如果我們比對這些文件和稍早學區所使用的課程指引，就可以發現在閱讀教學方面，帕克武德學區已經進行了一場教學方面的改革。學區在一九八八年的閱讀哲學說明如下：

> 閱讀是動態語言歷程中的一個要素。這告訴我們，讀者所建構的訊息，是依賴讀者的背景經驗、作者寫作的目的、正在閱讀的文章類型，以及讀者閱讀的目的，幾項因素相互作用而得來的〔帕克武德學區的閱讀課程指引（Parkwood Reading Curriculum Guidelines）〕。

結果就是，「閱讀的教導應該著重在思考的歷程，而不是一連串零散的技巧」（帕克武德學區的閱讀課程指引）。呼應州政府新頒訂的定義，新的閱讀哲學象徵著它要遠離帕克武德學區以往使用的老舊閱讀哲學，那種老舊的閱讀觀點認為，閱讀是編碼和識字的過程，其實也只是一系列孤立的技能訓練而已。

閱讀教育方面有許多嶄新的理念，都深植在學區的教學指引系統中，也說明他們將要和典型的閱讀教學有十萬八千里的不同：教師將會把重點放在閱讀的理解能力上，而不是訓練學生零散的閱讀技能。他們將使用真實的文學作品去教導閱讀，而不是選讀

一些特殊字彙的文選。他們會透過整組教學的方式來教導閱讀，而不是用能力分組的方式來教學閱讀的課程。

「帕克武德學區的閱讀哲學和閱讀課程指引」，反映了州政府新頒訂的官方文件中所提出的構想，這些構想包括了教師專業成長的工作坊，以及修訂之後的測驗計畫。指引描述閱讀是一個「互動的歷程」，而且他們相當強調閱讀的策略（例如KWL、QAR），而這些策略正是州政府教育廳官員在工作坊所廣為宣導的策略。這樣的指引將閱讀課程的重心集中在閱讀的策略，強化理解能力的培養，遠超過個別編碼技能的訓練。事實上，依據帕克武德學區的課程指引，閱讀的目標和州政府所頒訂的政策是完全符合的。而帕克武德學區似乎比州政府的立場更超前一步，特別將某些特定的策略搭配某個特定的學習目標。

然而儘管有這些相似之處，還是有一些值得注意的差異。帕克武德學區的教學指引所包含的許多教學構想，和州政府的政策文件相比較，還是顯得比較新奇些。帕克武德學區的指引中有一整段，專門用來引導老師在教導閱讀課程時，應該特別著重的「閱讀的發展階段」。指引詳細說明閱讀發展階段的細節——這是州政府的閱讀政策沒有提到的：

- 隨機的閱讀（Emergent Reading）
- 初始的閱讀者（Beginning Readers）
- 強化的閱讀（Reading for Consolidation）
- 為學習新事物而閱讀（Reading to Learn the New）
- 自主的閱讀（Reading for Independence）

6. 成熟的閱讀者（Mature Readers）

這些指引也提供老師一些指標，可以用來評量學生閱讀發展的階段，並且詳細記述每一個階段有助於學習的歷程。這些指引也鼓勵教師要統整閱讀和寫作的教學。

這些附加的理念有一部分是來自仁笙的建議，她將州政府的閱讀政策視為一個推展其他教學議題的機會，這些教學議題有許多是她從一九七〇年代開始注意英國幼兒學校哲學（British Infant School philosophy）就擁抱的理念。一九七〇年代，當她還是一個小學校長的時候，她倡導所謂適性發展的教學措施（developmentally appropriate practices），鼓勵教師們發展能夠滿足學生個別需求的教學方式（訪談仁笙，1992 年 9 月 23 日）。在一九八〇年代中期，她開始在帕克武德學區推展的教學議程上，這些信念似乎扮演重要的角色。仁笙所推展的議程當中，相當重要的就是「適性發展的教學措施」（developmentally appropriate practices, DAP）。她描述 DAP 為「了解孩子們……在成長的發展上，有非常不同的速度……學校的教學實務必須反映這樣的觀點」（訪談仁笙，1992 年 9 月 23 日）。根據另一個學區教育局的行政人員的觀點，「DAP 的設計是要促使教室的教學圍繞著孩子的舊有經驗為基礎……看看孩子們能夠做些什麼事情，然後再從那裡，以孩子擁有的優勢發展和成長」（訪談，1991 年 8 月 19 日）。在許多方面，州政府的閱讀政策提供仁笙一個修訂學區閱讀課程的機會，可以在整個學區推動 DAP 的課程和其他嶄新的教育理念。

仁笙也相信，寫作在閱讀教學扮演非常關鍵的角色（訪談仁笙，1992 年 9 月 23 日）。雖然州政府的政策沒有提到寫作，不過，仁笙在帕克武德學區回應州政府的政策所推動的閱讀課程改

革，鼓勵老師統整閱讀和寫作的教學。

教科書與教材

　　仁笙也密切結合閱讀的教科書和其他具有閱讀指引的教材，使她的構想更能夠順利地進入教室。在這種情形下，學區選購了新的教科書，也重新設計學生的成績單；而這個新的學區教育局也強制要求閱讀的教學必須採用小組的方式進行、使用習作，而在閱讀教學時，學習專家的角色也給了適當的角色。

　　在這個時候，學區教育局開始強制要求學區內的老師必須採用三種以文學為主的閱讀教學計畫，取代從一九八〇年代早期以來，就已經使用的以技能為本的閱讀教學計畫。這些教科書似乎與帕克武德學區的閱讀教學指引所呈現的許多理念相當一致。例如，學區所挑選的三本教科書中的一本，特別著重在閱讀策略在教導閱讀時的運作（訪談校長一，1992 年 2 月 19 日）。學校也獲得足夠的經費，以便購買學區所指定的三本教科書中的一本。不過，學校也可以運用這些經費去購買兒童文學以取代閱讀教科書。仁笙散播的訊息似乎告訴老師一件事情，那就是真實的文學作品是教導閱讀應該使用的教材。教師考量之後，可以選擇以文學為主的教科書，或直接挑選文學作品。但是教師們並沒有完全的自由，學區教育局非常抗拒老舊的技能訓練教學，盡可能中斷那方面的經費補助。仁笙也告訴學校，他們不能再訂購任何閱讀課程所提供的習作或練習本，學區教育局將會拒絕處理習作本的訂購手續。學區教育局所發出的訊息相當清晰、明確：孤立技能的訓練將不再是閱讀教育可以接受的教學模式了。

仁笙也使用了其他策略，來實現這項閱讀教學的新構想，這些策略當中也包括了評量學生學習的制度。學區新使用的成績單在閱讀這一項，將不再使用等第的方式評量。新的成績單著重學生對於閱讀的態度，和他們對於文章的理解能力。另外，仁笙也通告老師們，在閱讀教學方面，不能再使用能力分組的方式，而且閱讀專家不能再把學生抽離去做補救教學。相對地，在老師認為適當的時機，專家將會在教室裡和老師共同協助學生的學習。

這兩項指導原則，很清楚地指出，仁笙希望不要在低成就學生的身上，再看到任何基本技能的訓練。傳統的作法是讓學習專家和一群閱讀能力比較低落的學生進行個別閱讀的學習，這些學生通常在標準化測驗的表現比較差。學習專家經常讓這群學生練習零散的文字技能。為了把焦點集中在理解力和教導文章的上下文義，而不要花費力氣和經費在獨立零散的技能訓練，仁笙的指令是要將任何以技能為本的訓練機會都完全移除。接下來，仁笙訪視每一所學校和每一間教室，以便督導這些指令的落實。而校長和老師們似乎也將訪視看得很認真（訪談學校校長，1992 年 5 月 8、13 日；1991 年 2 月 19 日）。

教職員的專業成長

為了在學區裡宣導州政府新頒訂的閱讀政策，羅伯特被選為這個學區的閱讀任務小組的主席。有了州政府的經費以及其他教職員的協助，羅伯特開始依據新的閱讀政策，設計一個可以在學區內進行的教職員專業發展計畫。擔任推動小組的主席，讓她有許多機會在回應州的政策時，來塑造帕克武德學區的課程與教學。

　　羅伯特把州政府的改革訴求，詮釋為一個可以支持她對於她閱讀教育的信念。當她在一九七〇和一九八〇年代早期，擔任補救教學老師的時候，相當關心許多流行在閱讀課堂上的基本技能訓練，閱讀和寫作變成了太狹隘的閱讀技能訓練。她在擔任幼稚園老師的經驗，特別是那些提供給貧窮子弟的幼稚園教育（Head Start）（審訂者註：Head Start 是美國強生總統時期開始提供給貧窮子弟進入幼稚園獲得均等教育機會的教育政策之一，目的是要讓全國民眾都有獲得均等教育的機會），似乎影響她對於閱讀教育的認知和信念：

> 我教過幼稚園。你知道的……當你的工作對象是小朋
> 友，並且看到隨機閱讀的樣子，當你真正觀察孩子們會
> 使用許多不同的方式學會閱讀的技巧，就知道採用那些
> 零散的技巧進行教學，是幾乎不可能達到教學目的。所
> 以我認為（州政府的定義）相當令人振奮，而我也真正
> 為它感到興奮（訪談羅伯特，1992 年 4 月 11 日）。

　　對羅伯特而言，這個閱讀政策並沒有提供閱讀教育一個最好的答案；根據她對於閱讀研究的了解，讓她相信在閱讀教育方面並沒有一個所謂最好的方法（訪談羅伯特，1990 年 7 月 30 日、1992 年 4 月 11 日）。她相信，老師們應該按照學生的特質以及文章的上下文義，使用不同的方法進行閱讀教學活動；她也認為，老師們需要使用一些研究的成果，來建構自己的教學實務。那個信念對於她所規劃的教師專業成長活動，有著強烈而直接的影響：

> 我並不是想要呈現這樣一種均衡的圖像……我是說在
> （閱讀教育）方面還沒有任何一致的觀點……以這項新
> 的閱讀定義來看，它看起來好像是說，閱讀方面的專家
> 對於閱讀教育有一致的觀點了，但實際上是還沒有，因
> 為我還持續在閱讀（研究）以及其他的東西（訪談羅伯
> 特，1990 年 7 月 30 日）。

　　羅伯特在帕克武德學區規劃了一個很特別的教師專業成長工作坊。老師們和學區裡其他的雇員，參加了一個為期十週、每週三小時的工作坊。這十週的工作坊在十八個月內還另外進行了三個梯次。工作坊邀請了國內知名的閱讀研究人員做些分享和報告。在整個過程當中，閱讀研究者特別關注州政府的定義，以及許多隱藏在定義背後的相關研究〔例如，後設認知的介紹（metacognition）〕。許多課程為了搭配州政府在教師專業成長的付出，也特別著重閱讀的策略（例如 QAR、KWL）。然而，工作坊的講座也提供了許多不同的閱讀觀點。例如，有些課程著重在閱讀與寫作教學的連結。這樣的作法讓教師有機會學習課堂上可以統整閱讀和寫作的教育策略。

　　此外，許多講座並沒有提供教師一些可以在課堂上運作的實用技能，反而著重在讓老師們發展自己對於文學的哲學觀，以建構自己的閱讀教學策略。例如，有一個講座讓老師們自行定義閱讀和寫作的定義，進一步發展他們對於文學的理解。這堂課先讓教師們閱讀不同難度的文選，以便讓老師們了解閱讀的意義。依

據他們閱讀的方法，以及閱讀文選時遇到的困難，教師們發展了一個閱讀歷程的定義，並且考慮這樣的定義將會如何影響他們教導閱讀的方法。

帕克武德學區在教師專業成長的付出，與州政府的付出有明顯的不同。大致來說，州政府贊助的工作坊著重新方法的提供——尤其是閱讀策略——去教導閱讀。相對地，帕克武德學區的工作坊著重的，遠超過提供閱讀教學的一項策略而已，他們也提供教師們對於閱讀和寫作教育的不同觀點，並且挑戰老師們建構自己的教學方法。

在一九八七到一九八八年間，學區改變了教師專業成長的方向，他們比較著重在閱讀策略的說明，以便讓老師們可以在課堂上使用，反而不讓教師們有機會可以內化他們個別的定義，所以，參與工作坊的老師就比較沒有機會將他們的觀點運用在自己的教學上。當羅伯特不再主持這個學區的推動小組任務後，新的主席想要讓教師有更多的機會學習如何在教室裡面運用閱讀的策略。更進一步地，因為州政府很快就要實施修訂後的閱讀測驗，學區教育局的主管相當擔心學生的測驗成績，所以更想要確定每一位老師都知道新的閱讀策略。

學區教育局人員的認知和信念的影響

仁笙和羅伯特兩人回應州政府的閱讀政策所做的努力，導致帕克武德學區在語言課程方面做了大幅度的重新聚焦。他們都支持具有前瞻性的閱讀教育理念，例如，統整閱讀和寫作的教學方法；而且，這樣的理念塑造了他們針對學區教育局在教學指引制

度上的重大改革。仁笙和羅伯特詮釋了州政府的政策，以適應他們個人的教學改革議題。最後的結果就是，州政府的政策制訂者在推動改革的時刻，也引用了帕克武德學區教育局所採用的策略。因此，州政府的閱讀政策對於帕克武德學區教育局的閱讀課程，就相當依賴仁笙和羅伯特對於閱讀教育的信念和認知，以及他們對於這項政策所做的努力。

不過，在他們改革閱讀教育的努力中，也有些明顯的差異，部分原因是他們對於如何改變多數閱讀教學，分別抱持著不同的信念。怎樣規劃才能夠最有效地改變老師的閱讀教學方式，仁笙的教育信念影響她在帕克武德學區改革閱讀教育的努力。在改變老師方面，仁笙所抱持的知識和信念，似乎支持一個必須依賴學區強制每一位老師都需要使用她想要推動的教學方法。她相信，「如果你沒有強制要求，變革就不會發生」（訪談，1992 年 9 月 23 日）。這個學區的教學指引機制（例如教科書的採用以及課程指引），在仁笙的支配下，也塑造了她改革帕克武德學區閱讀課程的方式。雖然這個學區的教學指引機制，對帕克武德學區的老師傳達閱讀教育的新觀念時，是一個有效率的、有效果的方法，但它幾乎沒有提供任何機會，讓教育局的人員可以根據老師的個別需求和他們的學習風格，調整修正原先的想法。

仁笙在閱讀教育上鼓勵老師進行變革的努力，和羅伯特所採用的方式相當不一樣。羅伯特相信，教師需要有機會去建構自己的閱讀教學，所以她發展的教師專業成長活動也提供這類機會給學區的老師們。相對地，仁笙推動閱讀教育的變革時，很少讓老師有機會去建構他們自己的教學。所以，她認為每一位老師在進

行閱讀教學時，都要遵從她所指示的特定閱讀策略，例如摒棄習作本和能力分組。仁笙對於變革的強制要求，和羅伯特的教師專業成長工作坊之間，也有相當的差異。因此，雖然仁笙和羅伯特都支持在帕克武德學區的閱讀教學中，進行前瞻性的變革，但是，卻有兩個截然不同的途徑進行教學改革的工作──一個是提供個別老師相當大的彈性，另一個則清楚定義某個特定的閱讀教學方法。

　　總而言之，帕克武德學區在宣導新的閱讀構想時相當廣泛的推廣，也相當具有雄心壯志；而且我們發現，在不同的創新計畫中也有相當的一致性：他們都呼籲在現存的閱讀教育中尋求改變。雖然顯現出來的改變並不一致，但是每一個想法都與現存的閱讀策略不同。帕克武德學區的例子使人意識到，過去十年裡，這個學區的教育局在課程與教學的管理和政策擬定上，是一個強勢的領導角色。學區教育局運用許多教學指引機制，讓老師在教學和課程具有更強勢的領導地位（例如新的教科書、教師專業發展）。這些機制的改變，反映了州政府新頒訂的閱讀政策，也同時反映學區教育局主管人員所倡導的其他計畫。雖然州政府的閱讀政策影響學區教育局的閱讀課程，但是學區教育局的人員也反過來左右著州政策的走向，他們利這個機會推動州政策文件中沒有提到的閱讀教學計畫。

⬡ 討論

　　這樣的個案研究讓我們了解到，學區在課程與教學政策制訂上，應該扮演什麼樣的角色呢？當州政府新頒訂一項閱讀政策，想要改變老師的教學內容和方法時，學區可以如何應變呢？我們發現了以下的三個觀察結果，在回答這樣的問題時扮演關鍵的角色。

學區教育局在實施州政府新政策的過程中扮演著重要的角色

　　學區教育局的付出，要確保他們將會有許多帕克武德學區的老師參與州政府的閱讀政策。學區教育局的行政人員再把學區教學指引機制集中焦點進行改革，也給老師們大量的獎勵，專心學習州政府新的閱讀政策。學區教育局的課程指引、教科書的採用和學生的成績單，以及許多其他項目在內，都進行改革的工作，以便融入州政府政策所提倡的閱讀教學想法。另外，學區教育局也相當投入教師專業發展的工作坊，讓帕克武德學區的老師可以享有比較多的資源。顯然，學區主管回應州政府的閱讀政策所抱持的態度，強化了政策所帶來的新訊息。

　　在一個州教育廳沒有足夠的資源可以資助廣泛的教師專業進修時，學區採用這樣的創新方式回應是相當關鍵的，這樣才可能讓改革的訴求走進每一所學校。另一方面，如果關鍵的教學指引機制（例如教科書的採用）是掌握在地方的層級，那麼學區教育

局的回應方式，明確地反應了州政府的新政策是否能夠改變每一
所學校的教學方式。

學區教育局的管理階層不僅僅是國家政策的執行者

在帕克武德學區的例子中，州政府的政策在學區教育局的層
級有所更改。學區教育局的領導階層對州政府的閱讀政策所做的
闡釋和回應方式，相當程度地重新塑造這項政策。雖然學區教育
局挑選和宣導了州政府所頒訂的閱讀政策中的幾項關鍵想法（例
如閱讀策略、需要強調學生的理解），但是他們也將這項政策視
為推動其他閱讀教育計畫的大好時機。學區教育局在改革帕克武
德學區的閱讀教學所做的努力，也強調許多在州政策文件上沒有
出現的構想。例如，帕克武德學區的閱讀指導方針相當注重閱讀
發展的階段、鼓勵老師設計適合每一個學生的閱讀教育；而這些
指導方針和教師專業成長工作坊，也鼓勵老師們統整閱讀與寫作
的教學活動。

學區教育局主辦的教師專業成長工作坊，也以其他的方式潤
飾了州政府的新政策。雖然提倡政策所倡導的許多觀點，但是在
教師專業成長的工作坊時，也看到許多迥異的想法可以改革閱讀
的教學活動。例如，我們發現，有許多工作坊的講座引導老師理
解他們自己對於閱讀的意義，並且鼓勵他們重新思考現行的閱讀
教育。老師們聽到許多閱讀研究的不同觀點，因此挑戰他們去建
構自己的閱讀教學方法——這一點和州政府在教師專業成長的付
出有相當的差異。在州政府舉辦的教師專業成長工作坊，講座只
強調高度結構化的閱讀教學方式（例如閱讀策略的教導），並且

鼓勵老師回到課堂之後，運用這樣的閱讀策略在自己的教學上面。

一個混和著組織與個人的複雜因素，塑造了學區教育局主管階層回應州政府政策的方式

幾個組織的因素解釋學區教育局如何回應州政策。帕克武德的學區教育局投入大量的財政資源，執行一個雄心壯志的教師專業成長工作坊，而且購買以文學為基礎的新教科書，來支持州政府的政策。另外一個塑造他們回應方式的組織因素，就是學區的教學指引機制。例如，因為學區教育局決定採用何種閱讀教科書，所以學區主管有一個現成的工具，可以傳播新的閱讀教育給每一個在帕克武德學區教書的老師。他們選定的教科書是以文學為基礎，所以鼓勵老師們專注於閱讀的策略和學生的理解能力。同樣地，學區的課程指引和學生的成績單，也讓學區教育局主管有其他的管道，可以向每一位老師宣導州政府的新政策。

無論如何，組織的因素只能夠部分解釋學區教育局對州政府政策的回應。學區教育局關鍵主管的人格特質——羅伯特和仁笙的人格特質也塑造了學區回應政策的方法。

羅伯特從過去在幼稚園教導兒童的經驗中得知，零散的閱讀技能訓練將會阻礙學生成為一個優良的閱讀者。她將州政府的政策，看做一個帕克武德學區可以遠離零散的拼讀法、編碼和字彙等技巧訓練的閱讀教學的大好機會。她鼓勵學區教育局主動回應政策，但她也把這項政策看做一個機會讓老師可以研讀閱讀研究，並且建構他們自己的閱讀教學方法。因此，她所舉辦的教師專業成長工作坊，讓老師認識許多不同的閱讀研究報告，而不是單純

示範一個和多數老師現在所進行的閱讀教學模式相差迥異的替代方案。事實上，羅伯特曾經公開地批判州政府政策那種以策略主導的教師專業成長工作坊。

　　仁笙在閱讀方面的認知和信念，在塑造帕克武德學區回應州政府的閱讀政策時，也扮演了舉足輕重的角色。例如，她鼓勵老師們統整閱讀和寫作的教學活動，因為她相信學生寫作的智能可以助長他們的閱讀能力——即使州政府的政策沒有注意到寫作教學方面的事項。同樣地，因為她深信教學活動必須配合學生的發展階段，所以，這樣的觀點也影響她在帕克武德學區詮釋和宣導州政府的閱讀政策時所採用的方式。

　　然而，仁笙促使教師改變閱讀教學的方式，與羅伯特的相當不一樣。仁笙鼓勵老師們遵循一些規劃完整的教學方法（例如閱讀的策略），而這套教學方法是由學區教育局所強制要求的項目。相對地，羅伯特則鼓勵老師們根據他們對於閱讀研究的嶄新了解，去建構自己的教學實務工作。

　　總而言之，羅伯特和仁笙對於閱讀教育和教師改變的信念和認知，對於教育局回應州政府政策時都扮演了重要的角色。儘管如此，組織的因素，如學區的經費補助，在學區教育局對州政策的回應上，也扮演一個非常重要的角色。學區教育局主管的認知和信念，與許多組織的因素（例如財政資源和教學指引方針）都會交互影響著，左右了州政策在學區教育局階層的結果。組織因素的重要性，仰賴著主管者對它們的感知和運用。例如，學區的財政資源使羅伯特可以舉辦大規模的教師專業成長工作坊。不過，羅伯特是那個重要的推動者，利用可資運用的資源，提供老師們

在閱讀教育方面一系列的前瞻性工作坊。而她的認知和信念,也塑造了教師專業成長計畫的本質,以及他們帶給老師在閱讀教育方面的新訊息。

　　在過去的十年當中,帕克武德的學區教育局在課程與教學的管理和政策制訂上,扮演了一個非常積極主動的角色。從一九八〇年代早期,學區教育局重新掌握了傳統上委由各個學校獨立發展課程的決定權力。學區教育局精心規劃了一套教學指引機制,來影響學區裡每一間教室的教學活動。這個個案研究建議,雖然州政府的閱讀政策代表著一種州階層政策嶄新的決心,想要推動一個雄心壯志的教學方法,但是,這樣的規劃並不會減弱學區對於課程與教學的管理和政策制訂等相關事項。當州政府開始進入教學政策的領域範圍時,學區教育局在課程和教學方面的活力反而提升許多,而不是變得更為懦弱。事實上,學區教育局擴展了它的政策制訂範圍,甚至涵蓋了閱讀方面的教學法。學區教育局的創新計畫強化了州政府的政策所帶來的訊息,也更改了州政府的政策內容。帕克武德學區的個案建議我們,各個學區對於州政府階層進行教學改革的努力,可以做出非常有貢獻的付出。

　　這個個案也建議:當我們在探求學區在州政府的政策和教學實務的關係,應該扮演的角色時,必須同時關注組織和個人的因素。學區教育局主管對於教學和教師改變教學方法的認知和信念,是影響學區教育局回應和制訂州政府政策的關鍵角色。

第十一章

調和「由上而下」與「由下而上」的教育改革策略

✽ *Michael G. Fullan*

譯者：台北縣瑞柑國小教師兼主任　戴雲卿　✽

　　針對「由上而下」（top-down）的教育改革策略所進行的各
種大小規模研究報告（無論是採用自願性或強制性），都持續地
說明了大多數的個案在地方實施的結果已經失敗了。自發性的教
育改革當中，最著名的研究就是由Berman和McLauglin等人在一
九七八年所執行的蘭德改革機構（Rand Change Agent）（審訂者
註：Rand Change Agent是美國在一九八〇年代推動全美境內的教
育改革時，相當重要的一個非營利機構）所執行的研究報告了。
他們總計調查了二百九十三個由聯邦政府所贊助的地方教育改革
場域，結果發現，即使是自發性的採取教育改革策略，學區經常
是在因緣際會的關係下參與教育改革的，而不是真正有意願想要
改革。

　　地方的學校高層人員很可能想要獲得短期、額外的資源，
　　而參與教育改革的專案計畫。就這個範例而言，促使學
　　校參與專案計畫的主要動機，應該是可以獲得聯邦政府
　　所提供的經費，而不是改變教學實務的可能性。我們發
　　現還有另外一種可能性，就是學校的管理者可能認為，
　　參與教育改革專案計畫（change agent projects），可以
　　當作應付官僚政治或政治壓力的「低成本」作為。參與
　　教育改革專案計畫本身常被賦予官僚式的目標，也就是
　　讓學區在整個社群當中看起來是最現代化與進步的。當
　　然，我們發現還有一種可能性，就是參與改革專案計畫
　　是要讓社區當中某些特殊的政治壓力團體，針對他們特
　　殊的興趣有機會可以做些事情。不管學校參與專案計畫

的特殊動機是什麼，他們通常欠缺真實而嚴肅的教育省
思（Berman and McLaughlin 1978, p. 14）。

在一九七〇年代，因為教育改革的失敗所帶來的不滿情緒與
日俱增時，州政府及學區主管決定採用愈來愈多的強制措施。Cor-
bett 和 Wilson（1990）在馬里蘭州及賓州針對全州統一進行的強
制測驗，所進行的影響研究報告，就是其中一個個案。他們發現
新的州測驗要求，確實引起地方層級的行動，不過卻是將課程窄
化，甚至創造了一個違背教育改革精神的情形出現。

爲了讓學生在高度利害相關的測驗（譯註：high-stakes
tests，類似國內的聯考或者是基本學力測驗）中，能夠
獲得讓人滿意的成績表現，教育界的伙伴發展出一種近
似「危機意識」的方法，就是在他們的教學中，很快地
跳進「解答」的階段，來應付各種特定的議題（譯註：
如國內應付升學考試時，老師考前猜題，要求學生強記
背誦）。同時他們也窄化教學策略的可能，只使用某些
教學方法來教導學生；他們更窄化了學生學習的課程內
容，甚至縮減學生可以選修的課程範圍（Corbett and Wil-
son 1990, p. 207）。

Corbett 和 Wilson 也證實了一些原先根本就沒有想過的後果，
包括學校必須將注意的焦點和精力，從比較基本的學校整體架構
和教學實務上分岔出來，而忽略了改革所急需的教師動機、敬業

精神與教師同儕的專業互動。他們的結論是：「當專業的教育界
伙伴對於全州測驗的大多數回應，是連教育界伙伴都認為和長期
改善學生的學習相衝突時，那麼，這個議題就是一個『政策制訂
上的問題』。」（p.321）（審訂者註：這就是國內熟悉的「上有
政策，下有對策」的同義詞。由於政策通常相當短視，所以許多
老師都已經習慣等候一段時間之後，某項教育改革政策退熱之後，
就會有另一波教育改革出現，最後的結果就是根本沒有必要改變
自己的教學方式，這樣的心態影響教育改革的推動）

　　就一個涵蓋層面更廣泛的範圍來分析，Sarason（1990）就曾
經指出，我們曾經花費大筆的經費在「由上而下」的教育改革，
卻幾乎看不到任何成效。Sarason 觀察到，這樣的改革付出確實有
改變的潛在理論：

　　　改革可以透過我們所提倡的嶄新政策、或是透過立法程
　　序、或是制訂新的實作表現的標準、或是創造一個「要
　　學就要認真點，否則就送到外面去管訓」的氛圍（譯註：
　　shape-up-or-ship-out，量身訂作好學生或送去資源班）
　　（審訂者註：譯者這裡所提到的還相當客氣，其實更不
　　客氣的說法就是「要就乖乖聽話認真學習，要不然就給
　　我退學」），或是「以上皆可」的策略來推動。在概念
　　方面，它和裝配生產線的工作進行具有相當雷同的原
　　理──也就是說，裝配生產線上的員工感受，以及對於
　　生產線的付出，並不是最重要的；甚至可以說，他們的
　　感受連一點基本的重要性都沒有。生產線上的工人（解

讀爲：教育人員）會變來變去的（Sarason 1990, p. 123）

（審訂者註：也就是說，生產線上的工人可以整批更換，
也不會改變最終的產品品質，因爲生產線的底端還有一
個品質管制的專業人員嚴格把關，在工業生產，我們稱
他們爲品質管制人員。學校的老師更換也不會眞的影響
學生的學習，只要採用反覆的測驗，就可以逼出某些學
生的潛能，例如傳統的聯招或是目前使用中的基本學力
測驗）。

　　政治方面缺乏耐心，以及政治上經常便宜行事的態度，都是
可以理解的激發因素，但是如果我們把它們視爲教育改革的策略，
就會是無效的。政府根本就無法強制要求民眾認同什麼才是重要
的事，因為最能夠影響民眾接受事實的，是那些來自於地方的動
機、技能、專業技能背後的理論與承諾。就像 Goodlad（1992）
的觀察所告訴我們的：「政治上，由上而下所推動的教育改革運
動，主要訴求就是希望獲得組織再造而已。不過，這樣的訴求對
於教育實務確實沒有多大的影響。」（p. 238）

　　簡單來說，中央集權的改革策略對於教學現場的改革工作，
有個不良的紀錄。這個失敗經驗使得某些人認為，只有依靠地方
主動推展、進行地方分權的教育改革，才有可能會成功地改變教
育現場的實務工作。學區本位管理（site-base management, SBM）

（審訂者註：國內通常將它翻譯爲「學校本位的課程發展」，但
是更貼切的翻譯，應該比較接近「學區本位的課程發展」；也就
是說，當我們剛剛從一個全國統一的課程發展，進展到學校本位

課程之前，需要先經過各縣市的課程自主發展，再進一步發展為學區的課程自主發展，最後才是學校本位的課程自主發展，這樣的順序才比較可能成功）是目前教育改革當中最具有權威的論點。然而，到目前為止，草根性的改革訴求，而且有優勢的教育改革工程，仍只停留在理論階段。在〈教育改革的新意義〉（The New Meaning of Educational Change）這篇文章當中，我檢視了學區本位課程管理的證據之後，得到的結論是：將組織再造的改革權力下放給學校，或許可以改變學校管理經營的程序，但是，根本就不會影響學校老師的教學與學生的學習，這個最核心的問題（Fullan 1991, p. 201）。可以支持這樣的研究證據也不斷地湧現出來。

　　Taylor 和 Teddlie（1992）在一個「組織再造的楷模學區」的報告當中，研究那些在楷模學校進行教學改變的幅度和程度，也獲得類似的結論（p. 4）。他們檢視了三十三所學校（其中有十六所學校是屬於那種已經建立「學校本位課程管理」計畫的實驗學校，而其他十七所學校則是在同一學區中的一般學校）。Taylor 和 Teddlie 確實發現，在實驗學校的老師的確在參與相關的教育決策上表現出較高的水準，不過，他們在教學策略上並沒有實質上的改變（在前述兩組案例中，都呈現出傳統的「教師主導的教學模式」與「學生低落的參與」現象）。此外，他們發現老師進行協同教學的情形也不多見。三十三所學校中，只有兩所學校的老師能廣泛地協同教學，而且這兩所學校也都不是實驗學校。Taylor 和 Teddlie（1992）觀察到：「在這次的研究中，我們發現老師沒有改變他們的教學實務慣例……所以我們可以這麼說，提升老師參與決策的過程，並沒有克服教師的專業自主的常模，因為唯有

提升教師的專業自主模式，才能夠讓老師感受到賦權增能，進一步與他們的同儕協同合作。」（p. 10）

　　經由教室觀察所得到的其他證據，也無法證明教室氣氛以及學生的學習活動，在實質上有根本的改變。雖然使用相當多華麗的辭藻來描述他們的發現，而且 Taylor 和 Teddlie 也看到（老師對於）所謂「對於教學專業對話的渴望……不過是學校的核心任務，對於學校本位課程管理的計畫，似乎是額外的補充材料而已」（p. 19）。實質上改變教學現場（包含教學策略與評量方法），以及寄望老師針對教學工作進行協同合作的方式，證明是不可能的。這兩位作者也宣稱，除了此研究是「發生在教育改革方面獨領風騷的學區」進行以外，其他的研究結果也沒什麼特別值得注意的。相同地，Hallinger、Murphy 和 Hausman（1991）發現，在他們抽樣的樣本中，老師和校長高度贊成組織再造的作法，但是在「新的管理結構和教學／學習的歷程之間」，並沒有看出任何的連結可能（p. 11）。

　　非常雷同的發現也發生在 Weiss（1992）的研究報告中，他在十一個州的十二所高中，探究這些學校或學區是如何進行所謂的分享決策（shared decision making, SDM）的工作（其中有一半的學校因為他們正在實行 SDM 的工作，而被研究小組挑選為研究樣本；而另一半的學校則是那種由校長領導的傳統方式）。Weiss 確實發現，實行 SDM 學校的老師比較有可能提到教師參與決策過程，需要改變他們原先扮演的角色（例如委員會的組成、也必須參與決策過程等等），但是「參與 SDM 的學校，並沒有比傳統領導方式的學校花更多的心思在課程上。而這兩組學校對於教

學法的議題及學生的關注，幾乎都將他們歸類為相當不重要的議題」（p. 2）。

　　一九八九年在芝加哥推動的改革法規也有類似的結果。本質上，這個法規將權力從教育局下放給該市所管轄的五百四十所公立學校的「地方學校諮詢委員會」（Local School Councils, LSCs），並且強制要求每一所學校都必須發展出各校的「學校改善計畫」（School Improvement Plans, SIPs）。「地方學校諮詢委員會」依法是由十一或十二位成員組成（六位家長、二位老師、二位社區代表、校長；至於高中部分則再加入一位學生代表）。Easton（1991）表示，大多數的小學老師說：「他們的教學實務工作並不會因為學校改革而有所改變，也不認為他們的教學工作必須因應學校的教育改善計畫而有所改變。」（p. 41）

　　總而言之，就所有的證據來分析，地方分權的教育改革計畫，也不會比中央集權的教育改革政策或策略有更理想的效果。

　　所以我們似乎可以推論，目前在「由上而下」或「由下而上」這兩種策略方面，都沒有足夠清晰的優勢，偏偏這兩種效果不佳的教育改革模式仍然繼續存在。一個嘗試解決這種兩難困境的可能性，就是主動分析意識型態的偏好，以進一步釐清錯誤的本源，才能夠解決兩難問題。許多權高位重的人員總是偏好中央集權式的改革方案，「他們幾乎總是盡可能地忽略那些可能隨時冒出來的障礙物」，Goodlad（1992, p. 238）這麼說著。同樣地，地方分權的擁護者（雖然是從另一種不同的意識型態出發），則提倡學區本位課程管理，來當作他們對於教育改革的最終目標。

　　當然還有另一種教育改革的模式，就是懷著矛盾的心情，不

知道該何去何從，這樣的教育改革的結果，通常是在「由上而下」
和「由下而上」兩種可能性當中搖擺不定。這兩種策略通常還同
時運作，但卻各行其道，沒有任何交集。Rowley（1992）曾經進
行長達十二年的學區組織再造的學校個案研究，那是一個相當具
有啟發性的研究計畫。我也期望能夠再提出類似的案例。加州西
郭雅山谷學區（Sequoia Valley）在一九八○年代早期，因為來了
一位新的學區教育局長，而進行了一項組織再造的運動。到了一
九八五年，這個學區創造了一份嶄新的任務說明文件，以及一個
完整的策略計畫書。這位學區教育局長以及相關的委員會，採用
了學校本位課程管理的哲學理念進行教育改革措施。但是過了一
段時間之後，委員會對於不均衡的發展，以及各種零散的努力所
得到的改革成果，感到相當不滿意。於是，學區教育局長和委員
會開始向外界尋求支援——例如經費補助和顧問，還將全語文、
幼稚園的學習中心和合作學習等教育改革的觀念，帶給部分的老
師和行政主管。不過根據 Rowley（1992）的觀察：

> 缺乏一套清楚的定義及超負荷的改革計畫，都導致教職
> 員的困惑與熱烈爭議。組織再造應該是中央集權的方式，
> 計畫導向的歷程，而學校只能夠遵循委員會、學區教育
> 局長和學區階層的委員會所共同辨識出來的問題和解決
> 方案嗎？或者說，組織再造應該繼續實施學校本位課程
> 管理，而學區教育局辦公室只扮演後勤支援的角色呢？

> 兩個答案都正確。學校本位課程管理的哲學理念，以及

強力的學區委員會（site councils）都持續受到學區教育局長和委員會的熱烈擁抱。但是他們也承諾提供重要資源，以便能夠在學區持續推動改革方案，也在整個學區裡聘請專業人員擔任學區行政人員的角色。很明顯地，這一點說明了西郭雅山谷學區的領導者無意中創造了改革的阻力，因此在改革的期間，組織再造的氣氛就紛爭不斷，更別提合作了（p. 26）。

　　毫無意外地，我們發現這個學區在一九九〇年新聘了一位極力倡導「嚴格的學校本位績效及多元管道評量學生學習成就」的學區教育局長（p. 28）。學習成就導向（outcome-driven）的教育政策，因此就成為學區最新穎的潮流。因為這項教育改革的觀念所帶來的額外負擔，以及它和許多學校所偏好的教學方法幾乎不相容，因此新的衝突不斷上升。在這一年裡，委員會開始懷疑新任學區教育局長的領導風格，以及這種領導風格對於老師及行政人員的士氣有負面的影響。

　　我們的結論是，教育改革進行時，中央集權與地方分權策略的關係與相對的角色都相當混亂，使得整個事件迫切需要進行概念及策略的釐清工作。

◎ 為何「中央集權」和「地方分權」的策略都是必要的

　　我已經證明了單獨依靠「由上而下」或「由下而上」的教育

改革策略，都是沒有效率的。但我認為，我們有需要進一步深入探究為何到目前為止，單獨運作任何一項都無法達到我們預想的教育改革目的。

「由上而下」的策略是有問題的，因為複雜的改變過程，基本上是無法由上位者主導控制的。聖吉（Senge, 1990）（審訂者註：Peter Senge，國內翻譯爲彼得‧聖吉，他最著名的著作之一，就是《第五項修鍊》，強調系統思考的重要性。國內又出版兩本他主編的書籍，是由天下文化出版的，書名是《第五項修鍊Ⅳ：學習型學校》，對於教育改革有興趣的讀者可以買來參考）稱它爲「掌控的幻覺」。他說：「許多人都認為，我們總有某些人在上面掌握一切，其實這樣的觀點是一種幻覺，這種幻覺認為，任何一個人都可以在高層位置精熟一個組織的高度動態和複雜程度」（p. 290）。

更基層的觀點則認為，教育改革的力量是如此多樣化，所以它的改變歷程是我們難以預測的。就像我在其他場合所提倡的，改變和改革是非線性的變革，而且相當複雜：

> 變革爲何如此複雜呢？請您挑選任何一個教育政策或問題，然後開始列出所有解決問題時所需要的每一項相關因素，以及有效的改變可能影響的項目等等。然後也請您了解到，隨時需要加入無法掌握的變因——政府政策的改變或經常性的修正、關鍵領導者的離職、重要的聯繫人可能在改革過程中變更角色或引進新的科技、不斷增加的移民、經濟不景氣而減少可使用的資源、一個突

發的激烈衝突等等。最後，也請您了解參與變革的每一
個新的變數——這些不可預測、而又無法避免的干擾因
素——可能又會產生額外的十種擴大效應，然後我們還
會看到它們會產生更多的效應等等（Fullan 1933a）。

中央集權式、控制型的教育改革政策因為有太多項目需要掌
控而失效。縱然是強勢的領導，以及願景導向的變革，也經常因
為事物總是不斷改變而有嚴重的瑕疵。我們需要一個新的思維來
處理不斷改變的情境（請參見 Fullan 1993a; Beer, Eistenstat, and
Spector 1990; Stacey 1992）。

當我們已經了解嘗試從遠處採用中央集權的方式，控制變革
所可能遭遇到的困難之後，就可以理解地方的參與以及學區本位
課程管理的方式，對許多人而言，可能就是他們夢寐以求的解決
方案了。然而，這個草根性的替代方案仍伴隨著先天的不足，以
下就是它們所共同享有的四點缺失的說明：

1. 我們有充分的證據足以說明，組織在沒有外來刺激的情境
   下，是不會主動改革的。尤其是很少有學校因為他們的主
   動創新與推動真實的教育改革而出名。

2. 我們在前一節看到，當學校有真實的機會可以控制改變的
   歷程時（例如透過學區本位管理的模式），他們通常也不
   會採取具有建設性的行動。他們反而更容易陷入泥沼，或
   是在表面結構方面進行膚淺的改變而已。

3. 在地方分權的制度上，分辨權限的歸屬就已經相當困難了，
   更別提維持優良的品質管制（另一方面，在中央集權的制

度上，績效也不見得比較好掌握）。

4. 或許有人會認為，在一個不注重創新體制的學區裡，很可能會產生一個高度具有創意的學校。然而我想要大膽地補充，如果沒有學區提供持續的後勤支援，學校是不可能繼續保持創新的教育改革措施的。即使當學區採取某種行動或根本不想採取任何行動（例如人事的異動、教師聘任的決定權、預算的決定等等），都無可避免地展現他們對於學校推動教育改革的影響力。

Stacey（1992）簡要地說明地方分權的決策過程，以及組織學習的問題如下：

彈性的結構及分散的權力必須搭配一個重點，就是要鼓勵那些在管理最高層以下的人能夠偵測到重要的問題，並且採取行動來處理整個組織在一個混亂的局面所必須面臨的各項變革。這是假設組織會主動去關心他們的周遭環境，並適應環境，以便比競爭對手做出更快速的反應。然而，研究卻顯示，擴大相關人士的參與，並且儘量授權給他們，根本就無法保證組織的學習將會因此而獲得改善（p. 175）。

當我們發現兩個替代的立場（實際上是兩個對立的方案）在基本上都是錯誤的，它通常意味著問題隱含著既存的矛盾。我們很清楚地了解到，心態的轉換是必要的──應該從「二選一」的是非題轉換至「兩者皆是」的策略。Beer 和其他人（1990）有簡

要的說明：

「由上而下」的方法具有一些誘惑力。它承諾我們可以
迅速地改變，並且以對稱且完整的方式邁向一個理想的
結局，所以，管理者可以帶領員工邁向新希望的方向。
但是，單方面主導的方法也會讓不斷更新的企圖陷入泥
沼當中。員工對重新調整過的組織所做的承諾可能相當
低落，而且新方法通常也不會考量原先組織內的員工處
理事情的智能。

「由下而上」的策略允許，甚至要求員工的參與。這樣
的作法看起來好像能解決高級主管進行單方面管理時的
諸多缺失。不過，這樣的作法也可能引發不同的問題。
員工參與決策的方式可能因為進度太慢，或沒有清楚地
界定範圍，而無法有效率地回應短期商業方面的要求。
最高管理者面臨的是如何結合展望與知識能力，以解決
問題。它帶給高層主管的問題是，如何將員工的觀點和
知識融入解決的方案裡。要求員工發展出一套雄心壯志
的解決策略，並且反過來強迫他們改變原先的技能和動
機，也會成為另外一個重大的問題了。更糟的是，員工
參與式的方法可能因為主管、相關聯盟及員工等的抗拒
而脫軌。

當我們檢驗六個公司所屬的二十六個工廠及業務辦公室

的創新努力時，我們發現到，真實有效的革新並非由領
導者選擇某個特定的方案，然後交給員工去執行即可達
成的。相反地，當管理者循著一條批判的路徑儘量闡述
「由上而下」及「由下而上」這兩種策略的優點，也同
時將他們的弱點降到最低的努力時，就有機會產生公司
文化的復興和創新了（pp. 68-69）。

Pascale（1990）檢視福特汽車公司在一九八〇年代發生的事
件時，也提出類似的結論：

變革的訴求像是「三明治」一樣的不斷湧現。當高層人
士有了共識，也有來自於底層工作人員的壓力，就會產
生變革了。雖然福特公司最高管理者對福特的運作方式
無法達成共識，但是一趟日本之旅，卻讓很多資深的高
階主管了解到，問題出在組織運作的方法。然而，如果
沒有普通成員（rank and file）強烈要求變革的壓力，這
種對於公司文化的體認也沒有實質上的功能（pp. 126 和
128，原文特別強調）。

最後，針對有效能及協同合作型的學校的相關研究，則說明
了這樣的學校不可能單獨運作，就可以成功達成目標的。相對地，
他們的成功通常是因為他們主動積極地成為比較寬廣的網絡中的
成員，而在此網路中，來自組織內外的影響力都具有相同份量的
重要性。讓我們舉協同合作型的學校為例，它們比較會徵詢外界

的看法、比較有可能和他們的學區保持聯繫的關係、比較主動參與政府政策（Louis and Miles 1990; Rosenholtz 1989; Nias, Southworth, and Campbell 1992）。一份研究探索美國伊利諾州四十八個學區的運作，結果確認組織內部的發展和外部的參與，必須相互搭配（Baker, Curtis, and Benenson 1991）。我們將四十八個學區當中的十三個學區，歸類為持續從事「整體性改善計畫」型的學區。毫無意外的一項發現，就是這十三個成功的學區，都能夠善用地方教育機構的支援及其他資源。相對於此，在八個沒有引進外援的學校，幾乎都看不到任何改善的跡象。在這裡，我們再一次驗證了尋求外援及適當的訓練是活力的一個象徵。

連結外界資源，並不是意味著一定要與統治集團的權力核心密切往來，但有效的系統包含與主管當局的雙向互動。所以在成功運作的組織裡，組織在內外系統的界線，「上對下與下到上」的階級界線，就會有效地穿透組織，他們也會彼此相互影響組織內外的結構。

◎ 協調「由上而下」及「由下而上」的策略

當我們承認在有效能的系統中，「由上而下」及「由下而上」的這兩種策略必須同時運作的事實，就是承認我們了解到一件事情，那就是改革策略的選擇，不可能讓我們永遠有機會可以完全清楚了解未來的走向。含糊不清以及壓力總是出現在變革的過程中（審訂者註：特別針對含糊不清這一點，原則上是國內推動九年一貫課程時，所面臨到的最大困惑之一。老師們通常習慣於清

楚界定每一項學習的項目，家長也要求學校「必須」做這樣的工
作；不過這裡的建議讓我們體認到，國民中小學老師面對九年一
貫課程時，必須體認含糊不清確實是教育改革的訴求之一）。在
最後這一節，我將提出兩個普遍的差異來澄清這個使人苦惱的問
題，然後我會提供兩個個案說明──一個是學校（地方）／學區（中
央）層級；另一個則是學區（地方）／州（中央）層級的個案說
明。

　　這兩個普遍的差異分別是工作分配（介於中心和地方之間的
工作分配）及策略的先後順序安排。工作分配這一項所重視的是
中央與地方兩個實體之間的相對角色關係。如果我們以一個整體
的觀點來看，在雙邊系統當中，中央所扮演的角色就是要能夠促
進並回應地方所採行的行動，然後進一步協助地方政府形成「共
同遵循的方向」；蒐集地方政府的實作表現成績，並且提供回饋
修正的意見；它的工作重點著重在篩選、升遷管道及置換；針對
教職員的持續專業成長機制提供資源和各式各樣的機會。而地方
政府的角色就是要採取行動、在共同的願景上努力、發展協同合
作的文化、透過未來發展的方向發展持續監控和解決的策略、主
動積極地回應外界機構的構想與突發的事件，並且從根本上發展
一個學習型組織所應具備的習慣及技巧。經由以下這兩個對照的
個案說明，或許就能夠更加突顯這些相關角色的定位。

　　更可能出現問題的是事件的先後順序，以及事件的訴求重點。
在動態的系統中，可能沒有一套按部就班、可以完全遵循的程序。
然而近來的許多研究顯示，非線性的變革確實可以在近似的模式
中運作。這也清楚地指出，當我們遇到不可預期的變革項目時，

有哪些策略的類型可以產生有效的影響（Fullan 1993a）。這樣的
觀點聽起來真的非常像是一種異端邪說，不過我們了解到，那些
依賴願景及強調分享的學校文化，在面對複雜的教育改革時，都
將會有非常嚴重的限制產生。

　　針對二十六個公司中進行所謂「公司組織更新的關鍵路徑」
的研究中，Beer 和他的研究伙伴（1990）做了以下的結論：

- 即使有最高階層主管的全力支援，如果我們將改變公
  司管理階層人員的文化習性，當作啟動改革時的重
  心，在本質上就會有相當的瑕疵。
- 許多管理人員誤以為，正規的組織結構與制度的變革
  應該是更新組織時的首要任務，其實這是最後才需要
  處理的項目。
- 在組織裡管理員工的有效變革方式，並不是更改組織
  人力資源的政策和制度。
- 從組織的最高階層開始進行公司的更新政策，是高風
  險的作為，成功的公司通常都不會採用這個策略。
- 組織內進行活化的作為應該先從小規模、獨立、周邊
  的運作開始，不要一開始就先從大規模、中央核心的
  位階開始運作。
- 在變革的初期，雖然由主管階層持續以身作則的示範
  他們所期望的作為，是有幫助的，但是這樣的作為卻
  不是最重要的（p. 6）。

　　Beer 等人（1990）的發現指出，個別獨立的變革措施將會反應出新的行為模式，然後帶出新的思考模式，最後就會推向組織結構和歷程的變革。人們並不是透過從頭到尾的完整訓練設計，而是透過與他人的交往互動，學習新的行為。訓練必須建立在新的動量上，才能夠延伸原先已經累積的動量。我們在研究布洛克中學（Brock High School）的學習伙伴（Learning Consortium）關係時（Durham Board of Education, Fullan 1993b），很清楚看到這樣的歷程。變革是從教學的行為和文化，以及小規模的教師研習，改變教師之間的關係開始的，然後再逐漸擴散它的效應，引導出組織結構的改革。

　　這個現象帶領出一個有趣的假設，那就是我們會認為重新塑造文化，可以有效地引導組織的重新再造調整，不過如果反過來思考，就比較沒有效率了。在多數組織再造的改革中，我們都期望組織的重新調整，就可以引導文化的變化，可是大多數都失敗了。毫無疑問的一個發現就是，我們了解到這兩者需要調整他們的相互關係。但是，如果教師和行政人員都採用新的方法工作，然後發現他們必須改變學校的組織架構，才能夠有效率地推動改革的工作，這樣的局面將比反過來思考的策略要有效率多了。在反過來進行的策略過程中，也就是快速推動新的組織結構再造，將會產生許多困惑、意義含糊不清和衝突，最終將導致組織的緊縮。

　　無論如何，Beer 等人（1990）發現，成功進行活化再造的組織，都會遵循某種特別的改造順序，先從個人、小團體和非正規的行動開始改變的工程（你也可以稱它為「由下而上」的草根性

改革）。這樣的改變還可能因為組織（或稱為「由上而下」的極權控制）所頒訂的正式規劃和歷程（組織架構、人事佈局、補償制度等等），而強化它的功能。只要我們明確知道參與的項目和關鍵時機，地方和中央階級在每一個階段都可以是積極、有影響的。

學校／學區之間的關係

多數學區不會因為他們將教學當作學校運作的焦點而聞名（Elmore 1992）。缺乏當地學區由上而下，對於教育改革的主動要求，在這樣的權限下，學校比較不可能致力於教學的改善工作。高度地方分權的學區在課程發展方面，不管是在學校層級或／和教室實務上，都有不良的紀錄（Fullan 1991）。唯有同時依靠學校／學區的共同發展，也就是「由上而下」和「由下而上」兩種策略的相互搭配，才能收到成效。

學校和學區如何互動，才能夠一方面避免中央過度的主宰，一方面避免個別學校搖擺不定的現象呢？

Louis 和 Miles（1990）針對五所推動主要改革計畫的都會型高中進行個案研究。這五所學校當中有兩所成功地推動改革的計畫。最令我們感興趣的部分，是這兩所學校和學區的關係，完全不同於其他三所失敗的學校和學區之間的關係。Louis（1989）分析這些關係。她發現兩個個別的向度會影響這種關係的品質。她稱其中一個向度為「參與」的程度（頻繁的互動和溝通、共同相互協調和影響，以及一些共享的目標與目的），將另一個向度歸類為「官僚化」的層次（呈現大量的規則和法令來控管雙方的互

動關係）。

簡單地說，Louis注意到，在低度參與和高度官僚主義的情況下，學校經常提到相關的法令，但是在增強法規的要求方面就沒有適當的發展；這是因為這些學校和學區都是在孤軍奮戰的情境下運作的。例如，校長在這種情境下，就經常需要去緩衝中央所下達的命令。在高度參與和高度官僚主義的情況下，Louis看到了衝突、相互干擾、抗拒等表現，導致最後的失敗。在第三種情況下——也就是低度的參與和低度的官僚體制要求下——是一個鬆垮的聯盟、非正式和自由放任的表現，在裡面工作的人們基本上並不想從事全面改變。第四個情形是高度的參與和低度的官僚要求——它呈現了「唯一清楚正向的學區氛圍」。Louis（1989）整理上面的結果如下：「基本上，這是一個共同管理的圖像，每一個階層的人員都為了共同的教育目標，透過共識的發展，強化了協同式的規劃工作。」（p. 161）他們發現，只有在具有最後這一類型學區的學校，才有可能體驗成功的學校改善計畫。

類似上述案例，但更獨立、也更具系統化的研究結果，收納在LaRocque和Coleman（1989）對加拿大的英屬哥倫比亞（British Columbia）所屬的學區進行「學區特質」和學校運作的品質分析中。作者整理了全省每一所學校的實作表現成績的資料，然後將學區歸類為三個等級：高、中、低。他們再從中挑選出十個學區做進一步、更詳細的分析，一併考量學區的大小和學區所屬社區的型態。LaRocque 和 Coleman（p. 169）假設正向的學區特質在以下六組活動和態度的「焦點」，保有高度的興趣和關切：

1. 關心企業的經營（一個學習的焦點）。

2.監控實作的表現（一個績效的焦點）。

3.變更政策／實務工作（一個改變的焦點）。

4.全面考量與關注每一個利害關係人（一個關懷的焦點）。

5.創造共享的價值（一個承諾的焦點）。

6.創造社區的支援（一個社區的焦點）。

十個學區中有三個學區的學校具備了強烈的學區色彩，誠如下面的說明：

學區行政主管提供這些校長各式各樣、具體的學生實作表現的成績資料；他們和校長們討論這些資料的意義，並且期望他們善用這些資料；他們也透過大家認可的程序來監督學校，並監督這些學校是如何應用這些成績資料，以及使用資料後獲得什麼樣的成功程度……

學區的行政主管通常運用他們在學校和校長相處的時間討論某些特定的主題：學校實作表現的資料、改善教學的計畫，以及這些計畫的實施方案……

儘管雙方討論的重點是學校測驗的結果，不過這樣的互動是以合作方式進行，而不是由學區主管具體告訴校長推動的細節。學區的行政主管通常會認同學校優良的實作表現。他們幫助校長詮釋這些資料，並且確認出學校的優、缺點，更在必要的時候提供建議和支援。不過，最終的改善計畫是留給校長和學校裡的教職員工去規劃

和實施——校長特別強調——儘管學區仍會繼續監督學校發展和實施計畫的進展情況。協同合作和學校相對的自治特性可能需要強調學區必須尊重校長這個角色的觀點，也同時將每所學校視爲獨立個體的重要性（LaRocque and Coleman 1989, p. 181）。

這三個學區在學生的實作表現測驗等級上都有很好表現。

在實作表現成就上另一端的三個學區，它們的特點就是欠缺績效的壓力：學區幾乎沒有提供學校任何資料，也沒有建立任何組織結構或程序來監督、討論學校的進展。而這三個學區在學生的實作表現成就的排名都很差。

LaRocqne 和 Coleman（1989, p. 190）歸納出以下的結論：成效良好的學區有積極主動與不斷變革的精神特質，他們結合互動式的監控，以及尊重學校的自主權。

Rosenholtz（1989）研究了八個學區當中七十八所學校的「停滯不動」或「向前邁進」的現象。她發現，某些學區有比較多學校停滯不動，其他學區則有比較多向前邁進的學校。她得出如下的結論，學區也可能停滯不動或向前邁進，而且這樣的現象將直接影響學校效能。特別的是，她發現向前邁進的學區會持續不斷地和學校人員交換以下的重點項目：(1)目標的設定和監督；(2)校長的遴選和專業成長；以及(3)教師的遴選和專業成長。

最後的例子是我們在多倫多地區所進行的「學習聯盟」，在這裡，我們持續五年推動四個大學區和兩個高等學府之間的伙伴關係。其中一個重點就是要連接學校和學區的發展。在赫登（Hal-

ton，四萬四千個學生）與德翰（Durham，五萬五千個學生）兩個
學區當中，我們看到學校層級和學區層級發展的複雜程度和複雜
的因素。

　　例如，在赫登學區，用來達成關聯性發展的策略包含了：

- 建立廣徵建言的任務說明（**審訂者註：這樣的說明比較接近國內熟悉的學校願景**），以及彈性的策略指導方針，作為學校運作時的核心焦點。

- 將學校成長計畫的發展歷程，視為學校搭配每個社區情境下持續成長的方法。

- 在學校裡使用老師的實作評價方式，以及評量副校長和校長的考評制度，都應該考量三個策略的方向（教學、學校規劃和教職員的專業發展機制）。

- 新任教師、學校行政人員和學區人員的遴選與晉升的過程，應該著重協同合作的技能、教職員專業發展的參與及領導、實施計畫，以及對於變革過程的了解。

- 整個體制要承諾必須持續提供每個學校進行教職員專業發展的基金，成立學區性的進修機構，對學校的成長計畫提供訓練及支援，為老師、現在和未來的行政人員建立一系列具有深度的領導機制（它至少能夠讓未來的副校長及校長有能力發展出一套記錄方式，讓學校教職員了解晉升的條件）。

- 為學區發展一套評量和評鑑的系統，它能針對上述的變革歷程提供週期性的回饋（參見 Fullan, 1933b）。

類似的模式也發生在德翰學區，包含了：

- 廣徵建言的系統任務計畫書。
- 強調學校成長團隊的發展，也參考許多不同的學校本位的範例來訂定計畫。
- 針對教師能力的專業成長，進行大規模的教職員專業成長機制（合作學習、解決衝突、學校成長計畫的訓練、訓練人員「種子教師」的訓練等）。
- 領導統御訓練、實作表現的評價，以及符合新方向的人員遴選和晉升條件方面的變革。
- 中央學區的組織重整，這項重整工作結合了縮小學區規模、下放權力給學校，同時把學區的角色重新定位在政策方向的訂定、蒐集資訊和回饋的提供，以及對學校群體提供區域的支援（參見 Bennett 和 Green 1993）。

歸納以上的說明，誠如我們稍早提到 Beer 等人（1990）的研究結果，重新設計學校和學區之間的變革關係，確實是有許多不同的模式可以參考，他們都可以提供我們邁向活化學校運作的關鍵路徑。創新可以同時發生在學區和學校的層級，不過剛開始運作時，學區和學校層級之間的創新並沒有連結。學區應該允許，甚至鼓勵學校層級主動採取行動與變革。當人們經由經驗得到澄清的機會與必要的技能，當訓練模式、員工遴選和晉升的方式開始累積之後，就能達成更完美的一貫性。這時候組織內部所累積的壓力，已經足夠改變無法適應新模式的組織。就如同 Beer 的發現，正式的程序和組織再造是在稍後的過程中進行改變的工作，而不是在一開始就已經產生了。

我們很清楚地看到，學校和學區層級既需要獨立的行動，也

需要協同合作的行動。以改革的中、長期觀點來分析，我們不可能見到學區的發展而沒有學校的發展，或者是學校獨立於學區而有嶄新的發展。二者互相依存，只會變得更好或更壞。到最後，我們很可能見到完全不同的制度，甚至可能根本就不包括地方層級的學區（參見Elmore 1992）。無論最後的模式將如何演變，有成效的變革必須將「由上而下」與「由下而上」的策略做某種程度的結合與運作，才能夠湊效。

最後，這裡所提到的演化模式是相當複雜、含糊不明的。我們在重新思考學校與學區之間的關係上，仍在初步探索的階段。許多問題仍然找不到適當的答案，這樣的現象讓那些想要從事學校和學區的組織再造的伙伴相當難以適應。

地方與州政府之間的關係

同樣的問題也可以應用在有關地方和州、或地方和中央政府的相互關係。「由上而下」和「由下而上」這兩項政策同時運作的原則，也同樣可以運作於此。研究人員發現，當「由上而下的強制要求」和「草根性、由下而上的主動創新」相互連結時，就會產生變革了。誠如 Fuhrman、Clune 和 Elmore（1988）所提到的：

我們最有興趣、也是我們研究當中一項重要的發現，就是很多學區已經遠遠超越單純配合政府對於他們的基本要求了。他們更主動積極地回應州政府對於教育改革的構想。在我們當地有一半以上的學區，行政主管發現可

藉著改革的機會達成他們的目標，特別是當州政府推動
教育改革所提供的經費補助正在大幅度提升的時候。在
優先考量學區利益的前提下，學區策略性地配合州政府
的要求，並且將許多州政府的教育改革訴求，以整體性
的方式呈現來達成他們的教育目標。例如，某一個主要
的都會型學區幾乎協調了州政府每一項政策，包含實習
老師和他們的輔導老師計畫，以及教育學程（審訂者註：
alternate-route programs，提供非合格教師的進修管道，
包含國內熟悉的教育學程專案計畫，以及一般大學生先
到現場實習；並且，同時接受教育學院所提供的師資養
成教育計畫等等），這樣的作法也能夠符合大量聘用新
教師的首要目標（p. 247）。

相似地，在檢視加州主要改革法案（S.B.813）對於教育現場
的衝擊時，Odden 和 Marsh（1988）發現：

- 幾乎每一所學校都配合州政府的要求，推動 S.B. 813
  的主要條款。
- 州政府階層的教育改革法規，如果能夠結合地方階層
  的教育改革，就能夠有效地促進學校改革。
- 地方層級成功施行改革方案，反映了幾個關鍵的主題
  （學區領導、學校聯合領導、關心每一位學生的學
  習、教職員持續的專業發展）。
- 注重課程和教導的實質內容及學校改變的歷程，都和

學生優異的成績表現，以及改善每一個學生的學習環境息息相關。

• 有特殊學習需求的學生（貧窮的、英語程度不好的、在退學邊緣的學生們）都需要更多的關懷和幫助。不幸地，過去我們提供給他們的協助，鮮少達到學科成就的高標準。樣本學校通常缺乏適當的策略，以便更有效地幫助這些邊緣學生的學習。

• 樣本學校想要積極參與更複雜的學校改革，例如，把課程重心放在問題解決，或更高層次的思考能力的培養（pp. 595-596）。

從一個策略的觀點來看，問題在於如何把「由上而下」的壓力、誘因和回應，以及「由下而上」的主動創新、發展和績效，以最有利的方式結合，並發揮最大效益。在一份給加拿大的安大略省（Ontario）政府的報告書中，我們建議四項涵蓋面寬廣的策略，來引導他們正在進行的組織再造改革工程（Fullan and Kilcher 1992）：

1. 在省的層級上，針對預期的學習成果提出清楚的說明，並且提綱挈領地提供未來發展的方向。
2. 學校、學區和行政區應優先考慮當地和區域性的教學能力的培養。
3. 省政府需要投資經費，添加額外價值的策略，來支持與滿足地方發展的特色（例如對傑出計畫、研究、評

鑑與散發教材等方面提供經費補助）。

4.從事角色的定位，並在相關的關鍵機構（例如在大學
　及學校、教師會等等）之間建立伙伴和同盟關係（p.
　31）。

　　同樣地，Clune（1992）捨棄了「標準化中央集權」的方法，
而選擇「調合式地方分權」的方法，做整體性的學校改革計畫。
他主張在複雜和差異性的體制當中，中央集權方式無法提供更完
美的連貫性，反而製造了更多層次的困惑。他推薦的策略是「在
中央的引導、中央提供恰當的資源、比學校高一點的層級組織變
革的網絡，以及學校改善的後勤支援之間取得平衡」的策略（p.
19）。他特別說明了結合這些任務的作法分別是：

- 贊助並且協助各式各樣的課程發展計畫。
- 幫助課程網絡的產生。
- 提供誘因鼓勵學校創新，和持續更新學校課程發展的歷程。
- 發展人事方面的政策來彌補新課程所需的技能與努力。
- 發展一套評量學生學習的制度，來追蹤他們學習進步的情
　形，以及帶領教學實務方面的改善措施。
- 致力於調合傳遞系統中的各個部分。

　　這個目標是希望不必運用中央集權的高壓，而能夠達成更美
好的連貫性。Clune的結論是，設定指導方針和監控資訊的策略，
結合因應變革機構的網絡所激發的權力下放能量，「在學校層級
方面，如果要創造連貫、有挑戰性的課程，都是比較具有彈性和
更強而有力的工具」（p. 14）。

雖然沒有著眼在州與委員會的問題上，Hampden-Turner（1992）對於 Hanover 這間保險公司的檢視，的確是相當具有教育性的。在一個協調中央和地方之間存取的體制當中，持續發展各階層人員的技能是必要的投資。Hanover 成功處理這個兩難困境的方式是：

> 如何讓分公司職員更茁壯，也更能夠依賴他們自己的能力，同時也讓總公司的職員更加茁壯、更有能力，也更能夠配合政策。我們需要避免兩個危險：總公司職員的強勢會壓制分公司的創新，並使分公司必須依賴總公司的指令。分公司職員過度強勢，就會對任何來自總公司的干涉感到憤怒，認為這樣的行為會傷害他們的自主權（p. 25）。

Hampden-Turner（1992）發現，Hanover公司以前瞻的眼光來經營，這種眼光是經過組織蒐集到的明確資訊與數據所測試的。地方單位在某些方面與總公司相當，在其他部分則不同。因此，中央和地方必須協商共同的目標，發展邁向成功的策略，並且朝著一致的方向蒐集相關資料。

「由上而下」的策略常導致衝突或表面的順從，或兩者兼具。另一方面，如果我們期望地方單位能經由自由放任的權力下放，而能夠靈活運作，就常導致漂浮不定的作為、窄化或停滯不動。

掌握中央的優勢（提供前瞻性的指引方向、提供誘因、組成網絡和持續的進行監督），以及地方的潛能（學習、創造、回應和貢獻）所整合出來的策略，比較可能達成整體性的連貫。這種制度比較有績效，因為我們透過政治支持獲得新構想的作法，已經融入雙方互動的模式裡了。

因為現今不斷變動的複雜社會充滿各式各樣的驚奇（Senge 1990; Stacy 1992），所以「由上而下」與「由下而上」的策略必須同步推動。無論是否如我們原先的預期，只有當我們結合中央與地方協商的能力與優勢，才能推向整體的改善，並且持續從新的模式獲得嶄新的學習。最後，看似矛盾的，就是一個層級不能等待其他層級來改變本身。制度本身不會改變，個體才能改變制度，不管他們將周遭的人士看得多麼沒有效率，唯有靠個人和集體的力量才能改變制度。當有利的聯繫不斷累積，到了對制度產生足夠改變的壓力時，就產生突破（Fullan 1993a, b）。「由上而下」和「由下而上」的力量愈調和，複雜的制度就比較有可能邁向更有效率的運作。

第十二章

從學區教育局長的觀點
看學區與學校在課程改革中的角色

── ✳ *Thomas W. Payzant*

譯者：台北縣瑞芳國小教師　鄧美湘　✳──

在一九八三年有一篇名為《一個危機中的國家》的報導，讓國家卓越教育委員會要求美國公立學校從事多方面的改革，來阻止這本書的作者群所說的教育惡化現象，以避免教育界有「逐漸高漲的平庸浪潮」（rising tide of mediocrity）（審訂者註：國內政治大學教育系詹志禹教授習慣使用「教師通常追求平凡」來說明這樣的趨勢）。十年後，我們可以將這段時期視作數波教育改革的反思階段。值得關注的是，我們從過去的經驗了解到，我們對制訂與推動學校改革的關懷時間通常相當短命；偏偏我們仍然見到教育伙伴、政策制訂者，以及社會大眾還在激辯教育改革的必要性。儘管教育改革的浪潮仍然持續進行著，我們仍在等待一些重要的改變——我們仍然想要見到這樣的浪潮是否可能轉向。

如果我們真的比較目前對於教育改革必要性的辯論、推動教育改革的方式、支持教育改革的政策，以及執行教育改革時所必須面對的挑戰，與一九八三年的困境到底有什麼樣的區別呢？顯然，課程與教學是這次改革的首要議題，但我們絕對無法將他們分開來討論。研究者與實務工作者愈來愈擔心這些零散式的努力（fragmented efforts），對學校長期性的制度改革，或是想要提升公立學校愈來愈多元化的學生族群的學習成效而言，幾乎無法達到持續有效的改善。假如改革是有整體性的（systemic），政策與實務上就必須考慮到每一項元素之間的相互搭配——教學、學習、管理、評量、績效、家長參與、專業進修、資源取得與分配，以及對於學童的綜合事務等等。一個整體性的學校改革方案所需求的是整體的考量，這種訴求的效果將遠大於各個部分加總之後的結果（A systemic approach to reform calls for a whole that is greater than the sum of its parts）（審訂者註：這也是我們一般認為的加乘效果）。這樣的改革需要使用嶄新的方式來重新定位改革，也需要推動這些改革時所需要的領導統御和相關政策。

　　目前大多數美國公立學校的組織與結構，都假設老師的教學與學生的學習是可以透過標準化的方式去實施的。至於教學策略和教學素材的方面，則是依據教學方面早已過時的研究結果所設計出來的。我們對於兒童必須知道什麼，以及他們能夠做些什麼的期望，早就已經超過基本的讀寫能力。新課程的發展與落實所意涵的政治意義，是本書三個主要章節的焦點（譯註：指第九、十、十一章），也是我評論的主題。

課程標準對於課程創新的影響

　　Porter、Smithson 和 Osthoff 在「訂定課程標準當作更新中等學校數理課程的策略」（Standard Setting as a Strategy for Upgrading High School Mathematics and Science）的結論提到，政策必須是明確、一致、有權威的，而且是強而有力的，才能夠讓老師的教學與學生的學習產生顯著的改變。如果想要在數理這些領域的課程改革計畫上達成這些目標，卻沒有相關的配套措施，是很難成功的。這樣的配套措施至少要包含課程標準的制訂、評量、專業發展，以及課本、教科書的準備和採用等各方面。這個困境產生的原因，在形成具有清楚目標的政策，以及達到政策要求所需要的清晰說明時，我們通常很容易忘掉老師和學生在這樣的改革情境下，必須面臨的許多變因所帶來的複雜程度。我們經常忽略這樣

的訴求，即使是那種具有權威和權力於一身，也有明確工作重點
的州政府，也經常有這樣的現象發生。

　　我自己在加州聖地牙哥的經驗，印證了 Porter 和其他人在研
究中所獲致的結論，但是好幾個發生在加州的創新政策（policy
initiative）對於教育改革的長期衝擊，我是比他們樂觀的。提升我
們對於高中畢業生在數理科方面的要求，或許是肇因於一個錯誤
的假設，那就是我們認為，如果能夠為更多的學生做更多相同的
事情（doing more of the same for more of our students），就能改善
他們的成就。事實證明，高中生的畢業率並未因較嚴格的要求而
有不利的影響，而且有更多學生已準備好要進入大專院校（post-
secondary）（審訂者註：美國一般會將高中以前的教育和高中以
後的教育，以這個名詞來區分前後的差別）的入學要求了。在一
九八〇年代早期和中期的加州，延長每一天上課的時間與延長學
年的時間、更嚴謹的教師認證標準，與更嚴格的畢業資格要求等
政策，引起大眾的注意；然而，在這些情境的背後，新課程的發
展、教科書的採用與評量政策等工作，也同時在發展當中。這些
工作對於學科內容以及一些真實在加州的學校進行的教學活動，
會有更深遠而持續的影響。我們在政策方向有重大的改變，主要
是因為它假設課程、教學、評量，與教師的專業發展必須都是相
互連結的。我們從這樣的經驗學習到，以概念化的方式將這些連
結的工作加以處理，遠比我們儘量在學校創造一些可以反應這種
連結的創新教學實務容易多了。

　　Porter 和他的同僚也許能夠了解我這種比較樂觀的看法。聖
地牙哥是加州第二大的學區，也如他們的了解，我們在比較大的

學區可以獲得比較多的教職人員，來協助新政策的落實。他們的結論是：因為我們有很多學生的學習並不順利，所以這些教育的伙伴似乎比較能夠了解教育改革需求；而且，或許我們應該對「控管」教室的教學實務有更強烈的承諾。提出這種改革的時機或許是偶然的，但是我們這個地區在許多引起州政策制訂者注意的相同議題上面，一直掙扎著。與其讓我們將加州課程架構視為和本地的努力完全不相容的政策，我們努力接受這項政策，並且將它視為可以實現承諾的機會，也就是希望在所有的課程架構，都能夠建立起具有挑戰性的高標準課程。我們可以看到，如果我們的努力能夠與州政府更縝密的審查過程相連結，就能夠確保由教科書出版商為加州的教育市場所發展出來的教科書與教材，將會符合那些課程架構的一般課程標準。此外，一九八○年代的加州評量計畫（California Assessment Program）也在逐漸轉型當中，這也反映了教育伙伴與教育政策制訂者想要強調，課程的教導與學習的評量必須前後呼應的重要議題。進入一九九○年代以後，我們看到更具有整體性的考量方案還在持續進行著，例如，課程的架構持續修訂中，我們也努力研發教材，而新的州評量方案也產生可信度更高的真實評量。

　　我們在聖地牙哥的學校實施共同核心課程，這是基於一個我們共同堅信的信念：每一個學生在每一個基本的學科領域，都有權力享有高品質的學科課程。這套課程反映了州政府頒訂的課程架構。我們將嘗試減少常模參照的成就測驗施測（norm-referenced achievement testing），因為新的加州評量計畫可以提供我們與課程前後相互呼應的評量模式。Porter 等人也指出，課程標準的訂

定無法全面消除能力分組的現象。聖地牙哥的共同核心課程也沒有完全消除能力分組的現象，但是我們已經刪除本地專為低成就學生所設計的數理課程，這是我們在教育改革方面非常重大的一項突破。我們目前所面臨的新挑戰是，提供必要的支援系統，幫助學生成功習得每一個學生都該面對的高標準課程。如同 Porter 及其同僚所得到的研究結果，我們發現，銜接課程（bridging courses）對於學生的學習大有幫助。他們特別提到加州的數學A課程（Math A）就是個非常好的例子。這套課程是搭配加州數學課程架構所發展出來的高標準課程之一，它針對數學的學習提供創造力和創新的教學策略，讓那些在傳統課程中受挫的學生，對數學課程產生學習的興趣。我們也同意他們的觀察結果，也就是說，在預期推動教育改革的時間，卻沒有配套的相關教材，將會是一個問題；而且我們也了解，教師的專業成長還是不夠的。雖然有些人認為，數學 A 是一種簡化的（a watered-down course）的課程，也就是說，他們不認為這樣的課程可以讓學生滿足共同課程的要求，但是我們深信，這樣的觀點是不真實的。

🔶 學區主管機關在課程改革中的角色

James P. Spillane 在他所寫的〈學區如何調和州政策與教師的教學實務〉這篇文章中，使用個案研究的方式，表達「學區主管機關在州政策落實過程中扮演一個重要的角色」。聖地牙哥學區的規模與人口組成結構，和他所研究的那個學區大不相同，但是我自己在執行一項新的閱讀／語言課程的經驗，則和他的研究結

果頗為類似。在一九九○到一九九一學年當中，聖地牙哥推行一項以加州的課程架構為基礎的統整式、文學本位的閱讀／語言課程教學計畫。這套教學計畫使用的閱讀與語言教材，是經由加州的州教育理事會同意之後，在幼稚園到國中二年級階段都可以使用的教材。新的課程架構與教材在教育哲學觀點上，反映了我們對於閱讀、寫作，與如何教導這兩項學習的顯著改變。

　　改革的努力永遠會被教學的情境所影響，聖地牙哥的經驗就是一個好例子。在一九八○年代早期，在這個學區，我們發展了自己的學習成就目標計畫（Achievement Goals Program, AGP），來因應法庭對於課程統整的部分命令。這份命令要求我們的學區必須針對那些經過法庭鑑定，因為種族疏離而缺少學習機會的學校裡的學生，在閱讀、語言及數學科方面提供有效的課程，讓這些學生能夠達到學習成就的要求。AGP方案是一種精熟學習的計畫，清楚強調基本能力的獲取，採用結構性的課程、直接教學法、經常性的測驗及反覆教學，學生在上課時專注於學習的時間（time on task），以及行政的監控等。這樣的課程是經過預先規劃的，先後順序也非常重要。使用這樣的課程時，教師相當依賴學習單、教學步調的表格（pacing charts）和測驗卷的運作。在整個一九八○年代，每一個族群的學生在測驗成績方面都有顯著的進步；儘管在發展與推動AGP方案的早期，學區並沒有進行良好的協調工作，但是到了一九八○年代中期，許多校長和老師都接受了學區的政策方針，也回應了法庭的命令。當學生的學習成就在一九八八到一九八九年間達到高原期，學區早已經在討論要如何設定比較高的學習期望，以便讓每一個學生都能夠超越基本聽說讀寫

的要求。當然，我們了解到共同核心課程的推動，需要一種和 AGP 方案大不相同的方法。

當這套在加州訂定的閱讀／語言架構剛出現時，聖地牙哥的主管機關與學校的教育伙伴都急切地想看到它的執行。這個嶄新的組合，結合新的州政策方針，與我們本地因改革需求而做的分析工作，提供了我們推動教育改革的原動力，讓我們在教導閱讀／語言課程時，運用戲劇化轉變的哲學基礎和實務工作。如同數理科課程的推行，我們在聖地牙哥對於州政策的方針並無實際的爭議；實際上，我們對於閱讀／語言課程不滿意的主要原因，是針對我們當地學區的執行計畫。

如同 Spillane 在其個案研究中所提及，我們也發現，州政府的主管機關成員的信念，對於推動改革的議程來說是很重要的。他們當中有幾位成員強力主張，課程應該以文學為基礎，教學的實務工作也應該依據學生的發展階段，寫作應該當作一種學習的歷程（teaching writing as a process），以及當年仍然相當新穎的團體動力練習（dynamic grouping practices）。然而，我們低估了其中一些校長與教師們對於改革的準備程度，以及缺乏教師專業成長機制，才會造成這個新架構執行時的困難。當我們決定要推動新的方案時，卻沒有察覺到，我們正好碰到連續好幾年的預算刪減，這些都會限制政府對教師專業成長的支持；我們後來得知，這些進修的管道真實提供校長和教師們必要的知識和技能，以符合學區的期望。此外，當我們剛剛引進這個新的閱讀／語言課程時，我們的測驗方式也剛好轉換成新的常模參照成就測驗。那時候的教育決策也剛好決定要縮減區域性的測驗到兩個年級而已（也

就是五和七年級），因為決策者認為，加州評量方案的結果其實可以運用於其他各年級。可是，一場州內各公立學校的教育局長（the state superintendent of public instruction）和當時的州長之間的爭執，卻導致州長在一九九○到一九九一年拒絕給予州評量方案的經費。當我們正在尋找一種評量方式，希望能夠實現當時的期望，將課程、教學與評量結合在一起的關鍵時刻，我們卻只能在五年級和七年級兩個年級繼續倚賴區域性常模參照成就測驗，來決定閱讀／語言課程實施的結果，偏偏這樣的規劃其實是希望學生能夠超越基本能力的學習。

　　一九九三到一九九四學年是聖地牙哥學區實施文學為基礎的閱讀／語言課程的第四年，學校的教職員也將它當作教學最優先考慮的項目。因為聖地牙哥的教師與行政人員都奉行整體性的學校改革觀點，所以，他們試著要發展策略，來彰顯有關教師專業成長、資源的取得與分配、評量、教學績效、家長參與、與課程管理等決定，將會如何影響閱讀／語言課程的教學與學習。在這種最佳的情境下，我們就很容易低估真實執行政策時可能面臨的高度複雜性。當我們低估了傳統的力量，或者我們根本就誤解了傳統的力量時，偏偏想要在這樣的關鍵時刻，去鍛造出教學政策與教學實務之間的連結，就不是一件簡單易行的事情了。Spillane 的結論是正確的：不管主管機關是想要主動推行某些政策，或只是單純敷衍州政府的政策方向，我們都會看到一連串複雜的變數會影響實施的結果。除非我們能夠有個策略來說服校長和老師，教育改革其實是他們想要的項目——即使我們提供學生反覆學習課程的機會，也無法使學生達到我們對於他們的高度期望——過

去那套老舊的知識與信念系統將會占上風。換句話說，教學實務
的工作者將無法達成政策制訂者精心規劃政策時所期待的目標。

⑨ 調和中央與地方在課程改革上的努力

我自己的經驗和Fullan在〈調和「由上而下」與「由下而上」
的教育改革策略〉這篇文章中所提出的結論相吻合。也就是說，
單獨實施由上而下或是由下而上的策略，都是行不通的。大部分
的例子都證明，兩相調和是必要的。的確，一九八○年代在聖地
牙哥的閱讀／語言課程採用AGP方法的經驗，明白顯示了由上而
下的策略在短期內可以產生強大的影響力，但是我們仍然發現，
有許多複雜的變因是無法由上層機構所掌握的。也許AGP方案曾
經有效地改善法庭所辨識過的種族疏離學校在基本技能方面的學
習，但是僅有少數學校選擇推行AGP方案。當我們面臨這個新的
閱讀／語言課程時，就可以很明顯地發現一些「多層面」和「難
以預料」的力量會影響我們的執行。

那麼，我們該如何調和「由上而下」與「由下而上」的方
法呢？聖地牙哥（以及全國其他）的教育者仍然在學習和摸索
中──而我相當堅信，主要的方向必須聚焦於下列這些有關於「什
麼內涵」的問題：

- 我們這個學區期望每一位學生達到什麼樣的學習標準？
- 每一所學校在教學與學習方面都應該達成的目標是什麼？
- 我們需要具備哪些整體性學校改革的概念，才能夠讓整體
  的表現優於各個部分的總和呢？

- 如果要提供每一位學生都享有均等的受教機會與優質的教育，我們學區裡應該分享的共同信念體系是什麼？

當我們在說明以下這些「如何運作」的問題時，就會出現許多「由下而上」的推動時機：

- 我們要如何逐校達成學區所設定的學習目標？
- 依據學生的需要，每一所學校要如何發展教育改革的策略，才能夠確保每位學生都能享有受教的機會，並且願意學習高品質的課程改革內容呢？
- 每一所學校應該如何找尋和分配相關的資源，才能夠讓他們的教學獲得最好的效果呢？
- 每一所學校應如何表明他們願意、也有能力承擔起更多的責任，以換取學校對於教學與學習方面所獲得的更多自主權的代價呢？

在聖地牙哥，教師、校長及主管機關的成員們對於教育改革仍是疑問多於答案；不過大多數的人都同意，如果我們能從自己的經驗，以及對於複雜的政策與實踐時會產生正向關聯的人所獲得的經驗，我們就比較有可能獲得解答。我們不能放任過去的政策方針與實務工作持續進行下去，它經常會使我們的努力成果變得相當零散，也會轉移我們對於教育改革的焦點訴求。也就是說，他們將會把我們這樣一個系統化的方法，也就是我們努力將老師的教學與學生的學習當作核心的努力，瞬間變為虛有。我們確實深信，州政府與地方學區在政策及實踐之間相容性的提升，是一件令人感到振奮的事情。

第十三章

教育專業與課程管理

✱ *Richard F. Elmore and Susan H. Fuhrman*

譯者：台北市博嘉國小教師　褚盈盈　✱

我們在這本年度專刊一開始，就先討論美國的課程政策正邁向一個更趨向全國一致，並以實作表現為主的方向。而在這樣的課程改革運動中，我們的國家正面臨一些重要的政策抉擇，這也正是教育專業伙伴應該扮演一個重要角色的關鍵時機。我們在這本書的討論過程中發現，目前正有四個關於課程政策與管理的趨勢逐漸浮現出來，分別是：

1. 除了傳統上州政府對於學校運作在經費補助與組織方面的角色以外，我們需要強化州政府階層在課程與教學方面的管理角色。我們也發現，州長和民意代表在教育政策上所扮演的角色，有逐漸成長的現象。

2. 對於課程政策有絕對影響力的一些全國性組織、團體正在逐年成長，包括一些在專業的學科領域的組織團體，例如，在數學、自然科學及閱讀素養等領域的各個團體；還有一些由州政府和地方政府的官員所形成的全國性組織（*審訂者註：例如，全美國州長聯盟的成立，是反應柯林頓總統和老布希總統對於教育改革所提出的政策時，相當重要的團體*）；以及某些環繞著國家教育目標所形成的代表性團體。

3. 在政策方面，將課程的發展與學生實作評量做更直接的連結。

4. 教育的重點目標是要針對各式各樣的學生，都能夠提供更具有挑戰性的學科教學活動。

決策者的觀點推動了這些改變，他們認為，美國的各級學校在教育方面最需要聚焦的核心任務，就是我們需要針對每一位學

生都提供一個高品質，或是具有高度挑戰他們學習能力的學科教學活動。

　　在最後的這一章，我們針對這些改變的運作進行了一些觀察和整理，並對教育界的伙伴在美國未來的課程政策與管理上應該扮演的角色，做了一些建議和結論。

　　我們先將焦點集中在課程管理背後逐漸浮現的基本政治現實面。然後，再提出一些專業伙伴可以回應這些現實面的實用構想。

◎ 政治的現實面

州政府與聯邦政府影響力的逐漸提升

　　首先，基本的政治現實是課程的決定權將逐漸由州政府與國家階層所掌控，而不再局限於地方與學校或學區的層面。我們從第一章觀察到美國在教育方面的傳統，是以地方控制的課程管理，不過，並沒有像原先倡導者所倡導的，那麼強而有力地提供均等的教育機會給每一位學生。

　　事實上，美國的課程數十年來都受到一些強勢的全國性組織團體的強力影響，特別是經由教科書市場與大學或專科的入學標準，對於高中課程的影響，進一步反映他們的影響力。同樣地，許多教師與校長已經相當習慣從他們所屬的全國性組織團體，取得或推動所謂的優質教學實務，也能夠從地方資源獲得這類的資源和支援。所以我們認為，所謂新的政治現實面，其實只是更加強化這些團體對於教育現場既有的影響力，而不是在教育決策焦

點上做了一些基礎的變革。

　　但我們也看到在課程與評量等議題方面，州政府更積極地參與，以及許多全國性網絡在我們發展國家課程標準時，進行激烈的爭辯。這些公開化的過程意味著，傳統上由地方政府控制學校課程的概念，在未來是愈來愈不可能的任務了。

　　州與國家層面對於課程影響力的逐漸提升，也意味著課程的決策將成為一個愈來愈複雜的任務。這是一個非常容易理解的現象，也就是說，當我們有比較多的演員和利害相關團體在決策上都具有影響力時，決策的過程就會愈來愈複雜了。換言之，如果想要讓我們的影響力能夠發揮作用，就需要具備更精緻的政治影響力。

互相依賴的重要性

　　第二個基本的政治現實面是，教育系統的各個層面對於彼此的相互依賴性將愈來愈重要，如果有人想要為地方性的利益提出辯駁，就愈來愈加困難了。Michael Fullan 主張，整體性的學校改革需要從「由上而下」與「由下而上」的雙向政策來加以推動，才有機會可能獲得成功的效果。成功的政策絕對需要上層政府提供學校寬廣的策略方向，以及其他階層具體推動的解決問題策略。相同地，本書那些提到州政府和地方政府在具有挑戰性課程方面的規劃和推動計畫時，都明確指出，強化整個系統當中各個階層相互連結的重要性。當比較高層的決策者逐漸參與，也比較關注教學現場的各個細節時，這個系統就需要更加注重那些可以跨越機構界線的人才培訓了，這樣的人才也就愈來愈重要了。

　　當這種層級間的相互依賴性愈來愈提升（包含了國家層級、州政府層級、地方政府層級與學校等各層級），單一機構想要為自己獲取自主權的可能性，就會更形困難了。當我們對於國家課程標準的目的能夠發展出愈來愈一致的共識，以及如果將這樣的目的搭配地方的現實面，而展現在州政府與地方政府的政策時，想要為學校或學區爭取單獨運作，而不受限於一個比較寬廣體制的機會，就愈來愈不可能了。

　　我們認為，在教育方面的自主權定義，反而可能是學校或老師推動州與國家標準的某些能力，或是他們透過參與某些政治與專業的網絡來影響課程標準的制訂，以及發展出一些創新的解決策略，來解決課程標準所產生的基本問題等。明顯的範例之一就是，學校或學區需要如何規劃，才能夠針對那些在傳統教育體制下受到學校長期忽視的學生，提供高標準、具有充分挑戰性的課程架構，還能夠吸引這群學生的學習興趣。換句話說，在教育方面的自主權定義，將不再受限於在自己這一端施展權力和權威方面，而會逐漸偏向老師和學校在挑戰和影響課程架構上的權力和權威，而這樣的課程架構將會逐漸由州政府和聯邦政府掌握愈來愈多的決策權力。

解決問題與影響決策的機會

　　第三個基本的政治現實面說明，就讓我們暫時借用著名的墨菲定律所得到的提示吧！那就是說，新政策將會產生新的問題。這個定律的一個可能推論就是，認為愈複雜的政策將會產生更多難以預料的問題，但也提供我們更多參與解決問題、施展影響力

的機會。在美國，我們見到國家與州政府對於課程影響力的提升，如果能夠提供一些經過精心設計的政策與實施策略，很可能就可以讓學生擁有更多機會獲取高品質的學科教學。這樣的影響也將會產生許多新的問題。這本年度專刊對於於此類問題提供了一些暗示如下：

- 在州與地方的層級上，應該設計一些新型式的機構，以便提供學校服務為他們的核心工作，儘量不要將焦點集中在一些行為機制，只是在逃避行政官僚的疏失。
- 提供學校的教師與校長更有效的專業發展機制。
- 針對州政府與地方層級的課程綱要設計更有效率的溝通方法。

這個議題的重點並不是要爭辯新的政策是否會產生新的問題，基本上，新的政策一定會衍生新的問題；我們討論的重點在於，政策是否能夠讓我們逐漸看到一些有待改善的問題，以及這樣的政策是否能夠提供我們一些解決問題的手段。

從一個政治的觀點，我們必須了解到問題提供的是各式各樣的機會，而不只是造成不便。一些新的問題，像是設計新形式的組織架構、新型態的訓練課程與政策指引的新方式等等，都讓我們有更多機會施展影響力。我們目前所經歷的正是野心勃勃的改革時機，大家對於這項改革都還沒有具備充分的知識。是否能夠成功的改革，可能不是因為他們是否具有真實性，也就是他們是否都具備了完善的學理依據；相對地，我們認為這項改革的成功與否，主要是決定於他們能否提供我們一些機制，讓大家可以發揮解決問題的技能與承諾。大家也都需要相信新政策所呈現的問

題，是值得我們進一步加以闡明與解決的；而且我們也需要具備相關的技巧與義務，去構思其解決方法，才能夠執行這項政策。這樣的作為將會使得這些技巧與義務運行，不單純是個政治才能而已，更是施展我們在技術及行政方面的才能。所以我們的結論認為，新政策讓大家發展與使用這些才能的機會都一一浮現出來。

⑨ 務實的建議

這三個基本的政治現實──州政府與國家對於課程的掌握，加強各層級彼此的相互依賴，以及產生新的問題與提供機會去影響更廣層面的大眾──引導我們提出五項務實的建議給教育專業的伙伴。我們必須更廣泛地學習，集中大家的努力方向，與伙伴形成網絡關係，並且強調「最好的實務作法」，然後才能夠讓政策可以發揮最大的功效。

一、發展我們的專業知能

作為教育專業的我們，就必須發展我們在政策討論時最大的政治資產，也就是我們的專業知能。當我們有機會遇到州長、州議會的民意代表與教育委員會的成員，在他們全力投入全國性的討論，想要改善學校的教學品質時，他們愈來愈常面臨一些他們沒有專業訓練過的議題。

大部分的決策者都能夠了解自己的能力範圍有限，所以會主動去尋找專業的建議，但是在政策的辯論上面，專業是非常脆弱且會枯萎的項目。決策者最感興趣的項目，是想要知道有些專業

人士願意去面對決策者認為重要的問題，而不是專業人士認為重要的問題。所以舉例來說，當政策議程轉移到如何為更廣大的學生群體建構一個具野心、且高品質的學科教學的問題時，決策者將重視那些在處理教育實務問題，以及了解這樣的議程有哪些可行的策略的專家，而不只是教育專家所重視的一般問題。所以我們認為，一般的教育專業智能是不夠的，決策者需要的是那些在相關議題上有效能的專業智能。這也引導到我們的第二個建議。

二、聚焦於重要的政策領域

我們應該把注意力集中在重大決策的政策領域上。在學校與地方的階層仍將主宰每一天的例行決策工作，但是這些決策的情境，將逐漸由州政府和國家層級來塑造更強而有力的影響力。因此，我們必須對國家與州層級在政策辯論方面的本質，也要對我們所屬的全國專業團體的決策過程，有更基礎的認識。我們認為，對於這些議題的體認，是我們邁向教育專業，發揮影響力的第一步。我們更理解到，影響決策的一個有效方式就是透過網絡的形成。

三、栽培專業的網絡

教育專業人士必須栽培，並且使用教育專業網絡，才能夠提升專業，並且發揮巨大的影響力。就像本書所建議的，政策將愈來愈需要依賴各機關之間的相互依賴關係，以及那些具有跨越領域的人才，各種專業的網絡應該在決定政策內容與真實的政策推行上，具有更大的影響力。我們可以見到某些專業網絡已經發揮

他們的影響力而得到驗證了，例如全國數學教師委員會（National Council of Teachers of Mathematics），在國家標準還是抽象的政治構想時，就已經提供完整的格式和內容了。當國家標準有全國性專業網絡的支持時，這樣的課程標準也代表了那個專業領域的人士所渴望推動的課程了。在其他領域方面，專家所關注的重點比較欠缺組織，或是沒有將他們的專業集中在某些項目上，所以能夠影響政策的可能性，就需要依靠零散的政治利益了。

　　州政府與地方層級的決策者到目前為止，也都樂意倚重專業人士的專業來發展與執行教育改革的政策。因為他們清楚了解到專業人士是主動參與的，也非常樂意參與這項政策的推動，例如，在形成州層級的課程架構就是這樣的範例（**審訂者註：就如同前面提過的加州課程標準**）。在大多數的例子中，決策者都有足夠的自覺，知道自己在課程政策方面的能力非常有限，所以他們早已經準備好去尋求專業團體的建議。不過我們需要了解的一點就是，當決策者在回應一個強大的社會輿論壓力時，他們鮮少在欠缺專業建議的情境下，去訂定新的政策。因此，健全的政策建議必須倚重專業人士的意願，才能夠發展與運用網絡，來進一步培養他們的專業與影響力。

四、提倡「優良的實務工作」，而不是專業人士自己的利害關係

　　在提供建議給決策者時，我們需要了解依據專業素養的政策建議，以及單純依據專業人士自己的利益所發展出來的建議之間的差別。如同其他組織團體的擁護者一般，教育專業人士也有其

政治方面的考量。教師與校長希望提升他們在政治決策時的能見度，也希望能夠透過這樣的歷程來改善他們的經濟狀況。

這些利害關係就像其他許多團體在政治過程中所體認的一般。然而，教育界的伙伴還有一項令人尊敬的利害關係，可以帶到政治的辯論上面：就是想要透過政治來改善教學的實務工作，或者最少也要透過政治的力量，防治惡質的實務工作占領教育的現場工作。這兩種利害關係——一個是依據專家的個人福利，另一個是依據最佳的實務工作所做的專業評估所得到的結果——都將在政策的辯論上扮演重要的角色；而且，這兩項利害關係具有彼此強化的功能。

教師的基本動機——強化學生的學習——應該吸引老師主動關懷那些可以支持我們改善教學的政策，在這裡，我們強調的是學生的學習實作表現。但是，教育界的伙伴如果想要在政策制訂時具有比較多的影響力，扮演更具有影響力的角色時，他們就需要了解到，專業智能有時會與狹義的專業利害關係相互衝突。有些時候，一些優良的實務工作是依據嚴謹的研究和良好的教室實務工作所得到的結果，卻很可能和許多老師和校長真實想要獲得的實務工作相互衝突的。在此情形下，專業網絡的一部分可以討論「最佳的實務工作」的解決方案，而不是滿足大部分實務工作者的解決方法。有時候，這將會是一個需要努力付出的掙扎。

五、推向政策的極限

最後的一個建議是向既有的政策，或是將新的政策推到極限。目前在課程政策與管理的改變過程中最大的優勢，就是他們提供

我們一個機會發展更高品質的課程內容，以及教導更為廣泛族群的學生人口。相對地，他們最大的弱點是他們在教學內容、教學對象以及教學績效等方面的決策過程，大幅擴增了他們的複雜性。

我們要儘量利用這一次教育改革的優勢，並且避免我們的弱勢，所以，我們需要隨時提醒政策制訂者這樣的改革尚未成功，這樣我們這些專業人員才有更多機會可以發揮專業，找尋那些可以解決問題的方案。政策的成功與否，在於成功的政策必須想辦法讓那些具有解決問題能力的人們，出來分攤新的工作。

將現有的政策推到極限——換句話說，讓我們使用我們的專業來定義值得我們解決的問題，並且提供可以解決問題的方案——是可以提升目前這項政策的效率，也同時提升那些提供解答的專業人士的影響力和影響的範圍。

第一章

Tyack, D., and E. Hansot. (1982). *Managers of Virtue*. New York: Basic Books.

第二章

American Association for the Advancement of Science. (1989). *Science for All Americans*. A Project 2061 report on Literacy Goals in Science, Mathematics, and Technology. Washington. D.C.: Author.

Archbald, D.A., and A.C. Porter. (in press). "Curriculum Control and Teachers' Perceptions of Autonomy and Satisfaction." *Education Evaluation and Policy Analysis*.

Bryk, T., V. Lee, and J. Smith. (1990). "High School Organization and Its Effects on Teachers and Students: An Interpretive Summary of the Research." In *Choice and Control in American Education, Vol. 1*, edited by W. Clune and J.F. Witte. Philadelphia: Falmer Press.

Bryk, A.S., and Y.M. Thum. (1989). *The Effects of High School Organization on Dropping Out: An Exploratory Investigation*. New Brunswick, N.J.: Rutgers University, Center for Policy Research in Education.

California State Department of Education. (1985). *Mathematics Curriculum Framework for California Public Schools*. Sacramento, Calif.: Author.

Cohen, D., and D. Ball. (1990). "Relations Between Policy and Practice: A Commentary." *Educational Evaluation and Policy Analysis* 12, 3: 331–338.

Cohen, D.K., and J.P. Spillane. (1993). "Policy and Practice: The Relations Between Governance and Instruction." In *Designing Coherent Policy: Improving the System* (pp. 35–95), edited by S. Fuhrman. San Francisco: Jossey-Bass.

Darling-Hammond, L. (1990). "Instructional Policy into Practice: The Power of the Bottom Over the Top." *Educational Evaluation and Policy Analysis* 12, 3: 339–348.

Darling-Hammond, L. (1992). "Creating Standards of Practice and Delivery for Learner Centered Schools." *Stanford Law and Policy Review* 4: 37–52.

David, J.L. (1993). "Systemic Reform: Creating the Capacity for Change." Unpublished manuscript. New Brunswick, N.J.: Consortium for Policy Research in Education.

Floden, R., A. Porter, L. Alford, D. Freeman, S. Irwin, W. Schmidt, and J. Schwille.

(1988). "Instructional Leadership at the District Level: A Closer Look at Autonomy and Control." *Educational Administration Quarterly* 24: 96–124.

Fuhrman, S., and D. Massell. (1992). *Issues and Strategies in Systemic Reform*. New Brunswick, N.J.: Consortium for Policy Research in Education.

Hayes, L. (1992). "News and Views." *Phi Delta Kappan* 73, 10: 806–807.

Kozol, J. (1991). *Savage Inequalities*. New York: Crown.

Madaus, G. (1991). "The Effects of Important Tests on Students." *Phi Delta Kappan* 73, 3: 226–231.

Murray, C.E. (1992). "Rochester's Reforms: The Teachers' Perspective." *Educational Policy* 6, 1: 55–71.

National Board for Professional Teaching Standards. (1991). *Towards High and Rigorous Standards for the Teaching Profession*. 3rd ed. Detroit, MI: Author.

National Council of Teachers of Mathematics. (1989). *Curriculum and Evaluation Standards for School Mathematics*. Reston, Va.: Author.

National Council on Education Standards and Testing. (January 24, 1992). *Raising Standards for American Education*. Washington, D.C.: Author.

National Education Goals Panel. (1992). *Building a Nation of Learners*. Washington, D.C.: U.S. Government Printing Office.

O'Day, J., and M.S. Smith. (1993). "Systemic School Reform and Educational Opportunity." In *Designing Coherent Education Policy: Improving the System* (pp. 250–312), edited by S. Fuhrman. San Francisco: Jossey-Bass.

Porter, A. (1992). "School Delivery Standards." Paper prepared for the meeting of the National Governors' Association, Washington, D.C.

Shepard, L. (1991). "Will National Tests Improve Student Learning?" *Phi Delta Kappan* 73, 3: 232–238.

Smith, M.S., and J. O'Day. (1991a). "Educational Equality: 1966 and Now." In *The 1990 American Finance Association Yearbook: Spheres of Justice in Education* (pp. 53–100), edited by D.A. Verstegen and J.G. Ward. New York: Harper-Collins.

Smith, M.S., and J. O'Day. (1991b). "Systemic School Reform." In *The Politics of Curriculum and Testing* (pp. 233–267), edited by S. Fuhrman and B. Malen. Bristol, Pa.: Falmer Press.

Smith, M.S., J. O'Day, and D.K. Cohen. (September 1991). "A National Curriculum in the United States?" *Educational Leadership* 49, 1: 74–81.

Stevenson, D., and D. Baker. (1991). "State Control of the Curriculum and Classroom Instruction." *Sociology of Education* 64, 1: 1–10.

Taylor, W., and D. Piche. (December 1990). *A Report on Shortchanging Children: The Impact of Fiscal Inequity on the Education of Students at Risk*. Staff Report for House of Representatives Committee on Education and Labor, U.S. Congress. Washington, D.C.: U.S. Government Printing Office.

Tyson-Bernstein, H. (1988). "The Academy's Contribution to the Impoverishment of America's Textbooks." *Phi Delta Kappan* 70: 194–198.

UNESCO. (1983). *Course of Study for Lower Secondary Schools in Japan*. Tokyo: Author, Education and Cultural Exchange Division.

第三章

American Association of Colleges for Teacher Education. (1985). *Teacher Education Policy in the States: 50-State Survey of Legislative and Administrative Actions*. Washington, D.C.: Author.

Anderson, B., and C. Pipho. (1984). "State-Mandated Testing and the Fate of Local Control." *Phi Delta Kappan* 66: 208–212.

Bailey, S., R. Frost, P. Marsh, and R. Wood. (1962). *Schoolmen and Politics*. Syracuse, N.Y.: Syracuse University Press.

Bardach, E., and R. Kagan. (1982). *Going by the Book: The Problem of Regulatory Unreasonableness*. Philadelphia: Temple University Press.

Brown, P.R., and R.F. Elmore. (1982). "Analyzing the Impact of School Finance Reform." In *The Changing Politics of School Finance* (pp. 107–138), edited by N.H. Cambron-McCabe and A. Odden. Cambridge, Mass.: Ballinger.

Carnegie Council on Adolescent Development. (1989). *Turning Points: Preparing American Youth for the 21st Century*. New York: Carnegie Corporation.

Carnegie Forum on Education and the Economy. (1986). *A Nation Prepared: Teachers for the 21st Century*. N.Y.: Author.

Clune, W.H., with P. White and J. Patterson. (1989). *The Implementation and Effects of High School Graduation Requirements: First Steps Toward Curricular Reform*. New Brunswick, N.J.: Rutgers University, Center for Policy Research in Education.

Cohen, D.K., and J.P. Spillane. (1993). "Policy and Practice: The Relations Between Governance and Instruction." In *Designing Coherent Education Policy: Improving the System* (pp. 35–95), edited by S.H. Fuhrman. San Francisco: Jossey-Bass.

Committee for Economic Development, Research and Policy Committee. (1987). *Children in Need: Investment Strategies for the Educationally Disadvantaged*. New York: Author.

Cuban, L. (1984). "School Reform by Remote Control: SB813 in California." *Phi Delta Kappan* 66: 213–215.

Darling-Hammond, L. (1990). "Instructional Policy into Practice: The Power of the Bottom Over the Top." *Educational Evaluation and Policy Analysis* 12, 3: 339–348.

Darling-Hammond, L., and B. Berry. (1988). *The Evolution of Teacher Policy*. (Prepared for the Center for Policy Research in Education.) Santa Monica, Calif.: RAND Corporation.

David, J.L. (1989). *Restructuring in Progress: Lessons from Pioneering Districts*. Washington, D.C.: National Governors' Association.

Elley, W.B. (July 1992). *How in the World Do Students Read?* N.Y.: International Association for the Evaluation of Educational Achievement.

Elmore, R.F. (1979). *Complexity and Control: What Legislators and Administrators Can Do About Implementation*. Public Policy Paper No. 11. Seattle: University of Washington, Institute of Governmental Research.

Elmore, R.F. (1988). *Early Experience in Restructuring Schools: Voices from the*

Field. Washington, D.C.: National Governors' Association.

Elmore, R.F. (1990). *Working Models of Choice in Public Education*. New Brunswick, N.J.: Rutgers University, Center for Policy Research in Education.

Elmore, R.F., and M.W. McLaughlin. (1988). *Steady Work: Policy, Practice and the Reform of American Education* (R-3574-NIE/RC). Santa Monica, Calif.: RAND Corporation.

Firestone, W., and B. Bader. (1992). *Redesigning Teaching: Bureaucracy and Professionalism*. Albany: SUNY Press.

Firestone, W.A., S.H. Fuhrman, and M.W. Kirst. (1989). *The Progress of Reform: An Appraisal of State Education Initiatives*. New Brunswick, N.J.: Rutgers University, Center for Policy Research in Education.

Firestone, W.A., S. Rosenblum, B.D. Bader, and D. Massell. (1991). *Education Reform from 1983 to 1990: State Action and District Response*. New Brunswick, N.J.: Consortium for Policy Research in Education.

Fuhrman, S.H. (1982). "State-Level Politics and School Financing." In *The Changing Politics of School Finance* (pp. 53–70), edited by N.H. Cambron-McCabe and A. Odden. Cambridge, Mass.: Ballinger.

Fuhrman, S.H., ed. (1993). "The Politics of Coherence." *Designing Coherent Policy: Improving the System* (pp. 1–34). San Francisco: Jossey-Bass.

Fuhrman, S.H., H.W. Clune, and R.F. Elmore. (1988). "Research on Education Reform: Lessons on the Implementation of Policy." *Teachers College Record* 90, 2: 237–58.

Fuhrman, S.H., and R.F. Elmore. (1992). *Takeover and Deregulation: Working Models of New State and Local Regulatory Relationships*. New Brunswick, N.J.: Consortium for Policy Research in Education.

Fuhrman, S.H., and R.F. Elmore. (1990). "Understanding Local Control." *Educational Evaluation and Policy Analysis* 12, 1: In Press.

Fuhrman, S.H., with P. Fry. (1989). *Diversity Amidst Standardization: State Differential Treatment of Districts*. New Brunswick, N.J.: Rutgers University, Center for Policy Research in Education.

Goertz, M.E., B.F. King, R.J. Coley, G.Z. Wilder, S.S. Kaagan, and G. Sykes. (1989). "Missouri Education Indicators Development Project Final Report." Unpublished manuscript, Center for Policy Research in Education, Rutgers University, New Brunswick, N.J., and Educational Testing Service, Princeton, N.J.

Hanson, T.L. (1989). *Curricular Change in Dade County 1982–83 to 1986–87: A Replication of the PACE Study*. New Brunswick, N.J.: Rutgers University, Center for Policy Research in Education.

Holmes Group Executive Board. (1985). *Tomorrow's Teachers: A Report of the Holmes Group*. East Lansing, Mich.: Author.

Kaagan, S.S. (1988). "State Education Agencies: Above or Beneath the Waves of Reform." Unpublished manuscript, Center for Policy Research in Education, Rutgers University, New Brunswick, N.J.

Kaagan, S.S., and R.J. Coley. (1989). *State Education Indicators: Measured Strides, Missing Steps*. (Co-sponsored by the Center for Policy Research in Education.) Princeton, N.J.: Educational Testing Service.

Killian, M.G. (1984). "Local Control—The Vanishing Myth in Texas." *Phi Delta Kappan* 66: 192–195.

Kirst, M.W. (1992). *Financing School-Linked Services. USC Center for Education Finance (CREF) Policy Brief.* Los Angeles, Calif.: University of Southern California.

Kirst, M.W. (1993). "Strengths and Weaknesses of American Education." *Phi Delta Kappan* 74: 613–618.

Koretz, D. (1988). "Arriving in Lake Woebegone: Are Standardized Tests Exaggerating Achievement and Distorting Instruction?" *American Educator* 12, 2: 8–15.

Little, J.W. (1993). "Teachers' Professional Development in a Climate of Educational Reform." *Educational Evaluation and Policy Analysis*, forthcoming.

Madaus, G. (1991). "The Effects of Important Tests on Students." *Phi Delta Kappan* 73, 3: 226–231.

Malen, B., R. Ogawa, and J. Kranz. (1990). "What Do We Know About School-Based Management: A Case Study of the Literature," In *Choice and Control in American Education, Volume 2* (pp. 289–342), edited by W.H. Clune and J.F. Witte. Philadelphia: Falmer Press.

Massell, D., and S.H. Fuhrman. (in press). *Ten Years of State Education Reform: Update with Four Case Studies.* New Brunswick, N.J.: Consortium for Policy Research in Education.

Mayhew, D. (1974). *The Electoral Connection.* New Haven, Conn.: Yale University Press.

McDonnell, L.M. (March 1987). "The Instruments of State Education Reform." Paper presented at the Western Political Science Association annual meeting, Anaheim, Calif.

McDonnell, L.M., and R.F. Elmore. (1987). *Alternative Policy Instruments.* (Prepared for the Center for Policy Research in Education). Santa Monica, Calif.: RAND Corporation.

McDonnell, L.M., and S.H. Fuhrman. (1985). "The Political Context of Reform." In *The Fiscal, Legal and Political Aspects of State Reform of Elementary and Secondary Education* (pp. 43–46), edited by V.D. Mueller and M.P. McKeown. Cambridge, Mass.: Ballinger.

McDonnell, L.M., and A. Pascal. (1988). *Teacher Unions and Educational Reform.* (Prepared for the Center for Policy Research in Education.) Santa Monica, Calif.: RAND Corporation.

McLaughlin, M.W. (1987). "Lessons from Past Implementation Research." *Educational Evaluation and Policy Analysis* 9, 2: 171–178.

National Center for Education Statistics. (1992). *The Condition of Education.* Washington, D.C.: U.S. Government Printing Office.

National Commission on Excellence in Education. (1983). *A Nation at Risk: The Imperative for Educational Reform.* Washington, D.C.: U.S. Government Printing Office.

National Conference of State Legislatures. (1990). *State Issues 1990: A Survey of Priority Issues for State Legislatures.* Denver, Colo.: Author.

National Educational Goals Panel. (1992). *Building a Nation of Learners.* Washington, D.C.: U.S. Government Printing Office.

National Governors' Association. (1986). *Time for Results: The Governors' 1991 Report on Education.* Washington, D.C.: Author.

OERI Study Group on State Accountability. (1988). *Creating Responsible and Responsive Accountability Systems.* Washington, D.C.: Office of Educational

Research and Information, U.S. Department of Education.

Organisation for Economic Cooperation and Development. (1992). *Education at a Glance*. Paris: Author.

Patterson, J. (1991). "Graduation vs. Education: Reform Effect for Youth at Risk." In *The Politics of Curriculum and Testing* (pp. 81–101), edited by S. Fuhrman and B. Malen. Philadelphia: Falmer Press.

Richards, C.E., and M.J. Shujaa. (1988). "The State Education Accountability Movement: Impact on the Schools?" Unpublished manuscript prepared for the U.S. Department of Education OERI Study Group on State Accountability, Washington, D.C.

Rosenthal, A. (1981). *Legislative Life*. New York: Harper and Row.

Shepard, L. (1991). "Will National Tests Improve Student Learning?" *Phi Delta Kappan* 73, 3: 232–238.

Rosenthal, A. (1990). *Governors and Legislatures: Contending Powers*. Washington, D.C.: Congressional Quarterly Press.

Rosenthal, A., and S. Fuhrman. (1981). *Legislative Education Leadership in the States*. Washington, D.C.: Institute for Educational Leadership.

Smith, M., and J. O'Day. (1991). "Systemic School Reform." In *The Politics of Curriculum and Testing* (pp. 233–267), edited by S. Fuhrman and B. Malen. Philadelphia: Falmer Press.

U.S. General Accounting Office. (1993). *Systemwide Education Reform*. Washington, D.C.: U.S. Government Printing Office.

Williams, P.A. (1989). "School Level Response to At-Risk Students." Unpublished manuscript, Center for Policy Research in Education, Rutgers University, New Brunswick, N.J.

Winslow, H.R., and S.M. Peterson. (1982). "State Initiatives for Special Needs Students." In *New Dimensions of the Federal-State Partnership in Education* (pp. 46–62), edited by J.D. Sherman, M.A. Kutner, and K.J. Small. Washington, D.C.: Institute for Educational Leadership.

Wohlstetter, P. (1993). *School-Based Management: Strategies for Success*. New Brunswick, N.J.: CPRE Finance Brief.

第四章

Advisory Commission on Intergovernmental Relations (ACIR). (1989). *Significant Features of Fiscal Federalism*. Washington, D.C.: Author.

Bardach, E. (1980). "Implementation Studies and the Study of Implements." Paper presented at the annual meeting of the American Political Science Association.

Berman, P., and M.W. McLaughlin. (1975). "The Findings in Review." *Federal Programs Supporting Educational Change, Vol. 4*. Santa Monica, Calif.: Rand Corporation.

Berman, P., and M.W. McLaughlin. (1978). "Implementing and Sustaining Innovations." *Federal Programs Supporting Educational Change, Vol. 7*. Santa Monica, Calif.: Rand Corporation.

Beyle, T.L. (1989). "From Governor to Governors." In *The State of the States* (pp. 33–68), edited by C.E. Van Horn. Washington, D.C.: Congressional Quarterly Press.

Beyle, T., and L. Muchmore, eds. (1983). *Being Governor: The View from the Office.* Durham, N.C.: Duke University Press.

Carnegie Forum on Education and the Economy. (1986). *A Nation Prepared: Teachers for the 21st Century.* New York: Author.

Clark, D.L., and T.A. Astuto. (1990). "The Disjunction of Federal Education Policy and Educational Needs in the 1990s." In *Education Politics for the New Century* (pp. 11–26), edited by D.E. Mitchell and M.E. Goertz. London: Falmer Press.

Cohen, D.K. (1982). "Policy and Organization: The Impact of State and Federal Educational Policy in School Governance." *Harvard Educational Review* 52, 4: 474–499.

Cohen, D.K. (1990). "Governance and Instruction: The Promise of Decentralization and Choice." In *Choice and Control in American Education*, edited by W.H. Clune and J. Witte. Philadelphia: Falmer Press.

Cohen, D.K., and J. Spillane. (1993). "Policy and Practice: The Relations Between Governance and Instruction." In *Designing Coherent Education Policy: Improving the System* (pp. 35–95), edited by S.H. Fuhrman. San Francisco: Jossey-Bass.

Coleman, J.S., E. Campbell, C. Hobson, J. McPortland, A. Mood, F. Weinfeld, and R. York. (1966). *Equality of Educational Opportunity.* Washington, D.C.: U.S. Government Printing Office.

Cuban, L. (1984). *How Teachers Taught: Constancy and Change in American Classrooms, 1890–1980.* New York: Longman.

Darling-Hammond, L., and B. Berry. (1988). *The Evolution of Teacher Policy.* Prepared for the Center for Policy Research in Education. Santa Monica, Calif.: Rand Corporation.

David, J.L., M.K. Cohen, D. Honetschlager, and S. Traiman. (1990). *State Actions to Restructure Schools: First Steps.* Washington, D.C.: National Governors' Association.

Elmore, R.F. (1978). "Organizational Models of Social Program Implementation." *Public Policy* 26: 185–228.

Elmore, R.F. (1987). "Instruments and Strategy in Public Policy." *Policy Studies Review* 7, 1: 174–186.

Elmore, R.F., and S.H. Fuhrman. (Summer 1990). "The National Interest and the Federal Role in Education." *Publius: The Journal of American Federalism* 20, 3.

Elmore, R.F., and M.W. Mclaughlin. (1988). *Steady Work: Policy, Practice, and the Reform of American Education.* Santa Monica, Calif.: Rand Corporation.

Fabricius, M., and R.K. Sneel. (1990). *Earmarking State Taxes.* Denver: National Conference of State Legislatures.

Firestone, W.A., S.H. Fuhrman, and M.W. Kirst. (1989). *The Progress of Reform: An Appraisal of State Education Initiatives.* New Brunswick, N.J.: Rutgers University, Center for Policy Research in Education.

Frase, M.J. (1989). *Dropout Rates in the United States: 1988*. NCES 89–609. Washington, D.C.: U.S. Government Printing Office.

Fuhrman, S.H. (December 1979). *State Education Politics: The Case of School Finance Reform* (monograph, pp. 87–95), with contributions by M. Kirst, J. Berke, and M. Usdan. Denver: Education Commission of the States.

Fuhrman, S.H. (Summer 1987). "Education Policy: A New Context for Governance." *Publius: 1986 Annual Review of Federalism* 17, 3: 131–144.

Fuhrman, S.H., and R.F. Elmore. (1990). "Understanding Local Control in the Wake of State Education Reform." *Educational Evaluation and Policy Analysis* 12, 1: 82–96.

Fuhrman, S.H., and R.F. Elmore. (in press). *Opportunity to Learn and the State Role in Education*. Washington, D.C.: National Governors' Association.

Fuhrman, S.H., with P. Fry. (1989). *Diversity Amidst Standardization: State Differential Treatment of Districts*. New Brunswick, N.J.: Rutgers University, Center for Policy Research in Education.

Fullan, M. (1982). *The Meaning of Educational Change*. New York: Teachers College Press.

Hargrove, E.C. (1983). "The Search for Implementation Theory." In *What Role for Government?* edited by R.K. Zeckhauser and D. Leebaert. Durham, S.C.: Duke University Press.

The Holmes Group, Inc. (1986). *Tomorrow's Teachers: A Report of the Holmes Group*. East Lansing, Mich.: Author.

Jencks, C.S., M. Smith, H. Acland, M.J. Bane, D. Cohen, H. Gintis, B. Heyns, and S. Michaelson. (1972). *Inequality: A Reassessment of the Effect of Family and Schooling in America*. New York: Basic Books.

Keith, T.Z., T.M. Reimers, P.G. Fehrmann, S.M. Pottebaum, and L.W. Aubey. (1986). "Parental Involvement, Homework, and TV Time: Direct and Indirect Effects on High School Achievement." *Journal of Educational Psychology* 78: 373–380.

Kirst, M.W. (1990). *Accountability: Implications for State and Local Policy Makers*. Policy Perspectives Series. Washington, D.C.: U.S. Department of Education, Office of Educational Research and Improvement.

Massell, D., and S. Fuhrman. (in press). *Ten Years of State Education Reform: Update with Four Case Studies*. New Brunswick, N.J.: Consortium for Policy Research in Education.

McDonnell, L.M., and R.F. Elmore. (1987). *Alternative Policy Instruments*. Prepared for the Center for Policy Research in Education. Santa Monica, Calif.: Rand Corporation.

McDonnell, L., and S.H. Fuhrman. (1985). "The Political Context of Education Reform." In *The Fiscal, Legal, and Political Aspects of State Reform of Elementary and Secondary Education* (pp. 43–64), edited by V.D. Mueller and M.P. McKeown. Cambridge, Mass.: Ballinger.

Milne, A.M., D.W. Myers, S. Rosenthal, and A. Ginsburg. (1986). "Single Parents, Working Mothers, and the Educational Achievement of School Children." *Sociology of Education* 59: 125–139.

National Education Association. (1989). *Estimates of School Statistics*. Washington, D.C.: Author.

National Center for Education Statistics. (1989). *The Condition of Education 1989: Vol. 1. Elementary and Secondary Education.* Washington, D.C.: U.S. Government Printing Office.

National Center for Education Statistics. (1992). *The Condition of Education 1992.* Washington, D.C.: U.S. Government Printing Office.

National Commission on Excellence in Education. (1983). *A Nation at Risk: The Imperative for Education Reform.* Washington, D.C.: U.S. Department of Education.

National Governors' Association. (1986). *Time for Results: The Governors' 1991 Report on Education.* Washington, D.C.: Author.

National Governors' Association. (1989). *Results in Education 1989: The Governors' 1991 Report on Education.* Washington, D.C.: Author.

National Governors' Association. (1990). *Educating America: State Strategies for Achieving the National Education Goals.* Washington, D.C.: Author.

National Governors' Association. (1991). *From Rhetoric to Action: State Progress in Restructuring the Education System.* Washington, D.C.: Author.

Neustadt, R.E. (1960). *Presidential Power: The Politics of Leadership from FDR to Carter.* New York: Wiley & Sons.

O'Day, J., and M.S. Smith. (1990). *Retention Policies in U.S. Schools.* New Brunswick, N.J.: Rutgers University, Center for Policy Research in Education.

O'Day, J., and M.S. Smith. (1993). "Systemic Reform and Educational Opportunity." In *Designing Coherent Education Policy: Improving the System* (pp. 250–312), edited by S.H. Fuhrman. San Francisco: Jossey-Bass.

Office of Educational Research and Improvement (OERI). (1988). *Creating Responsible and Responsive Accountability Systems.* Washington, D.C.: U.S. Department of Education, OERI.

Pechman, E., and K. LaGuarda. (1993). *Status of New Curriculum Frameworks, Standards, Assessments, and Monitoring Systems.* Washington, D.C.: Policy Studies Associates.

Pressman, J., and A. Wildavsky. (1984). *Implementation.* 3rd ed. Berkeley: University of California Press.

Richards, C.E., and M.J. Shujaa. (Spring 1990). "State-Sponsored School Performance Incentive Plans: A Policy Review." *Educational Considerations* 17, 2: 42–52.

Rosenthal, A. (1990). *Governors and Legislatures: Contending Powers.* Washington, D.C.: Congressional Quarterly Press.

Rosenthal, A., and S.H. Fuhrman. (1981). *Legislative Education Leadership in the States.* Washington, D.C.: Institute for Educational Leadership.

Sabato, L. (1983). *Goodbye to Good-Time Charlie: The American Governorship Transformed.* Washington, D.C.: Congressional Quarterly Press.

Shepard, L.A., and M.S. Smith. (1989). *Flunking Grades: Research and Policies on Retention.* New York: Falmer Press.

Smith, M.S., and J. O'Day. (1988). "Teaching Policy and Research on Teaching." Unpublished manuscript. Center for Policy Research in Education, Rutgers University, New Brunswick, N.J.

Smith, M., and J. O'Day. (1991). "Systemic School Reform." In *The Politics of Curriculum and Testing* (pp. 233–267), edited by S. Fuhrman and B. Malen. Philadelphia: Falmer Press.

Tyack, D., and E. Hansot. (1982). *Managers of Virtue: Public School Leadership in America, 1820–1980*. New York: Basic Books.

Walker, J.L. (1971). "Innovation in State Politics." In *Politics in the American States*, edited by H. Jacobs and K.N. Vines. Boston: Little, Brown.

Wehlage, G.G. (1989). "Engagement, Not Remediation or Higher Standards." In *Children at Risk* (pp. 57–73), edited by J. Lakebrink. Springfield, Ill.: Charles C Thomas.

Wehlage, G.G., R.A. Rutter, G.A. Smith, N.L. Lesko, and R.R. Fernandez. (1989). *Reducing the Risk: Schools as Communities of Support*. Philadelphia: Falmer Press.

第五章

National Commission on Excellence in Education. (1983). *A Nation at Risk: The Imperative for Educational Reform*. Washington, D.C.: U.S. Government Printing Office.

Senge, P. (1990). *The Fifth Discipline*. New York: Doubleday.

第六章

Adams, J. (1992). "Policy Implementation Through Teacher Professional Networks: The Case of Math A in California." Unpublished doctoral diss., Stanford University.

Ball, D.L. (1992). *Implementing the NCTM Standards: Hopes and Hurdles*. Issue Paper 92-2. East Lansing, Mich.: The National Center for Research on Teacher Learning.

Bradley, A. (June 3, 1992). "Pioneering Board Faces Challenges in Setting Standards for Teachers." *Education Week* 11: 1–16.

California Department of Education. (1988). *Instructional Materials and Framework Adoption: Policies and Procedures*. Sacramento, Calif.: Author.

California Department of Education. (1990). *Science Framework*. Sacramento, Calif.: Author.

Carlson, C.G. (1992). "The Metamorphosis of Mathematics Education." *Focus* 27. Princeton, N.J.: Educational Testing Service.

Cohen, D., and J. Spillane. (1993). "Policy and Practice: The Relations Between Governance and Instruction." In *Designing Coherent Education Policy: Improving the System*, edited by S.H. Fuhrman. San Francisco: Jossey-Bass.

Council on School Performance Standards. (December 1991). *Kentucky's Learning Goals and Valued Outcomes*. Louisville, Ky.: Author.

Curry, B., and T. Temple. (1992). *Using Curriculum Frameworks for Systemic Reform*. Alexandria, Va.: ASCD.

Darling-Hammond, L. (1990). "Instructional Policy into Practice: 'The Power of the Bottom Over the Top.'" *Educational Evaluation and Policy Analysis* 12, 3:

339–347.

Dove, R.G., Jr. (1991). *Acorns in a Mountain Pool: The Role of Litigation, Law, and Lawyers in Kentucky Education Reform.* Lexington, Ky.: The Prichard Committee.

Elmore, R.F., G. Sykes, and J. Spillane. (1992). "Curriculum Policy." In *Handbook of Research on Curriculum*, edited by P. Jackson. New York: Macmillan.

Firestone, W.A., S. Rosenblum, B.D. Bader, and D. Massell. (December 1991). *Education Reform from 1983 to 1990: State Action and District Response.* Research Report Series RR-021. New Brunswick, N.J.: Consortium for Policy Research in Education.

Fuhrman, S.F., ed. (1993) "The Politics of Coherence." In *Designing Coherent Education Policy: Improving the System*, edited by S.H. Fuhrman. San Francisco: Jossey-Bass.

Fuhrman, S.H., W. Clune, and R. Elmore. (1988). "Research on Education Reform: Lessons on the Implementation of Policy." *Teachers College Record* 90, 2: 237–258.

Fuhrman, S.H., D. Massell, and Associates. (June 1992). *Issues and Strategies in Systemic Reform.* New Brunswick, N.J.: Consortium for Policy Research in Education.

Fullan, M.G., with S. Stiegelbauer. (1991). *The New Meaning of Educational Change.* New York: Teachers College Press.

Gehrke, N.J., M.S. Knapp, and K.A. Sirotnik. (1992). "In Search of the School Curriculum." In *Review of Research in Education*, edited by G. Grant. Washington, D.C.: American Educational Research Association.

Hoffmeister, A.M. (in press). "Elitism and Reform in School Mathematics." *Journal of Remedial and Special Education.*

Kingdon, J.W. (1984). *Agendas, Alternatives and Public Policies.* Boston: Little, Brown.

Lichtenstein, G., M.W. McLaughlin, and J. Knudsen. (in press). "Teacher Empowerment and Professional Knowledge." In *The Changing Context of Teaching: 91st NSSE Yearbook, Part II*, edited by A. Lieberman. Chicago: National Society for the Study of Education, University of Chicago Press.

Lieberman, A., and M.W. McLaughlin. (May 1992). "Networks for Educational Change: Powerful and Problematic." *Phi Delta Kappan* 73, 9: 673–677.

Marsh, D.D., and A.R. Odden. (1991). "Implementation of the California Mathematics and Science Curriculum Frameworks." In *Education Policy Implementation*, edited by A.R. Odden. Albany: State University of New York Press.

Massell, D. (1993a) "California and New York History-Social Studies Case Study." In *Formulating Content Standards: Case Studies and Implications for National Content Standards*, edited by D. Massell, M.W. Kirst, C. Kelley, and G. Yee. Washington, D.C.: National Education Goals Panel.

Massell, D. (1993b) "Observations from the Cases and Implications for National Content Standards." In *Formulating Content Standards: Case Studies and Implications for National Content Standards*, edited by D. Massell, M.W. Kirst, C. Kelley, and G. Yee. Washington, D.C.: National Education Goals Panel.

Massell, D. (1993c). "National Council of Teachers of Mathematics Case Study, with

References to the 'New Math.'" In *Formulating Content Standards: Case Studies and Implications for National Content Standards*, edited by D. Massell, M.W. Kirst, C. Kelley, and G. Yee. Washington, D.C.: National Education Goals Panel.

Massell, D., M.W. Kirst, C. Kelley, and G. Yee. (1993). *Formulating Content Standards: Case Studies and Implications for National Content Standards*. Washington, D.C.: National Education Goals Panel.

McLaughlin, M.W. (1991). "The Rand Change Agent Study: Ten Years Later. In *Education Policy Implementation*, edited by A.R. Odden. Albany: State University of New York Press.

Murphy, J. (1990). "The Educational Reform Movement of the 1980s: A Comprehensive Analysis." In *The Educational Reform Movement of the 1980s: Perspectives and Cases*, edited by J. Murphy. Berkeley, Calif.: McCutchan.

National Commission on Excellence in Education. (1983). *A Nation at Risk: The Imperative for Educational Reform*. Washington, D.C.: Author.

National Council on Education Standards and Testing. (January 24, 1992). *Raising Standards for American Education*. Washington, D.C.: Author.

Pechman, E.M., and K.G. Laguarda. (1993). *Status of New State Curriculum Frameworks, Standards, Assessments, and Monitoring Systems*. Prepared for the U.S. Department of Education. Washington, D.C.: Policy Studies Associates.

Pence, P., and A. Petrosky. (1992). "Defining Performance Standards and Developing an Assessment for Accomplished English Language Arts Teaching of Young Adolescents." Paper presented at the annual meeting of The National Council on Measurement in Education, San Francisco.

Powell, A.G., E. Farrar, and D.K. Cohen. (1985). *The Shopping Mall High School: Winners and Losers in the Educational Marketplace*. Boston: Houghton Mifflin.

Smith, M.S., and J. O'Day. (1991). "Systemic School Reform." In *The Politics of Curriculum and Testing*, edited by S.H. Fuhrman and B. Malen. Bristol, Pa.: Falmer Press.

Thomas, J.A. (May 21, 1993). "Eagle Forum Opening Fire Against KERA." *The Mayfield Messenger*, p. 1.

Vermont Department of Education. (1991). *Vermont Common Core of Learning Update*. Burlington, Vt.: Author.

Vermont Department of Education. (March 1992). *Report 1: Is This Really What Learners Need to Know?* Montpelier, Vt.: Author.

Walker, D. (1990). *Fundamentals of Curriculum*. Saddlebrook, N.J.: Harcourt, Brace, Jovanovich.

Weiler, H. (1981). *Compensatory Legitimation in Educational Policy: Legalization, Expertise, and Participation in Comparative Perspective*. Project Report No. 81-A17. Stanford, Calif.: Stanford School of Education (published by the former Institute for Research on Educational Finance and Governance.)

Weiss, I. (1992). *The Road to Reform in Mathematics Education: How far Have We Traveled?* Arlington, Va.: National Council of Teachers of Mathematics.

Zollman, A., and E. Mason. (November 1992). "The Standards Beliefs Instrument (SBI): Teachers' Beliefs about the NCTM Standards." *School Science and Mathematics* 92, 7: 359–363.

第七章

Barzelay, M., with the collaboration of B.J. Armajani. (1992). *Breaking Through Bureaucracy: A New Vision for Managing in Government*. Berkeley: University of California Press.

Burns, T., and G.M. Stalker. (1961). *The Management of Innovation*. London: Tavistock Publications, Ltd. (Distributed in the United States by Barnes & Noble Inc.)

Campbell, R.F., L.L. Cunningham, R.O. Nystrand, and M.D. Usdan. (1985). *The Organization and Control of American Schools*. 5th ed. Columbus, OH: Charles E. Merrill.

Campbell, R.F., and G.E. Sroufe. (1967). "The Emerging Role of State Departments of Education." In *Strengthening State Departments of Education*, edited by R.F. Campbell, G.E. Sroufe, and D.H. Layton. Chicago: Midwestern Administration Center, The University of Chicago.

Campbell, R.F., G.E. Sroufe, and D.H. Layton, eds. (1967). *Strengthening State Departments of Education*. Chicago: Midwestern Administration Center, The University of Chicago.

Clune, W.H., with P. White and J. Patterson. (1989). *The Implementation and Effects of High School Graduation Requirements: First Steps Toward Curricular Reform*. New Brunswick, N.J.: Center for Policy Research in Education.

Cohen, D.K. (1988). "Teaching Practice: Plus Que Ca Change . . . ." In *Contributing to Educational Change: Perspectives on Research and Practice*, edited by P.W. Jackson. Berkeley, Calif.: McCutchan.

Cohen, D.K., and J.P. Spillane. (1992). "Policy and Practice: The Relations Between Governance and Instruction." In *The Review of Research in Education*, Vol. 18 (pp. 3–49), edited by G. Grant. Washington, D.C.: American Educational Research Association.

Consortium for Policy Research in Education. (1992). "Ten Lessons about Regulation and Schooling." *CPRE Policy Briefs*. New Brunswick, N.J.: Author.

Council of Chief State School Officers. (1983). *Educational Governance in the States: A Status Report on State Boards of Education, Chief State School Officers, and State Education Agencies*. Washington, D.C.: U.S. Department of Education.

Cuban, L. (1990). "Reforming Again, Again, and Again." *Educational Researcher* 19, 1: 3–13.

Downs, A. (1967). *Inside Bureaucracy*. Boston: Little, Brown.

Firestone, W.A., S.H. Fuhrman, and M.W. Kirst. (1989). *The Progress of Reform: An Appraisal of State Education Initiatives*. New Brunswick, N.J.: Rutgers University, Center for Policy Research in Education.

Friedman, B.D. (1971). *State Government and Education: Management in the State Education Agency*. Chicago: Public Administration Service.

Fuhrman, S.H., and P. Fry. (1989). *Diversity Amidst Standardization: State Differential Treatment of Districts*. New Brunswick, N.J.: Center for Policy Research in Education.

Golden, O. (1990). "Innovation in Public Sector Human Services Programs: The Implications of Innovation by 'Groping Along.'" *Journal of Policy Analysis and Management* 9, 2: 219–248.

Gouldner, A.W. (1980). "About the Functions of Bureaucratic Rules." In *Organizations: Structure and Behavior*. 3rd ed., edited by J.A. Litterer. New York: John Wiley & Sons.

Kanter, R.M. (1983). *The Change Masters: Innovation for Productivity in the American Corporation*. New York: Simon and Schuster.

Kanter, R.M. (1988). "When a Thousand Flowers Bloom: Structural, Collective, and Social Conditions for Innovation in Organizations." *Research in Organizational Behavior* 10: 169–211.

Kentucky Department of Education. (1991). *Kentucky Department of Education: National Catalyst for Educational Transformation: Mission, Beliefs, Parameters, Goals, Strategies*. Frankfort, Ky.: Author.

Layton, D.H. (1967). "Historical Development and Current Status of State Departments of Education." In *Strengthening State Departments of Education*, edited by R.F. Campbell, G.E. Sroufe, and D.H. Layton. Chicago: Midwestern Administration Center, The University of Chicago.

Little, J.W., W.H. Gerritz, D.S. Stern, J.W. Guthrie, M.W. Kirst, and D.D. Marsh. (1987). *Staff Development in California: Public and Personal Investments, Program Patterns, and Policy Choices*. Executive Summary. Palo Alto, Calif.: Far West Laboratory for Educational Research and Development and PACE.

Louis, K.S., and R.G. Corwin. (1984). "Organizational Decline: How State Agencies Adapt." *Education and Urban Society* 16, 2: 165–188.

Louis, K.S., and M.B. Miles. (1990). *Improving the Urban High School: What Works and Why*. New York: Teachers College Press.

Merton, R.K. (1980). "Bureaucratic Structure and Personality." In *Organizations: Structure and Behavior*. 3rd ed., edited by J.A. Litterer. New York: John Wiley & Sons.

Murphy, J.T. (1974). *State Education Agencies and Discretionary Funds: Grease the Squeaky Wheel*. Lexington, Mass.: Lexington Books, D.C. Heath and Company.

Perrow, C. (1986). *Complex Organizations: A Critical Essay*. 3rd ed. New York: McGraw-Hill.

Senge, P.M. (1990). *The Fifth Discipline: The Art and Practice of the Learning Organization*. New York: Doubleday Currency.

Smith, M.S., and J. O'Day. (1991). "Systemic School Reform." In *The Politics of Curriculum and Testing: The 1990 Yearbook of the Politics of Education Association*, edited by S.H. Fuhrman and B. Malen. New York: Falmer Press.

Sroufe, G.E. (1967). "Selected Characteristics of State Departments of Education." In *Strengthening State Departments of Education*, edited by R.R. Campbell, G.E. Sroufe, and D.H. Layton. Chicago: Midwestern Administration Center, The University of Chicago.

Vermont Department of Education. (1991). *Restructuring the Department of Education: Presentation to Commissioner Mills*. Montpelier, Vt.: Author.

Vermont Department of Education. (1992). *Department of Education Restructuring: Home Team Proposal*. Montpelier, Vt.: Author.

Wilson, J.Q. (1989). *Bureaucracy: What Government Agencies Do and Why They Do It*. New York: Basic Books.

第九章

American Association for the Advancement of Science. (1989). *Science for All Americans*. A Project 2061 report on Literacy Goals in Science, Mathematics, and Technology. Washington, D.C.: Author.

Belsches-Simmons, G., P. Flakus-Mosqueda, B. Lindner, and K. Mayer. (March 1987). *Recent State Educational Reform: Initial Teacher Certification, Teacher Compensation and High School Graduation Requirements*. Denver, Colo.: Education Commission of the States.

Blank, R.K., and M. Dalkilic. (1991). *State Indicators of Science and Mathematics Education 1990*. Washington, D.C.: Council of Chief State School Officers.

California State Board of Education. (1985). *Mathematics Framework for California Public Schools, Kindergarten Through Grade Twelve*. Sacramento, Calif.: Author.

Clune, W.H., P.A. White, S. Sun, and J.H. Patterson. (1991). *Changes in High School Course-Taking, 1982–88: A Study of Transcript Data from Selected Schools and States* (CPRE Research Report Series RR-022). New Brunswick, N.J.: Rutgers University, Center for Policy Research in Education.

Cohen, D.K., and D. Ball. (1990). "Policy and Practice: An Overview." *Educational Evaluation and Policy Analysis* 12, 3: 347–53.

Education Commission of the States. (August 1987). *Minimum High School Graduation Course Requirements*. Denver, Colo.: Author.

Elmore, R.F., and M.W. McLaughlin. (1982). "Strategic Choice in Federal Education Policy: The Compliance-Assistance Tradeoff." In *Policymaking in Education, 81st yearbook of the National Society for the Study of Education*, edited by A. Lieberman and M.W. McLaughlin (pp. 159–194). Chicago: University of Chicago Press.

Firestone, W.A., S.H. Fuhrman, and M.W. Kirst. (1989). *The Progress of Reform: An Appraisal of State Educational Initiatives*. New Brunswick, N.J.: Rutgers University, Center for Policy Research in Education.

Firestone, W.A., S. Rosenblum, B.D. Bader, and D. Massell. (1991). *Education Reform from 1983 to 1990: State Action and District Response* (CPRE Research Report Series RR-021). New Brunswick, N.J.: Rutgers University, Center for Policy Research in Education.

Florida Department of Education. (1984). *Student Performance Standards of Excellence for Florida Schools*. Tallahassee, Fla.: Author.

Gagnon, P., and the Bradley Commission on History in Schools, eds. (1989). *Historical Literacy: The Case for History in American Education*. New York: Macmillan.

Goertz, M.E. (1988). *State Educational Standards: A 50-State Survey*. Princeton, N.J.: Educational Testing Service.

Knapp, M.S., A.A. Zucker, N. Adelman, and M. St. John, M. (October 1990). *National*

Study of the Education for Economic Security Act (EESA) Title II Program (now the Eisenhower Mathematics and Science Education Program): *A Summary of Findings*. SRI International, Menlo Park, Calif., and Policy Studies Associates, Washington, D.C. (Contract No. LC88029001). Washington, D.C.: U.S. Department of Education.

McDonnell, L.M., L. Burstein, T. Ormseth, J.M. Catterall, and D. Moody. (1990). *Discovering What Schools Really Teach: Designing Improved Coursework Indicators*. Santa Monica, Calif.: The RAND Corporation.

McDonnell, L.M., and R.F. Elmore. (1987). "Getting the Job Done: Alternative Policy Instruments." *Educational Evaluation and Policy Analysis* 9, 2: 133–52.

McNeil, L.M. (1988a). "Contradictions of Control, Part 1: Administrators and Teachers." *Phi Delta Kappan* 69: 333–39.

McNeil, L.M. (1988b). "Contradictions of Control, Part 2: Teachers, Students, and Curriculum." *Phi Delta Kappan* 69: 432–38.

McNeil, L.M. (1988c). "Contradictions of Control, Part 3: Contradictions of Reform." *Phi Delta Kappan* 69: 478–85.

Meyer, R. (1990). *Beyond Academic Reform: The Case for Integrated Applied and Academic Education*. Discussion paper prepared for the Institute for Research on Poverty, University of Wisconsin-Madison.

Missouri Department of Elementary and Secondary Education. (1986). *Core Competencies and Key Skills for Missouri Schools*. Jefferson City, Mo.: Author.

Murphy, J. (1990). "The Educational Reform Movement of the 1980s: A Comprehensive Analysis." In *The Educational Reform Movement of the 1980s*, edited by J. Murphy (pp. 3–55). Berkeley, Calif: McCutchan.

National Center for Education Statistics. (1988). *The Condition of Education: Elementary and Secondary Education*. Washington, D.C.: U.S. Department of Education.

National Commission on Excellence in Education. (1983). *A Nation at Risk: The Imperative for Educational Reform*. Washington, D.C.: U.S. Government Printing Office.

National Commission on Social Studies in the Schools. (1989). *Charting a Course: Social Studies for the 21st Century*. Washington, D.C.: Author.

National Council of Teachers of Mathematics. (1989). *Curriculum and Evaluation Standards for School Mathematics*. Reston, Va.: Author.

National Research Council. (1989). *Everybody Counts: A Report to the Nation on the Future of Mathematics Education*. Washington, D.C.: National Academy Press.

Pennsylvania Department of Education. (1987a). *Mathematics Content Lists*. Harrisburg, Pa: Author.

Pennsylvania Department of Education. (1987b). *A Recommended Science Competency Continuum for Pennsylvania Schools*. Harrisburg, Pa: Author.

Porter, A.C. (1989). "External Standards and Good Teaching: The Pros and Cons of Telling Teachers What to Do." *Educational Evaluation and Policy Analysis* 27, 4: 343–56.

Porter, A.C., D.A. Archbald, and A.K. Tyree, Jr. (1991). "Reforming the Curriculum: Will Empowerment Policies Replace Control?" In *The Politics of Curriculum and Testing: The 1990 Yearbook of the Politics of Education Associations* (pp. 11–36), edited by S. Fuhrman and B. Malen. London: Taylor and Francis Ltd.

Porter, A., R. Floden, D. Freeman, W. Schmidt, and J. Schwille. (1988). "Content Determinants in Elementary School Mathematics." In *Perspectives on Research on Effective Mathematics Teaching* (pp. 96–113), edited by D.A. Grouws and T.J. Cooney. Hillsdale, N.J.: Erlbaum.

Rosenholtz, S.J. (1987). "Education Reform Strategies: Will They Increase Teacher Commitment?" *American Journal of Education* 95: 557.

Rowan, B. (1990). "Commitment and Control: Alternative Strategies for the Organizational Design of Schools." In *Review of Research in Education* 16 (pp. 353–389), edited by C.B. Cazden. Washington, D.C.: American Educational Research Association.

Sabatier, P., and D. Mazmanian. (1980). "The Implementation of Public Policy: A Framework of Analysis." *Policy Studies Journal* 8, 4: 575–596.

Smith, M.S., and J. O'Day. (1991). "Systemic School Reform." In *The Politics of Curriculum and Testing, The 1990 Yearbook of the Politics of Education Association* (pp. 233–267), edited by S.H. Fuhrman and B. Malen. London: The Falmer Press.

South Carolina Department of Education. (1982). *Teaching and Testing Our Basic Skills Objectives*. Columbia, S.C.: Author.

Stecher, B.M. (1992). *Describing Secondary Curriculum in Mathematics and Science: Current Status and Future Indicators*. Santa Monica, Calif.: RAND.

U.S. Department of Education. (February 1988). *State Education Statistics*. Washington, D.C.: Author, Office of Planning, Budget and Evaluation.

Wise, A.E. (1988). "The Two Conflicting Trends in School Reform: Legislating Learning Revisited." *Phi Delta Kappan* 69: 328–332.

第十章

Berman, P., M. McLaughlin. (1977). *Federal Programs Supporting Educational Change*. Santa Monica, Calif.: Rand Corporation.

Berman, P., and E. Pauly. (1975). *Federal Programs Supporting Educational Change, Vol. 2*. Santa Monica, Calif.: Rand Corporation.

California State Department of Education. (1985a). *Language Arts Curriculum Framework for California Public Schools*. Sacramento, Calif.: Author.

California State Department of Education. (1985b). *Mathematics Curriculum Framework for California Public Schools*. Sacramento, Calif.: Author.

Cantor, L. (1980). "The Growing Role of States in American Education." *Comparative Education* 16, 1: 24–31.

Cohen, D. (1982). "Policy and Organization: The Impact of State and Federal Educational Policy in School Governance." *Harvard Educational Review* 52, 474–499.

Cohen, D. (1988). "Teaching Practice: Plus ca change . . ." In *Contributing to Educational Change: Perspectives on Research and Practice* (pp. 27–84), edited by P. Jackson. Berkeley, Calif.: McCutchan.

Cohen, D., and D. Ball. (1990). "Relations Between Policy and Practice: A Commentary." *Educational Evaluation and Policy Analysis* 12, 3: 249–256.

David, J. (1990). "Restructuring in Progress: Lessons form Pioneering Districts." In *Restructuring Schools: The Next Generation of Educational Reforms* (pp. 209–250), edited by R. Elmore and associates. San Francisco: Jossey-Bass.

Doyle, D., and C. Finn. (1984). "American Schools and the Future of Local Control." *Public Interest* 77: 77–95.

Durkin, D. (1978–79). "What Classroom Observations Reveal About Reading Comprehension Instruction." *Reading Research Quarterly* 14, 4: 481–533.

Floden, R., A. Porter, L. Alford, D. Freeman, S. Irwin, W. Schmidt, and J. Schwille. (1988). "Instructional Leadership at the District Level: A Closer Look at Autonomy and Control." *Educational Administration Quarterly* 24: 96–124.

Fuhrman, S., and R. Elmore. (1990). "Understanding Local Control in the Wake of State Education Reform." *Educational Evaluation and Policy Analysis* 12, 1: 82–96.

Hannaway, J., and L. Sproull. (1978–79). "Who's Running the Show? Coordination and Control in Educational Organizations." *Administrator's Notebook* 27: 1–4.

Kaagan, S., and R. Cooley. (1989). *State Educational Indicators: Measured Strides, Missing Steps*. New Brunswick, N.J.: Center for Policy Research in Education, Rutgers University.

Meyer, J., and B. Rowan. (1978). "The Structure of Educational Organizations." In *Environments and Organizations*, edited by M. Meyer. San Francisco: Jossey-Bass.

Meyer, J., W. Scott, D. Strang, and A. Creighton. (1987). "Bureaucratization Without Centralization: Changes in the Organizational System of American Public Education 1940–1980." In *Institutional Patterns and Organizations: Culture and Environment*, edited by L. Zucker. Cambridge, Mass.: Bollinger.

Rowan, B. (1983). "Instructional Management in Historical Perspective." *Educational Administration Quarterly* 18: 43–59.

U.S. Department of Education. (1991). *America 2000: An Education Strategy*. Washington, DC: Author.

Wise, A. (1979). *Legislated Learning*. Berkeley: University of California Press.

第十一章

Baker, P., D. Curtis, and W. Benenson. (1991). *Collaborative Opportunities to Build Better Schools*. Chicago: Illinois Association for Supervision and Curriculum Development.

Beer, M., A. Eisenstat, and B. Spector. (1990). *The Critical Path to Corporate Renewal*. Boston: Harvard Business School Press.

Bennett, B., and N. Green. (1993). "Beyond Mediocrity: Systemic Change in the Durham Board of Education." Unpublished paper, University of Toronto.

Berman, P., and M. McLaughlin. (1978). *Federal Programs Supporting Educational Change: Vol. VIII. Implementing and Sustaining Innovations*. Santa Monica, Calif.: Rand Corporation.

Clune, W. (1992). "The Best Path to Systemic Education Policy: Standard/Centralized or Differentiated/Decentralize?" Unpublished paper. Madison: Center for Educational Research, University of Wisconsin.

Corbett, H.D., and B. Wilson. (1990). *Testing Reform and Rebellion*. Norwood, N.Y.: Ablex.

Durham Board of Education, and Faculty of Education, University of Toronto. (1992). *Making Change at Brock High School*. [Video]. Oshawa, Ontario: Durham Board of Education.

Easton, J. (1991). *Decision Making and School Improvement: LSCs in the First Two Years of Reform*. Chicago: Chicago Panel on Public School Policy and Finance.

Elmore, R. (1992). "The Role of Local School Districts in Instructional Improvement." Paper presented at the Annual Meeting of The American Educational Research Association, San Francisco.

Fuhrman, S., W. Clune, and R. Elmore. (1988). "Research on Education Reform: Lessons on the Implementation of Policy." *Teachers College Record* 90, 2: 237–257.

Fullan, M. (1993a). *Change Forces: Probing the Depths of Educational Reform*. Bristol, Pa.: Falmer Press.

Fullan, M. (1993b). "Coordinating School and District Development in Restructuring." In *Restructuring Schools: Learning from Ongoing Effort* (pp. 143–164), edited by J. Murphy and P. Hallinger. Newbury Park, Calif.: Crowin Press.

Fullan, M., and A. Kilcher. (1992). *Implementation Strategies for the Restructuring of Education*. Commissioned Report, Toronto: Ontario Ministry of Education.

Fullan, M., with S. Stiegelbauer. (1991). *The New Meaning of Educational Change*. New York: Teachers College Press.

Goodlad, J. (1992). "On Taking School Reform Seriously." *Phi Delta Kappan* 74, 3: 232–238.

Hallinger, P., J. Murphy, and C. Hausman. (1991). "Conceptualizing School Restructuring: Principals' and Teachers' Perceptions." Paper presented at the Annual Meeting of the American Educational Research Association, Chicago.

Hampden-Turner, C. (January-February 1992). "Charting the Dilemmas of Hanover Insurance." *Planning Review*, 22–28.

LaRocque, L., and P. Coleman. (1989). "Quality Control: School Accountability and District Ethos." In *Educational Policy for Effective Schools* (pp. 168–191), edited by M. Holmes, K. Leithwood, and D. Musella. Toronto: OISE Press.

Louis, K. (1989). "The Role of the School District in School Improvement." In *Educational Policy for Effective Schools* (pp. 145–167), edited by M. Holmes, K. Leithwood, and D. Musella. Toronto: OISE Press.

Louis, K., and M.B. Miles. (1990). *Improving the Urban High School: What Works and Why*. New York: Teachers College Press.

Nias, J., G. Southworth, and P. Campbell. (1992). *Whole School Curriculum Development in the Primary School*. London: Falmer Press.

Odden, A., and D. Marsh. (1988). "How Comprehensive Reform Legislation Can Improve Secondary Schools." *Phi Delta Kappan* 69, 8: 593–598.

Pascale, P. (1990). *Managing on the Edge*. New York: Touchstone.

Rosenholtz, S. (1989). *Teachers' Workplace: The Social Organization of Schools*.

New York: Longman.

Rowley, S. (1992). "School District Restructuring and the Search for Coherence." Paper presented at the annual meeting of the American Educational Research Association, San Francisco.

Sarason, S. (1990). *The Predictable Failure of Educational Reform*. San Francisco: Jossey-Bass.

Senge, P. (1990). *The Fifth Discipline*. New York: Doubleday.

Stacey, R. (1992). *Managing the Unknowable*. San Francisco: Jossey-Bass.

Taylor, D., and C. Teddlie. (1992). "Restructuring and the Classroom: A View from a Reform District." Paper presented at the Annual Meeting of the American Educational Research Association, San Francisco.

Weiss, C. (1992). "Shared Decision Making About What? A Comparison of Schools With and Without Teacher Participation." Paper presented at the Annual Meeting of the American Educational Research Association, San Francisco.

第十二章

National Commission on Excellence in Education. (1983). *A Nation at Risk: The Imperative for Educational Reform*. Washington, D.C.: U.S. Government Printing Office.

國家圖書館出版品預行編目資料

學校課程的決定：1994 年美國視導與課程發展（ASCD）
年鑑 / Richard F. Elmore 作；林文生等合譯. -- 初版. --
臺北市：心理, 2005 [民 94]
　　面；　公分. --（一般教育；85）
譯自：The governance of curriculum : 1994 yearbook of the
Association for Supervision and Curriculum Development

ISBN 957-702-760-1（平裝）

1. 課程

521.7   93024630

一般教育 85　**學校課程的決定－**1994 年美國視導與課程發展（ASCD）學會年鑑

作　　　者：Richard F. Elmore & Susan H. Fuhrman
總 策 畫：歐用生
審 訂 者：陳佩正
譯　　　者：林文生、張文斌、吳明鴻、董三期、楊金芳、褚盈盈
　　　　　　郭雪貞、吳芳蕙、程士真、黃振揚、戴雲卿、鄧美湘
總 編 輯：林敬堯
出 版 者：心理出版社股份有限公司
社　　　址：台北市和平東路一段 180 號 7 樓
總　　　機：(02) 23671490　　傳　　真：(02) 23671457
郵　　　撥：19293172　心理出版社股份有限公司
電子信箱：psychoco@ms15.hinet.net
網　　　址：www.psy.com.tw
駐美代表：Lisa Wu　Tel：973 546-5845　Fax：973 546-7651
登 記 證：局版北市業字第 1372 號
電腦排版：臻圓打字印刷有限公司
印 刷 者：東縉印刷有限公司
初版一刷：2005 年 4 月

讀者意見回函卡

No. _____ 填寫日期： 年 月 日

感謝您購買本公司出版品。為提升我們的服務品質，請惠填以下資料寄回本社【或傳真(02)2367-1457】提供我們出書、修訂及辦活動之參考。您將不定期收到本公司最新出版及活動訊息。謝謝您！

姓名：_____ 性別：1□男 2□女
職業：1□教師 2□學生 3□上班族 4□家庭主婦 5□自由業 6□其他____
學歷：1□博士 2□碩士 3□大學 4□專科 5□高中 6□國中 7□國中以下
服務單位：_____ 部門：_____ 職稱：_____
服務地址：_____ 電話：_____ 傳真：_____
住家地址：_____ 電話：_____ 傳真：_____
電子郵件地址：_____

書名：_____

一、您認為本書的優點：（可複選）

❶□內容 ❷□文筆 ❸□校對 ❹□編排 ❺□封面 ❻□其他____

二、您認為本書需再加強的地方：（可複選）

❶□內容 ❷□文筆 ❸□校對 ❹□編排 ❺□封面 ❻□其他____

三、您購買本書的消息來源：（請單選）

❶□本公司 ❷□逛書局⇨_____書局 ❸□老師或親友介紹

❹□書展⇨____書展 ❺□心理心雜誌 ❻□書評 ❼其他_____

四、您希望我們舉辦何種活動：（可複選）

❶□作者演講 ❷□研習會 ❸□研討會 ❹□書展 ❺□其他____

五、您購買本書的原因：（可複選）

❶□對主題感興趣 ❷□上課教材⇨課程名稱_____

❸□舉辦活動 ❹□其他_____ （請翻頁繼續）

廣　告　回　信
台　北　郵　局　登　記　證
台　北　廣　字　第　940　號
（免貼郵票）

 心理出版社 股份有限公司

台北市 106 和平東路一段 180 號 7 樓

TEL: (02) 2367-1490
FAX: (02) 2367-1457
EMAIL:psychoco@ms15.hinet.net

沿線對折訂好後寄回

六、您希望我們多出版何種類型的書籍

❶□心理 ❷□輔導 ❸□教育 ❹□社工 ❺□測驗 ❻□其他

七、如果您是老師，是否有撰寫教科書的計劃：□有□無

　　書名／課程：＿＿＿＿＿＿＿＿＿＿＿＿＿＿＿＿＿＿＿＿

八、您教授／修習的課程：

上學期：＿＿＿＿＿＿＿＿＿＿＿＿＿＿＿＿＿＿＿＿＿＿＿

下學期：＿＿＿＿＿＿＿＿＿＿＿＿＿＿＿＿＿＿＿＿＿＿＿

進修班：＿＿＿＿＿＿＿＿＿＿＿＿＿＿＿＿＿＿＿＿＿＿＿

暑　假：＿＿＿＿＿＿＿＿＿＿＿＿＿＿＿＿＿＿＿＿＿＿＿

寒　假：＿＿＿＿＿＿＿＿＿＿＿＿＿＿＿＿＿＿＿＿＿＿＿

學分班：＿＿＿＿＿＿＿＿＿＿＿＿＿＿＿＿＿＿＿＿＿＿＿

九、您的其他意見

謝謝您的指教！　　　　　　　　　　　　　　　　　41085